공연기획자가 되는 법

세상 모든 공연이 만들어지기까지

# 공연기획자가
# 되는 법

이재현 지음

## 24년 차 실무자가 알려주는 극장 실무 입문서

# 공연기획자가 멋있어 보이나요?
# 현실은 그렇지만은 않을 수도 있습니다.

공연기획자는 공연 유치권을 위임받아서 해당 공연을 성공적으로 진행하기 위해 다양한 역할과 책임을 맡는 전문가입니다. 이들은 예술적인 비전과 경영적인 전략을 결합하여 공연을 성공적으로 진행하는 데 주요한 역할을 합니다. 이처럼 공연을 직접 선정하고 무대에 올리기까지의 모든 과정을 관리하고 책임지는 일은 분명 멋집니다. 그러나 공공극장 기획자가 챙겨야 할 일의 규모는 생각보다 방대하며 사안에 따라 시간을 다투는 일도 참 많습니다. 극장 규모에 따른 차이는 있겠지만, 극장 공연기획자의 대부분은 혼자 많은 업무량을 소화해야 하는 현실적인 부담을 겪기도 합니다.

실제 공공극장에서 일하는 공연기획자는 대다수가 1인 주무 체제로 조직되어 공연계획서 작성을 포함한 행정, 작품 선정, 조직 관리, 예산 운용, 홍보, 마케팅, 티켓 판매, 공연 진행, 관객 안전, 수입금 정산 관리, 평가 등 모든 프로세스를 총괄하게 됩니다. 이런 점에서 공연기획자의 업무는 방대하고도 복잡합니다. 그렇다고 일을 나누어서 진행하는 데도 한계가 있습니다. 시기별로 처리해야 하는 일이 꼬리에 꼬리를 물 듯 연속성을 필요로 하는 경우가 많아 오히려 혼선을 주는 경우가 종종 있기 때문입니다.

이처럼 언뜻 봐서는 공연기획자라는 직업이 멋있어 보이기도 하고 무대 뒤에서 숨은 브레인 역할을 하는 것 같지만, 그 내면을 들여다보면 수면 아래서 발을 쉴 새 없이 움직이는 우아한 백조와 같다는 생각이 듭니다.

그럼에도 불구하고 제가 공연기획자의 길을 선택한 데는 이유가 있습니다. 단순히 공연을 보는 것이 좋기도 했지만, 공연을 통해 느낄 수 있는 감동과 즐거움이 있기 때문이었습니다. 제게는 직접 기획한 공연을 통해 많은 이들에게 예술의 가치를 일깨우고 문화적 풍요로움을 주고자 하는 꿈이 있습니다. 그렇기에 오늘도 변함없이 공연기획자의 길을 걷고 있습니다.

제가 공연계에 입문했던 2000년은 그 어느 때보다도 정부를 비롯하여 극장 관계자, 공연예술계 전반에서도 공연예술 현장의 변화를 필요로 하는 움직임이 활발했던 시기입니다. 당시 저 또한 민간 공연 현장에서 관객이 무엇을 원하고 필요로 하는지에 대한 고민을 많이 했던 것 같습니다. 그러던 중 2004년 공공극장에 들어와 보니 안정적으로 운영되고 있을 것이라는 기대와는 달리, 기획공연 예산 하나 없이 하드웨어 중심으로 극장이 운영되고 있었습니다. 그러다 보니 아티스트나 작품에 대한 지원, 공연기획 운영 시스템은 전무할 수밖에 없었고, 현실은 꽤나 비관적이었습니다. 하지만 저는 '없으면 안 한다'는 생각보다는 전향적前向的인 자세로 나서기 시작했습니다. 공모 지원 사업에 눈을 돌려 기획 예산을 확보하고 무대 공연을 펼쳐 가면서 점차 극장의 의미와 가치를 만들어갈 수 있었습니다.

공연기획을 하기 위해서는 가장 먼저 공연예술계의 트렌드 변화에 민감하게 반응할 필요가 있습니다. 변화의 흐름을 알고 문화예술 시장 동향을 파악하는 것은 공연기획자가 갖추어야 할 중요한 자질이기 때문입니다. 무엇보다 공연기획자는 공연물을 비롯한 극장 전체를 총괄하는 역할을 하기 때문에 설득 및 협상 능력을 갖추어야 합니다. 또한 작품 선정과 출연자 섭외, 공연 계약, 재원 조성, 홍보, 마케팅, 예산 운용, 티켓 매니지먼트, 무대, 조명, 음향 등과 같이 극장 메커니즘에 대한 지식을 고루 갖출 필요가 있습니다. 이에 더해, 연극, 뮤지컬, 오페라, 국악, 클래식 등과 같이 다양한 공연 장르에 대한 해박한 지식을 가지고 있는 공연기획자라면 스태프뿐만 아니라 예술인과 원활한 소통을 할 수 있으므로 공연을 성공적으로 이끄는 데 있어 큰 도움이 될 것입니다.

본격적인 공연 준비가 시작되면 공연기획자는 공연 일정에 맞춰 아주 전문적이고 체계적으로 움직이게 됩니다. 공연은 머릿속으로 구상했던 무형의 무언가를 무대라는 유형의 현실로 만들어 내는 것이기 때문에 섬세하고 치밀하게 준비해야 합니다. 따라서 공연기획자에게는 공연기획 현장과 공연의 전체적인 프로세스를 이해하고 실무를 쌓고자 하는 의지가 더욱 중요합니다.

이 책은 단순히 공연기획자의 직무와 업무 프로세스를 열거하기보다는 예비 기획자, 신입 기획자가 공공극장 기획 현장에서 바로 활용할 수 있는 실무 중심의 내용에 무게를 담았습니다. 또한 이론만을 강조하는 것이 아니라, 이론과 실무 모두를 고루 갖춘 교과서 역할을 자처했습니다.

『공연기획자가 되는 법』을 선택한 분들을 향한 작은 바람이 있다면, 여러분이 이 책을 곁에 두고 언제든지 꺼내 보며 공공극장 조직에 필요한 인재로 성장하는 것입니다. 책에서 글맛을 찾으려 하기보다는 공공극장 취업을 준비하는 분들이 본서를 요긴한 교과서로 여겨 실질적인 도움을 얻을 수 있으면 좋겠습니다. 또한 문화예술 분야 후배들에게는 공연기획자의 길을 밝혀주는 참고서가 되었으면 하는 바람도 있습니다. 아무쪼록 공연기획자를 꿈꾸는 분들을 위한 본서가 기획자로서 기초 체력을 키우고 근본적인 체질을 개선하는 계기 및 기회가 되기를 소망합니다.

끝으로 원고가 좋다며 칭찬을 아끼지 않으시고 책다운 책으로 만들어 보자고 제안해 주신 마인드빌딩 서재필 대표님과 편집자님께 감사의 마음을 전합니다. 또한 이 책을 더욱 의미 있게 만들어 주신 공공극장과 문화예술계 선배님, 동료, 후배들에게도 감사의 마음을 전합니다.

공연기획자
이재현

# 6장. 재원 조성

# 7장. 공연 계약

# 8장. 공공극장

# 9장. 공연기획자

## [부록] 공연기획 전문가 인터뷰  291

1장

공연기획의 기초

# 공연기획의 이해

　공연예술Performing arts에 대한 관심과 예술 향유 욕구가 점차 늘면서 예술 소비층 또한 증가하고 있다. 소비가 늘고 있다는 건 공연예술 분야에서의 일자리가 늘고 있음을 반증한다. 공연예술은 복잡하고 다종다양해서 오래전부터 전문성을 인정받는 직무로 인식되어 왔다. 극장에서는 일반 행정 직군과 공연기획 전문직, 기술직 등 역할과 직무에 따라 직군이 나뉘는데, 각자 역할에 따른 자신의 경험을 토대로, 정보와 노하우를 갖추고 필요에 따라 실천적인 지식을 함양해 간다.

　'공연기획의 이해'는 본 과정의 기초편이다. 이론을 익히는 과정도 중요하지만 공연 현장 경험이 부족하다면 공연기획을 이해하는 데 한계가 있을 수 있다. 이론적으로는 기획, 제작, 실행, 평가 등과 같이 단조롭게 프로세스를 나열할 수 있지만 실제 공연기획 과정은 그리 단순하지 않다. 깊이 들어갈수록 복잡하고 방대하다.

　그렇다면 공연기획의 최종 목적은 무엇일까? 바로, 기획제작 단계에서부터 실행 과정, 그리고 최종 결산을 통해 공연이 계획한 대로 진행되었는지, 당초 목표한 성과를 거두었는지 평가하는 단계까지 이르는 것일 거다. 따라서 공연기획에서 좋은 성과를 거두기 위해서는 공연 현장을 이해하고 시장의 흐름과 트렌드 변화에 관심을 가져야 한다. 그런 후 공연예술 시장의 변화에 맞게 전략을 세우고 실천하는 일이 무엇보다 중요하다.

공연예술 시장이 변화를 거듭하면서 최근에는 공연 제작 과정도 첨단화되어 가고 있다. IT 기술이 공연에 접목되기도 하고 각기 다른 기능, 역할이 자연스럽게 믹싱Mixing되면서 새로운 양식의 공연예술이 탄생하였다. 예컨대 퓨전 공연Fusion performing, 크로스 오버Cross over, 팝페라Poppera, 옴니버스Omnibus 등과 같은 용어가 사용되면서 신문화를 형성했다. 예술시장의 외연 확대는 예술이 전래적인 감상과 향유의 목적을 넘어 상품 가치를 지니도록 한다. 경쟁력 있는 상품(작품)을 만들기 위해 노력하고 이를 소비자(관객)를 연결하는 경영 활동은 공연기획자의 역할 가운데 매우 중요한 부분이다.

현대 사회가 복잡해질수록 공연기획의 제반 활동은 다양한 어려움을 마주하게 된다. 공연이나 문화 행사 등의 공연물이 무대를 통한 예술 활동으로 이어지기까지는 수많은 준비 과정을 거치게 되는데, 결국 기획자의 입장에서 이러한 활동은 공연물과 관객을 잇는 일들이다. 따라서 작품 기획 방향에 따라 양질의 창작 작품을 만들어 내야 하는 일인 만큼 많은 시간과 전문성을 필요로 한다.

2000년대 초반만 하더라도 공연기획 직무를 체계적으로 학습할 수 있는 토대가 아주 부족했다. 따라서 현장에서 좌충우돌하는 경우가 많았다. 그나마 선임이 있는 극장에서는 어깨너머로 배울 수 있다지만 열악한 지역 극장에서는 기획자 한 사람이 공연 운영의 전반을 담당해야 하는 경우가 대부분이었을 것이다. 공연기획자마다 차이는 있었겠지만 대부분 자급자족 기획을 해야 했는데 그러다 보니 좋은 결과보다는 낭패를 본 경험이 더 많았을 것이다. 공공극장의 경우, 특정 장르를 한정 지어 공연하거나 대관할 수는 없는 다목적 극장의 태생을 갖고 있다. 따라서 연극, 무용, 클래식, 국악, 뮤지컬, 오페라 등의 각 장르에 대한 이해가 부족한 상태에서 공연기획 직무를 수행하는 경우가 비일비재했다. 이처럼 선배 기획자 내지 현직자는 몸으로 부딪치며 일을 배워야 했다.

지역의 공공극장은 아직까지도 부족한 예산으로 인해 골머리를 앓고 있다. 따라서 한정된 자원으로 좋은 공연을 선보이기 위해 많은 고민을 해야 한다. 이와 같은 고민은 앞으로 공연기획자를 꿈꾸는 분들의 몫이기도 하다. 그렇다면 그 몫을 함께 논할 준비를 하는 과정이 필요하지 않을까? 그렇기에 이번 장에서는 '장르별 이론을 익히고 체계적인 학습을 하라!'고 권하고 싶지는 않다. 대신 공연을 많이 보는 것을 권장한다. 입문 시절에는 공연을 좋아하든 좋아하지 않든 각자의 취향을 넘어 기회가 닿는 한 많은 작품을 볼 것을 당부한다. 때로는 관객으로 때로는 스파이로 극장에서 하는 일을 보고 들으며 현장 감각을 익히기를 바란다.

이러한 과정의 일환으로, 각 극장에서 볼 수 있는 장르별 차이점과 특성을 파악해 보면 좋겠다. 또한 공연 시기, 작품 내용, 작품 규모, 공연 장소, 입장료 단가, 할인율, 관객 관리, 작품성과 경쟁력을 비교해서 나름의 결론을 내려 보는 것은 매우 중요한 공부가 될 것이다. 예를 들어 공연 관객이 가장 먼저 찾는 곳은 티켓 부스다. 관객이 손쉽게 티켓 교환을 할 수 있게끔 동선이 잘 짜여 있는지, 공연 전까지 티켓 마스터가 원활한 티켓 배부, 교환, 현장 판매 발권을 하고 있는지도 눈여겨볼 필요가 있다.

관객 서비스는 관객이 극장에 들어와서 티켓을 받아 객석에 앉기까지의 이용 불편을 최소화하는 것뿐만 아니라 공연이 끝난 후 관객이 안전하게 돌아가도록 살피는 것까지를 포함한다. 공연이 시작되면 극장 내부 안내원은 관객의 안전을 살피며 관람에 지장을 주는 상황은 없는지 꼼꼼하게 점검해야 한다. 관객은 안내원을 통해 보조 방석을 요청할 수도 있고 불편에 대한 개선 요구를 할 수도 있다. 단 공연의 특성상 모든 요청과 도움은 공연이 시작되기 전에 이루어져야 한다. 공연 중 사전 협의가 되지 않은 촬영을 통제하기도 하고 공연 중 불필요한 행동을 하는 관객에게는 자제를 요청하기도 한다. 기획자는 공연 준비부터 극장 운영 등 공연 전반을 경영하는 직업인이지만 공연 작품 기획만 잘해서 될 문제는 아니다.


## 공연기획의 범위

기획자는 작품 선정에 앞서 대상 작품의 흥행 가능성 예측, 수지 분석을 통한 수입 전망을 내다볼 수 있어야 한다. 어느 공연이든지 객석을 채워야 한다는 맥락은 동일하다. 무료 공연을 한다고 해서 객석을 채울 수 있는 시대는 지났다. 점차 공연예술에 대한 사회적 가치 인식이 확산되고 여가 및 웰빙에 대한 관심이 높아지면서 욕구 또한 늘고 있다. 그렇다 보니 관객이 작품에 거는 기대가 크고, 선택하는 데도 꽤나 신중하다. 그렇기에 공연기획자에게는 아이디어 측면을 뛰어넘는 창의성과 앞을 내다볼 수 있는 통찰력이 필요하다. 변화하는 환경에 발 빠르게 대응하고 창의적 활동이 원활해질 때 비로소 공연기획 현장에서 맞닥뜨릴 오류를 줄일 수 있다. 기획 과정에서 세련미를 더하고 완성도를 높이고자 하는 노력 역시 기획자의 가치를 높이는 또 하나의 방법이다.

만일 기획자가 이 모든 일을 단순 업무 처리하듯 한다면 여느 직장인과 다를 바가 없다. 기획자는 직접 바쁜 일정을 관리하고 소화한다. 공연물이 많은 극장에서는 기획담당자 한 명이 평균적으로 매달 2~3개의 공연을 맡아 진행한다. 기획부터 홍보 마케팅, 티켓 판매, 운영, 정산까지 혼자 해내야 하기에 시간 전쟁을 겪는 일이 비일비재하다.

공연기획의 범위는 매우 넓다. 일반적으로 기획 행정, 예산 운용, 출연자, 스태프, 공연 참여자 등의 일정 관리, 작품 섭외 및 캐스팅, 장소 선정, 조직 구성 관리, 홍보 마케팅, 리허설 및 공연 진행, 정산 및 평가 등을 포함한다. 이 외에도 공연기획은 현장 상황에 따라 다양한 범위로 확장될 수 있다.

### 공연기획

공연의 소재 또는 아이디어를 생각하고, 구체화하여 공연을 위한 기획서를 작성하고 운영 계획을 세운다. 음악, 연극, 무용 등 장르별 무대 공연을 기획하는 사전 과정이다.

### 예산 운용

공연을 위한 예신을 계획하어 집행한다. 효과적이고 효율적인 예산 계획, 편성, 집행, 회계에 이르기까지 예산 운용 전반을 다루는 과정이다.

### 공연 계약

공연 제작, 기획에 앞서 작품, 예술가를 확정 짓는다. 계약 전에 소요 비용을 조율하고 공연이 상호 안정적으로 운영될 수 있게 하는 중요한 과정이다.

### 일정 관리

공연 기간, 공연 준비, 공연 장소, 공연 제작, 연습, 리허설 등 예술가와 제작자의 일정을 조율하고 한정된 기간을 설정한다. 공연과 관련된 전반적인 일정을 편성 및 관리하는 과정이다.

### 스태프 회의

공연을 더욱 안정적으로 실행하기 위해서는 제작진과 운영진 스태프 회의가 적어도 2~3차례는 계획되어야 한다. 연출 회의, 무대, 음향, 조명 파트별 주관 기술 회의 외 종합 회의까지 포함된다.

### 홍보물 제작

공연 홍보 마케팅을 위한 지면 광고지(포스터, 전단 등), 현수막, 가로수 배너, 대형 현수막, 웹 배너, 공연 정보 이미지 등 온·오프라인 홍보용 디자인 제작물을 제작 및 구매하는 과정이다. 이때 홍보 예산은 총 제작비의 10%를 넘지 않도록 편성해야 한다.

### 홍보 및 마케팅

제작 공연을 홍보하는 마케팅 활동은 공연의 성패를 결정짓는 중요한 요소로써 관객과의 소통을 위한 전략을 수립하는 과정이다. 마케팅에서 티켓 판매, 프로모션, 이벤트 등이 포함되면 관객 개발을 위한 홍보 매체 개발 운영 과정이 되기도 한다.

### 리허설 관리

리허설은 참여 예술가를 배려한 무대 위치를 파악하고 동작 연습 등을 하는 블로킹 리허설Blocking Rehearsal, 중간 리허설Mid Rehearsal, 드레스 리허설Dress Rehearsal, 무대 파트별로 이루어지는 기술 리허설 Technical Rehearsal로 구분 및 실행된다.

### 제작 점검 관리

공연 제작은 결코 기획과 분리해서 생각할 수 없다. 제작 단계에서부터 기획자의 참여가 필요하며, 공연기획자는 공연을 위해 필요한 무대 규격과 장비, 시설을 대여하거나 구매를 지원한다.

특히 공연 제작 과정에 참여하는 경우에는 작품 대본, 연출, 무대, 음향, 조명, 영상 제작 등의 전반적인 과정에 관심을 가져야 한다. 또한 테크니컬 라이더 작성을 통해 공억 제삭 과정을 좀 더 명확하게 파악할 필요가 있다.

### 공연 운영

공연 당일의 관객 입장, 수표, 티켓 판매, 안전 관리, 출연자 관리, 관객 편의 시설 점검 및 서비스, 교통, 주차, 기념품 판매 등 하우스 관리 전반을 책임지고 운용한다.

### 티켓 판매

공연을 안정적으로 운영하려면 관객 입장이 원활하도록 현장 판매, 예약 발권, 초대권 교환, 환불 및 정산관리가 체계적으로 이루어져야 한다. 티켓 마스터 및 티켓 관리자가 업무에 차질이 없도록 티켓 박스 운영에 대한 계획을 수립해야 한다.

### 안전 교육

극장은 다중밀집시설로써 무엇보다 안전이 최우선이다. 공연을 운영하는 극장 관계자, 작품 운영에 참여하는 모든 인력은 무대안전교육 및 재난안전교육을 꼭 이수하여야 하며, 이를 위해 공연기획에서는 관객과 참여자의 안전을 위한 교육 계획 및 훈련 계획을 수립, 시행해야 한다.

### 업무 분장

공연기획에서는 다양한 분야의 업무 분장이 요구된다. 따라서 공연 당일 극장에서 필요한 인력을 편성, 계획하는 일이 선행되어야 한다. 다만 공연 제작 과정에 필요한 예술가를 포함한 전문 인력은 연출 내지는 공연 제작자의 영역이므로 관여 범위를 구분해야 한다.

### 이벤트 운영

양질의 공연 서비스 제공을 위한 공연 콘셉트가 반영된 체험, 교육, 사인회, 포토(존) 타임 등 다양한 이벤트 기획을 위한 계획이 수립되어야 한다.

### 설문 조사

관객을 대상으로 공연 및 시설 이용 만족도 조사를 시행하는 것은 극장 운영을 위한 중요한 근거를 마련할 뿐만 아니라 극장의 지속적인 발전에 기초 자료가 된다. 따라서 공연 전후 극장 이용 및 작품성을 묻는 설문 조사에 대한 계획이 필요하다.

## 성과 평가

공연 종료 후에는 사업 성과 보고, 결과에 따른 분석이 요구된다. 이때 객석 점유율, 티켓 판매 수입, 공연 운영 성과, 정산 등의 공연 운영 결과 보고는 향후 새로운 공연계획 수립을 위해 반드시 필요한 과정이다.

## 수입 조치

티켓 판매, 팸플릿, 기념품 등을 판매하여 발생한 공연 수익을 세외 수입(국고 수입) 또는 자체 수입으로 처리하는 과정이다. 이때 티켓 판매 대행을 통해 발생한 수입은 판매 수수료를 제외한 금액을 수익으로 잡아 조치한다.

## 공연 간담회(뒤풀이)

공연을 안정적으로 마무리한 후 공연에 대한 성과를 나누고 피드백하는 자리가 마련되면 좋다. 흔히 말하는 뒤풀이 측면에서도 필요하지만, 공연 운영에서 아쉬웠던 부분, 운영 중 관객으로부터 받았던 조각 민원을 공유함으로써 향후 동일 공연 또는 유사 공연을 진행할 때 이전보다 발전할 수 있다.

# 공연기획의 구성 요소

공공극장에서는 지역 특성과 재정 여건에 따라 연중 차려지는 무대 밥상이 저마다 다르다. 때로는 지역 정서, 환경 등이 프로그램 요건이 되기도 하고, 치적과 명분에 의한 계획이 짜이기도 한다. 이에 대한 옳고 그름을 따지기보다는 기획자의 관점에서 보다 중요한 부분에 주목할 필요가 있다. 기획자라면 누구나 좋은 작품을 기획하고 싶을 것이다. 그러나 좋은 작품은 한 개인이 아닌, 좋은 조직 문화가 형성되어 있는 조직에서 나온다. 좋은 작품은 관객과의 거리를 좁혀갈 수 있는 긍정적인 마케팅 수단이 되며, 대체로 좋은 조직은 예술인과도 소통이 원활한 협력 구조를 이루고 있다.

공연기획 운영에 필요한 3가지 기본 요소는 공간, 인력, 예산이다. 그리고 이 모든 요소를 조직하고 움직이는 건 예술행정가 내지는 공연기획자다. 이처럼 삼박자가 딱 맞아떨어졌을 때 비로소 극장의 임무와 비전에 맞는 사업 구상이 나오고, 더 나아가 기획자의 역할이 중요하다는 평을 받게 된다. 기획자는 왜 이 사업을 해야 하는지, 이 사업을 통해 무엇을 얻을 수 있을지에 대한 답을 가지고 있어야 하는데, 수정과 보고 절차를 거치고 난 후에야 비로소 극장의 연간 사업이 결정된다. 지역 공공극장은 연간 평균 20~30여 편의 공연을 무대 또는 무대 밖 공간에서 공연한다. 그러나 한계에 직면하는 경우가 너무 많다. '한계'라고 하면 공간, 인력, 예산의 구조적 문제를 손꼽을 수 있다. 극장이 원활하게 돌아가려면 이 세 가지 조건이 갖춰져 있어야 한다. 그런데 그렇지 못한 경우에는 극장 생명을 담보할 만큼 중요한 장기적인 계획 수립이 어려워진다. 그렇기에 지역 공공극장은 자체 예산 충당을 위해 외부 공모사업에 참여하는 경우가 많다. 만약 지원받지 못하면 사업계획이 초반에 무산되거나 폐기되는 일도 종종 발생한다. 극장의 생명력은 연간 공연계획 결정에 달려 있기 때문에 무조건 포기할 수는 없다. 이럴 땐 확보한 예산을 조정하고 축소해서라도 운영하는 쪽으로 가닥을 잡는 것이 바람직하다. 무엇보다 사업계획은 극장의 프로그램 안정화를 가져다 줄 뿐만 아니라 연간 이용객 수, 극장 가동률에 지대한 영향을 미친다. 나아가 매년 사업계획을 바탕으로 달성한 정량적 성과는 사업의 지속성을 담보하는 중요한 근거와 수단으로 작용한다. 따라서 공연기획자는 상황에 맞춰 유연하게 대응하는 능력도 갖추어야 하지만, 사업계획을 축소하거나 조정하는 부분에 있어서는 신중하게 판단해야 한다.

통상적으로 지역 극장(문예회관·아트홀)은 시·군·구에 예속된 공익재단, 공단에 의해 위탁 운영되는 경우가 대다수다. 그러다 보니 예산편성과 사업계획 수립 시기가 상위 기관의 예산 편성 시기와 맞물린 9월과 10월 사이인 경우가 많다. 보통 한두 달 안에 계획을 수립해 자치단체(도·시청, 구청, 군청)로부터 예산 편성 허가를 받는 일이 급선무가 된다. 이후 의회 심의를 거쳐 통과가 되면 그때서야 비로소 연간 예산과 사업계획을 확정 짓게 된다. 그러나 확정 짓기까지 여러 차례 칼질을 당하는 경우가 많아 지역 극장의 형편은 늘 녹록지 못하다. 예산 분배 원리를 들여다보면 부처별 예산 배정의 기본적인 판이 짜여 있기 때문에 피자 한 판을 여덟 조각으로 나눈다고 봤을 때 좀 더 크게 잘라 먹는 부서도 있을 것이고 적게 먹을 수밖에 없는 부서도 있다. 적절한 표현이 될지는 모르겠지만, 만약 공연 예산을 더 크게 잘라 먹는다면 누군가는 적게 먹을 수밖에 없다. 이러한 예산 구조는 정부나 기초 단체, 작게는 조직에서도 마찬가지다. 특히 연간 예산과 사업계획은 일차적인 내부의 검토와 확정 과정을 거친 후 지자체장의 보고 승인을 받게 되는데, 물론 여기서 끝이 아니다. 내부적으로는 이사회 승인과 외부적으로는 시, 군, 구의회 보고 심의를 마친 후에서야 본격적으로 사업의 가치를 인정받게 된다.

따라서 공연기획자는 사업 구상에 앞서 예산 구조를 명확하게 이해해야 한다. 예산 편성을 위해서는 수입·지출 구조, 소요 내용 등 산출 근거가 명확해야 하므로 공연 규모, 제작 비용 등을 꼼꼼히 검토하고 예산이 필요한 당위성을 소명할 수 있어야 한다. 공연기획자는 작품 기획 범위를 넘어 극장 운영 전반에 대한 목적과 목표를 현실성 있게, 그러면서도 구체적으로 설정하는 것이 바람직하다. 단위 사업을 정할 때는 분명한 목적이 있어야 한다. 단순히 기획자의 판단에 의존하거나 '다른 극장에서 하는 공연을 봤더니 잘되더라'와 같은 막연한 추측만으로는 좋은 공연을 기획 및 운영할 수 없다. 따라서 공연기획을 할 때는 실무자가 목적 의식을 분명히 해야 하며 계획 내용을 문서로만 작성하기보다는 실전과 같은 운영 계획 수립의 시뮬레이션이 이루어져야 한다.

# 공연기획의 가치

공연기획은 무에서 유를 창조하는 과정으로 볼 수 있다. 다시 말해 기존에 존재했던 것을 재활용하는 것이 아니라는 말이다. 공연기획은 새로운 공연물을 선정하고 그것을 한정된 무대에 구체적으로 실현하기 위해 어떠한 방식과 규칙을 사용해 나가야 할지를 모색하고, 실천할 전략을 짜는 일이다. 그렇기에 공연기획의 가치는 극장 성영과 향유 측면에서 중요하게 인식되어야 한다. 극장 경영 측면에서의 공연기획은 '예술의 창작과 유통'이라는 가치를 담고 있다. 극장 운영의 성패를 좌우하는 것은 콘텐츠에 달려 있다. 콘텐츠 기획 운영은 그만큼 중요한 '기본 미션'이다. 따라서 좋은 공연, 예술적으로 완성도가 높은 공연은 창작과 유통 가치를 갖게 되는 것이다. 또한 향유 측면에서는 많은 관객이 공연을 볼 수 있도록 하기 위해 홍보 마케팅을 전략적으로 짜서 흥행에 성공하게 만드는 과정을 우선하게 된다. 결국 좋은 공연, 예술적 완성도가 높은 공연은 많은 관객에게 예술을 향유할 수 있는 기회를 제공하는 가치로 선순환하게 되는 것이다.

공연기획의 가치는 순수예술을 기획하는 측면에서 볼 때 그 의미가 더욱 크다. 1950년부터 시작된 우리나라 공공극장의 역사를 보면, 국립극장은 '전통예술과 문화를 계승 발전'시키기 위해 건립되었다. 공적인 영역에서 순수예술의 가치 인식과 공연기획의 필요성, 발전을 위한 기반이 마련된 것이다. 이후 국가 문화예술의 근간이 되는 공공극장을 시작으로 1972년 문화예술진흥법이 제정되었다. 이를 근거로 한국문화예술진흥원이 생기면서 문화 정책의 기틀이 만들어졌다고 볼 수 있다. 현대 공공극장은 '문화예술 진흥과 문화예술 향유'의 목적이 강조되면서 그 미션과 비전에 있어 변화를 갖기 시작했다. 지금은 순수예술 장르를 넘어 보다 많은 향유 거리의 제공을 위해 대중예술까지 기획 공연하고 있는 경향을 보인다. 그러나 공공극장은 공공 재원으로 마련되어 그야말로 '공공'의 성격을 갖고 있는 만큼 국민 삶의 행복과 문화 복지 향상에 대한 기여, 순수예술 융성에 좀 더 귀 기울일 필요는 있겠다. 따라서 공연기획 준비를 위해서는 순수예술 장르에 대한 이해와 체계적 지식이 요구되지만, 이는 결코 짧은 시간에 학습을 통해서만 완성되는 것은 아니다. 이론만 공부해서는 기획 단계에 적용할 수 없는 것이 엄연한 사실이다. 이론과 기획의 실제는 실과 바늘의 관계처럼 밀접한 연관성을 갖고 있으며 동시에 이 둘의 관계는 상호 보완적이다.

공연기획을 통해 생산되는 모든 공연물의 가치는 인간 활동이 추구하는 가치 영역을 뚜렷하게 할 뿐만 아니라 삶의 유익과 순수한 즐거움을 주는 것 이상의 넓은 의미를 담고 있다. 따라서 공연기획의 가치를 높이기 위해서는 순수예술의 이해를 밑바탕에 둔 체계적인 가치 정립이 요구된다. 공연기획은 일정한 생산 목적을 유효하게 달성하기 위한 총괄적이고 체계적인 창작의 한 과정이다. 이러한 공연기획에는 예술적 감수성과 미적 경험을 담고 있는 예술경영 마인드가 필요하다. 이는 공연기획 가치의 기초적 기능과 연결되는데, 이렇게 기획한 공연물은 객관적인 성과를 산출할 수 있는 도구가 되며, 기획 활동은 지속적인 창작을 가능하게 한다.

공연기획의 가치를 높일 수 있는 마지막 요소는 소통과 공감 능력이다. 일례로 강릉 커피 축제 기획 자문을 하러 갔다가 돌아오는 길에 잠시 봉평에 들러 '강원도 봉평 메밀꽃축제'를 다녀온 적이 있다. 지금은 '평창 효석 문화제'로 명칭이 바뀌어 운영되고 있는 문화체육관광부 지정 문화관광 우수 축제다. 매년 축제 기간이면 전국 각지에서 많은 인파가 몰리곤 한다. 축제라는 이름에 걸맞게 먹거리, 볼거리, 구경거리가 참 많았고 소설 속 메밀꽃밭에서 추억을 담는 이들이 눈에 들어왔다. 한참 이곳저곳을 두리번거리고 있는데 한 여성분과 눈이 마주쳤다. 50대 중후반의 아주머니가 조심스럽지만 반가운 표정으로 인사를 해왔다. "서대문문화회관에서 일하시죠? 극장에서 여러 번 뵀었어요." 즉시 타이밍을 놓치지 않고 인사를 나눴지만 당혹감을 떨쳐낼 수 없었다. 이곳까지 와서 나를 알아보는 관객이 있다는 사실에 등골이 오싹해졌던 것이다. 이 사례를 통해 평소 처신의 중요성에 대해 강조하고 싶다. 공연기획자는 대중을 상대로 일하는 사람이다. 관객을 대하는 자세, 예술인을 존중하는 인성, 동료를 대하는 태도에 배려가 담겨 있어야 한다.

평소 나는 어떻게 하면 관객과 소통을 잘할 수 있을지 고민한다. 묻는 말에 대답을 잘하거나 궁금증을 해결해 주는 것만으로 소통력이 좋다고 보기는 어렵다. 공감은 소통의 열쇠가 될 만큼 중요하다. 상대방의 말과 행동에 공감이 더해질 때 상대는 나에게서 진정성을 느끼고 나의 말에 신뢰를 보내게 된다.

사실 공감은 어려운 일이 아니다. 상대방의 말과 행동에 나도 '동의한다'라는 뜻이다. 동의함으로써 소통의 문이 열리고, 때로는 그것만으로도 문제가 해결된다. 언어와 행동은 소통의 기본 도구이다. 간혹 상대가 말을 하지 않아 감정 상태를 파악하기 어렵다면, 그 사람의 표정과 몸짓에 관심을 갖는 것이 소통의 한 방법이 될 수 있다. 이는 관객에 대해서도 마찬가지이다. 표정과 몸짓은 제2의 언어라고 해도 과언이 아니다. 오히려 언어보다 강력한 힘을 발휘할 때도 있다. 관객은 공연을 본 후 공연이 재미있었는지 재미없었는지, 공연 관람 중 불편한 건 없었는지 등에 대해 극장 관계자에게 말해주지 않는다. 불편이 있었더라도 사안에 따라 그냥 넘어가거나 비대면 민원 채널을 통해 호소하는 경우가 대부분이다. 때로는 공연이 좋았다고 말은 하지만 표정과 제스처를 보면 빈말인지 아닌지 금방 알 수 있다. 공감은 상대방을 먼저 배려하는 데서 비롯된다. 역지사지易地思之라는 말이 제격이다. 대화의 물꼬를 트고 원만한 소통을 하기 위해 이보다 좋은 수단은 없어 보인다. 공연기획자는 자신을 기준으로 삼기보다는 상대방의 처지를 먼저 생각할 수 있어야 하겠다. 특히 공연 경험이 많은 기획자일수록 원만한 소통을 위해 인성을 재정비할 때 공연기획자로서의 가치를 높일 수 있을 것이다.

2장

공연기획의 시작

# 전향적 사고(思考)

올해로 공연기획자로서 한 극장에서 일한 지 20년째다. 2004년의 서대문문화회관은 자체 기획공연 하나 없는 문화 불모지와도 같았다. 예산도 부족했고 인력도 없었던 당시 서울문화재단은 출범 첫 공모사업으로 '우리 동네 문화마을 가꾸기' 사업을 모집했고 나는 여기에 사업계획을 제출해서 300만 원을 지원받게 되었다. 극장 공연을 하기에는 턱없이 부족한 돈이었기에, 누구나 볼 수 있도록 극장 앞마당에 공연을 기획 및 연출해 서대문문화회관의 극장 기능을 알리는 데 중점을 뒀다. 또한 지역 예술단체와 공동 기획 작품을 제작 운영함으로써 공공극장의 생기를 조금씩 불어넣기 시작했다.

그러면서도 당시 잊지 않았던 것이 하나 있다. 바로 지역 관객이 소비를 통해 예술의 향유 가치를 알 수 있도록 무료 공연은 되도록 지양하자는 것이었다. 처음에는 천 원부터 시작해서 어느 시기가 돼서는 만 원까지 공연 작품의 가치를 매겨 공연했다. 날이 갈수록 자체 예산이 부족한 한계를 극복하기 위해 늘상 공모 지원 사업에 참여하면서 공연의 내용은 풍성해졌다. 하지만 조직 내부에서는 공연 예산 편성에 대한 인식이 부족했던 것이 사실이다. 오히려 외부 지원 사업 유치에 열을 올렸던 때도 있었고 그러다 지원이 끊기면 공연을 할 수 없게 되어 어려울 때도 있었다.

공연기획자에게는 전향적인 사고가 요구될 때가 있다. 극장 편성 예산만으로 정해진 사업만 한다면 그보다 쉬운 일은 없을 것이다. 하지만 예산이 없다고 손 놓고 있을 게 아니라, 공모사업이라도 하나 더 선정될 수 있도록 지원 사업에 관심을 둔다면 현실 너머로 한 발짝 나아갈 수 있을 것이다.

지금은 지역의 많은 극장이 문화재단의 손에 의해 운영되고 있다. 따라서 전문 인력으로 조직화되고 지역 문화 분권을 통해 문화 지형이 가파르게 변화되고 있다. 여기서 아쉬운 지점은 대부분의 문화재단이 적잖은 예산을 국·시비 공모사업으로 충당하고 있다는 것이다. 문화재단답게 자체 예산을 확보하지 못하고 외부 공모에만 의존하는 곳이 적지 않다. 어떤 지자체는 공모사업을 유치하기 위해 공익 법인을 설립할 정도다. 무분별하게 문화 조직을 만들어 놓은 뒤에 정작 프로그램 운영 예산은 공모에 의존하다 보니 프로그램 편성과 운영이 안정적이지 못하다. 그렇다고 재원 조성을 포기하자는 말은 아니다. 이 부분은 극장 운영을 하는 데 있어 중요하게 다뤄져야 하기에 '재원 조성' 챕터에서 이야기해 보려고 한다.

당시 서대문문화회관도 공단이 위탁받아 운영된 초기부터 외부 공모사업에 역점을 둘 수밖에 없었기에 그간 지원받은 예산으로 다채로운 공연 사업을 추진해 왔다. 없으면 안 한다는 생각보다는 전향적인 자세로 대안을 찾아 지역 관객에게 문화 향유 기회를 제공할 수 있었고, 큰 예산을 들이지 않고도 공공성과 수익성을 고루 갖춘 성과를 인정받아 2016년 서울시 지방공기업 혁신 우수 사례로 선정되기도 했다. 이와 같은 사례는 공연기획자의 사고와 역할이 극장 운영에 있어 얼마나 중요한지를 보여준다. 공공극장에서 일하기를 원하는 기획자라면 지시를 받거나 누군가 시킨 일만 하겠다는 자세보다는 적극적이면서도 때론 전향적인 사고를 하길 바란다.

## 공공극장의 딜레마

지금껏 300여 편의 크고 작은 작품을 기획하고 운영해 왔다. 연극, 무용, 음악, 국악 할 것 없이 장르 불균형과 편식 없는 극장 식단을 짜왔다. 서대문문화회관은 연간 공연을 비롯하여 해마다 문화예술 기획 총 예산 1억 원 남짓, 이것도 20년을 운영해 오면서 조금씩 증액된 결과다. 매년 공모사업을 통해 3~4억 원가량을 받아 온다. 연간 자체 사업비만으로는 공공극장의 역할을 제대로 해낼 수 없다. 그래서 경쟁 공모를 통해 공공지원금을 필사적으로 받아 지역 관객의 욕구를 충족시키고 있다. 어떻게 보면 당연한 것 같아도 당연하지 않다. 비정상이 단지 정상으로 보일 뿐이다. 이럴 때는 다음과 같은 생각이 든다. '문화예술 전문기관이 아니라서 그런 걸까? 왜 눈에 띄는 사업만 찾고, 관객에게 초점을 맞추기보다는 그저 생색내기 좋은 사업만

찾는 것일까?'

안타깝지만 사실 지금도 관료주의, 성과 위주의 진정성 없는 사업들이 '문화사업'이란 미명 아래에 종종 펼쳐지고 있다. 이제는 '문화예술'이 온갖 변화의 수단으로 사용되어서는 안 된다. 공연기획은 전문가 손에 맡겨져 예술 작품으로써 관객에게 평가받고 인정받아야 한다.

공공극장의 직무는 크게 행정, 기술, 기획으로 구분할 수 있다. 이들 가운데 공연기획자는 하나의 직군으로써, 나머지 분야의 이들과 경쟁하고 성장 기회를 엿볼 수밖에 없다. 때론 극장에서 일은 참 잘하는데 기회가 오지 않는 경우가 있다. 반대로 소통력을 빌미로 입담에 능한 사교가일수록 승진이 잘되는 조직도 있다.

누구에게나 터닝 포인트가 있기 마련이다. 나의 경우 20대 후반에 전환기를 맞았다. 당시 잘 나가던 연예기획사에서 나와 공연예술 기획사를 창업해 운영하다가 우연히 공공극장 공연 담당자로 임직한 곳이 지금의 직장이다. 십수 년이 지난 지금 돌이켜볼 때 그때가 내 인생의 전환점이라는 것을 알게 됐다. 공연기획자는 좁고 협착한 곳을 비집고 힘겹게 나가야 할 때도 있지만 결국에는 자신과의 싸움을 이어가는 일이다. 경력이라는 것에는 눈속임이 없다. 오랜 시간 경험을 통해 체득하고 현장에서 배우게 되는 것의 결과다. 하지만 지금은 직접 경험하지 않아도 얼마든지 벤치마킹할 수 있는 도구가 많다. 입문 시절, 조바심 내기보다는 자신의 터닝 포인트를 찾기 위한 노력이 필요하다.

# 예술 소비 행동 변화

연말이 되면 곳곳에서 펼쳐지는 대형 콘서트가 송년 분위기를 돋운다. 인순이 디너쇼가 비싼 이유는 무엇일까? 스타벅스에서는 빈자리를 찾아보기 힘든데 여느 커피 체인점은 문을 닫는 이유는 무엇일까? 지난 팬데믹Pandemic 때 마스크를 사기 위해 긴 줄을 서본 기억이 있을 것이다. 와중에 스타벅스는 서머 레이디 백을 통해 사람들을 줄 서게 만들었다. 그것도 이른 새벽부터 말이다.

이와 같은 현상은 공연기획자 관점에서 볼 때 새로운 예술 소비 변화 및 관객 마케팅과 연관 지어 생각해 볼 수 있다. 고객은 보이지 않는 서비스 이상의 것, 과거 자신들의 경험과 브랜드 가치에 돈을 지불하는 것에 익숙해져 있다. 소비자는 특정 브랜드에 대한 확신이 들면 조건 없는 소비를 한다. 이는 제품의 품질을 따지기보다 브랜드 가치를 인식하고 선택하게 하는 '브랜드 플라세보 효과'다. 플라세보Placebo 소비는 요즘 흔히 말하는 '가심비'를 추구하는 소비다. 예컨대 마트에서 일상적으로 주섬주섬 담는 물건을 보면 늘 쓰던 브랜드이거나 써봤던 제품일 가능성이 크다. 이처럼 습관적으로 특정 브랜드를 애호하고 주력으로 소비하는 구매자를 바로 '열정 고객'으로 칭할 수 있다.

요즘 소비층을 보면 소소하지만 확실한 행복을 위해 자신들이 부릴 수 있는 작은 사치를 누리는 특징이 있다. 특정한 소비에 아낌없이 가격을 지불하는 몰아주기식의 소비를 하는 것이다. 이처럼 가심비 소비자를 위한 노력이 극장에서도 필요한 때다. 기획자는 공연 제작뿐만 아니라 공연을 판매하는 일까지 일련의 모든 과정을 책임지고 운영하는 사람이다. 따라서 만들어진 작품을 어떻게 하면 많이, 그리고 빨리 팔 수 있을까를 고민하는 경우가 많은데 이런 아마추어적인 생각은 내려놓자. 경험이 적은 상점 주인은 만들어 놓은 제품만 보게 되고 제품을 매대에서 빼는 일에만 급급하다. 즉, 판매의 직접적인 것에만 집중하는 경향이 있다. 단순히 표를 판다는 생각보다는 관객의 심리적 만족감을 높이는 데 집중해 가격이라는 분모를 줄이는 것보다 만족이라는 분자를 늘린다면 긍정적인 효과를 얻게 될 것이다.

## 공연기획자의 사회적 역할

공연기획자는 예술적인 경험과 비즈니스 노하우를 결합하여 공연을 성공적으로 구현하는 역할을 수행하는데, 이러한 역할을 수행하기 위해서는 프로젝트 관리, 인력 관리, 홍보, 마케팅, 스폰서십, 커뮤니케이션 등의 전문적인 지식뿐만 아니라 다양한 역할과 요구 사항을 충족시킬 수 있는 다재다능한 능력을 발휘할 수 있어야 한다.

그런 의미에서 공연기획자에게는 대인 관계 능력도 매우 중요하다. 다양한 분야의 전문가들과의 소통, 배우와의 원활한 조율과 협의, 스태프들과의 협업 등 다양한 상황에서 많은 이들과 소통해야 하기 때문이다. 무엇보다도 공연기획자는 자신의 역할과 책임을 이해하고, 열정과 노력을 가지고 일해야 한다. 공연기획 실행 과정에는 도전과 역경이 있을 수 있지만, 이를 극복하고 성공적인 공연을 만들어 내는 것이 공연기획자의 가장 큰 보람과 자부심이 된다. 때로는 공연기획자 역할의 본질과는 다르게 공연기획자를 전부 소화하는 사람으로 여기는 이도 있고, 기획자 자신도 이에 동의해 자긍심을 갖기도 한다. 그러나 공연 운영은 혼자 할 수 있는 일이 아니라는 점에서 이러한 견해는 당위성을 잃게 된다. 따라서 공연 분야에 있어 통합적인 전문가는 존재하지 않는다. 다만 공연기획자는 각 전문 분야가 상호 소통할 수 있도록 가교 역할을 하고 그들을 리드할 수 있는 전략을 구상하는 역할을 수행한다.

어떠한 프로젝트도 개인보다는 조직이 중요하다는 것에 모두가 동의할 것이다. 이처럼 분업을 통해 일의 효율을 높이고 그만한 성과를 기대하는 것이 바람직한 공연기획자의 역할일 것이다. 그동안은 처음부터 끝까지 공연기획자 혼자 할 수밖에 없도록 조직 분위기를 만들어 왔다면, 이제부터는 기획자 스스로가 유연한 사고를 갖고 보다 창의적인 발상을 할 수 있도록 모든 조직이 노력해야 한다.

일례로 바쁜 시즌에는 기획담당자가 한 달에 두세 개의 공연을 책임질 때도 있다. 개별 공연을 준비하기 위해서는 최소 십 일에서 보름은 필요하다. 그 경우도 동시에 추진해야만 가능할 것이다. 그렇다면 어떻게 한 달에 3개의 공연을 무대에 올릴 수 있단 말인가? 공연기획자의 역할을 특별하게 강조하는 데서 나올 수 있는 결과다. 언뜻 보면 노력과 열정으로 무장한 단단한 사람으로 보이기도 하겠지만, 속내를 들여다보면 기간 내 성공적인 공연을 만들어 내기 위한 압박감, 스트레스가 고스란히 배어 있을 것이다.

그렇다면 이제 막 극장에 임직했거나 입문을 꿈꾸는 학생들은 어떻게 대비하고 준비해야 할 것인가? 공연기획 제작 기술은 자격증을 취득하듯 속성으로 얻을 수 있는 게 아니기 때문에, 준비가 부족한 채로 극장에 들어간다면 공연기획 전문가라는 이름 아래 자존감을 잃거나 흥미를 잃을 수도 있다. 막상 극장에 들어가 일을 하다 보면 모든 과정을 홀로 헤쳐 나가야 하는 경우가 많기 때문이다.

그렇다고 해서 대단한 준비가 필요한 것도 아니다. "한 사람의 몫을 충분히 해낸다." 바로 이 마음가짐을 단단히 준비해야 한다. 공연기획자는 어려운 상황에서도 꾸준하게 노력하며, 한계를 극복해 나가려는 근성을 가져야 한다. 스스로 목표를 설정하고 그 목표에 도달하기 위한 계획을 세우고 이를 성취하기 위한 태도와 노력은 사회가 요구하는 공연기획자로 성장하는 데 필수적인 요소다.

공연기획자의 사회적 역할은 문화예술의 발전과 보급을 위한 공연을 기획하고 제작하는 일이다. 문화 산업의 지속적인 성장을 견인하는 역할 뿐만 아니라 예술인의 권익 보호와 예술인이 가지고 있는 예술적 가치를 충분히 잘 활용하여 마침내 예술가와 관객을 연결시켜 우리 삶의 질을 높여 가는 것이 공연기획자의 사회적 책무이다.

# 공연기획 아이디어 발상법

나는 메모 미치광이다. 공연 일을 하면서 생긴 직업병이라고 할 수 있겠다. 메모에도 '기술'이 필요하다. 무조건 받아 적거나 떠오른 생각을 마구잡이로 적어두면 나중에 알아보기도 힘들 뿐 아니라 아무 데도 쓸모없는 낙서가 된다.

사실 기획은 아주 간단한 생각에서 시작한다. 생각은 점점 더 구체화되며 실행할 수 있는 하나의 형체를 이루게 된다. 평소 머릿속에 떠오르는 생각, 일상에서 얻게 되는 기억을 메모장과 노트를 활용해 자유로운 형식으로 기록해 보는 습관은 무척 도움이 된다. 다만, 이런 아이디어들이 나만의 방식으로 잘 정리될 수 있도록 아래의 10가지 방법을 활용해 보자.

첫째, 가능한 한 글씨를 바르게, 예쁘게 써보자.

둘째, 두 가지 이상의 펜을 가지고 중요한 일자, 장소, 금액, 내용, 모양, 색, 이미지 등과 같이 핵심 키워드, 느낌을 잘 정리해서 생각을 적어두자.

셋째, 다이어리 빈칸을 잘 활용하자. 몇 자 쓰다가 페이지를 넘기지 말고 작성 일자를 연결해 촘촘하게 써나가는 습관을 갖자.

넷째, 순간적으로 떠오른 기막힌 생각은 결코 머릿속에 오래 남지 않는다. 따라서 번득일 때마다 단순화해서 기록하자.

다섯째, 좋은 생각에는 또 다른 생각이 따라붙는다. 그때의 생각을 하나씩 덧붙이고 확대하다 보면 나중에는 자기 아이디어가 된다.

여섯째, 자기 생각을 새로운 환경 속으로 옮겨 유사성을 찾는 훈련을 하자.

일곱째, 메모했던 글에서 연관성 있는 텍스트로 변형시켜 보자.

여덟째, 해가 지나도 다 쓴 다이어리를 버리지 말자. 이를 잘 모아두면 기록이 되고, 때론 의미 있는 글감이 된다.

아홉째, 생각을 모아둔 메모를 일정 기간 정리하는 시간을 갖고 메모에 가치를 부여해 보자.

마지막으로, 마인드 매핑Mind Mapping을 하면 기억하기에 좋을 뿐 아니라 기획을 하는 데 있어 창의성을 끌어내는 원천이 된다.


실제 역사를 거슬러 올라가 보면 아인슈타인, 레오나르도 다빈치, 링컨, 토머스 에디슨 등은 모두 유명한 메모광이었다. 이들은 평소 많은 메모를 남긴 덕에 필요할 때마다 각종 정보를 꺼내 효율적으로 활용할 수 있었다.

메모는 단순히 기억하기 위해서만 필요한 것은 절대 아니다. 평소 메모하는 습관에는 상상력, 독창성, 확산적 사고, 모험적 사고, 탐구, 발명, 창안, 직관, 연상 등과 같이 생각을 다방면으로 표출시켜 창의적인 발상과 생각을 돕는 힘이 있다. 이는 아이디어가 필수인 공연기획자가 실천해야 할 가장 중요한 일이다.

# 공연기획 기초 체력 다지기

프로는 '현재 업무를 맡아 담당하고 있는 사람'이다. 그래서 담당자가 전문가일 수밖에 없다. 따라서 공연기획자는 단순히 이론과 지식을 제공하는 역할을 넘어 기획력을 발휘하고 실행 중 문제가 발생하면 해결할 수 있는 전문적인 조언과 판단을 제공할 수 있는 능력이 체질화되어 있어야 한다. 또한 공연기획자는 실제 경험과 현장에서의 문제 해결 능력을 갖추어, 정보 매체에서 얻을 수 없는 추가적인 가치를 제공할 수 있어야 한다.

많은 이들이 성장하고 발전하기 위해 더 높은 포지션을 선망하며, 경쟁하고 있다. 이러한 경쟁에서 승리하기 위해서는 현재 있는 위치에서 자신의 역량을 최대한 발휘하고 끊임없이 노력해야 하는데, 이것에는 인내심과 열정, 그리고 자신에 대한 믿음이 필요하다. 또한 동료들과의 소통과 협력을 통해 공감과 신뢰를 얻는 것도 중요하다. 이를 통해 다른 이들에게 나의 잠재력과 가치를 인식시키고, 기회가 올 때 더 큰 책임과 역할을 맡을 수 있게 될 것이다. 무한 경쟁 시대에는 누구나 리더가 될 수 있는 잠재력을 가지고 있다. 그 자리가 중간 관리자이건 최고 경영자이건 리더가 될 가능성에 대해서는 부정할 수 없다. 그러나 리더가 되는 것이 쉽다는 말은 결코 아니다. 자신의 경험과 역량을 바탕으로 더 높은 포지션을 향해 다가갈 수 있도록 노력해 보자.

직장 생활을 하다 보면 자연스레 주류와 비주류가 나뉜다. 말 많은 사람과 말수가 적은 사람 등 각자의 취향에 맞는 사람을 찾아 소통하기 마련이다. 통하는 사람들끼리 '코드가 같다'는 이유로 끼리끼리 문화를 형성하는 것에 대해서는 옳고 그름을 판단할 수 없다. 다만, 이는 인간만이 가진, 공동체 형성을 위한 특징인 것만은 분명하다.

대중을 상대로 일하는 리더라면 공감 능력을 필수로 갖춰야 한다. 극장에서 수많은 관객과 소통하는 기획자는 '공인'이라고 할 수 있다. 따라서 공감대를 끌어내지 못한다면 성공적인 성과를 만들어 내기 힘들다. 그렇다면 직장에서든 현상에서든 어떤 공감을 누구로부터 불러 일으켜야 하는지, 또 공감대 형성이 왜 중요한 지점을 차지하고 있는지에 대한 것부터 공감할 수 있어야 한다. 공연 작품을 통해 만나게 되는 예술인, 스태프, 여러 분야의 제작자와 일을 하는 것은 마치 바닷가에서 볼 수 있는 각양각색의 조약돌이 연마 과정을 거쳐 마침내 하모니를 이루는 과정과 같다.

이 모든 걸 종합해 봤을 때, 공연기획 입문자는 어떤 소양을 갖추어야 할까?

## 공연기획 입문자가 갖추어야 할 10가지 소양

### 1. 열정

열정에는 목표가 있다. 무언가를 이루기 위해서는 목표를 정한 후 그 목표를 향해 열정을 다해야 한다. 열정은 같은 목표를 이루기 위해 모아둔 조직을 통해 발휘된다. 혼자 하는 일은 열성에 불과하지만 함께하는 일에는 열정이 뜨겁게 달아오르기 마련이다.

## 2. 창의성

창의성은 항상 새로운 영역에서만 나오는 것은 아니다. 기존 현장에서 새로운 변형을 만드는 일도 창의성의 영역이 될 수 있는데, 이는 대내외적인 합의와 승인이 있어야 가능하다. 창의적 사고를 하기 위해서는 공연예술 영역에 흥미를 느껴야 하며 동시에 철저하면서도 체계적인 학습이 필요하다.

## 3. 통찰력

통찰력은 어떤 상황이 주어지더라도 빠르게 이해하고 의미를 파악하는 능력이다. 공연 중에도 빠른 결정이 이루어져야 할 때가 있다. 이때 공연기획자의 현명한 선택과 문제 해결 능력이 요구된다. 따라서 다양한 관점에서 바라보고 핵심을 짚는 통찰력이 필요하다.

## 4. 소통 능력

소통은 인간관계에서 가장 중요한 능력이다. 소통의 기본은 경청이다. 먼저 들어야 답을 해줄 수 있듯이 상대방의 말을 잘 듣는 능력은 중요하다. 소통을 잘하기 위해서는 적절한 양보와 타협이 중요한데 양보의 횟수가 많을수록 소통에 성공하는 지름길이다.

## 5. 공감 능력

진정성 있는 이야기나 대화는 늘 공감을 일으키곤 한다. 공감은 인위적인 것이 아니라 이해와 진정성에 의해 나오는 감각이다. 상대방이 겪는 고통을 자신도 함께 느끼는 감정적 경험이 있을 때 비로소 진정한 공감이 이루어진다.

## 6. 친화력

친화력은 큰 호감과 매력으로 나타날 수 있다. 조직과 사회생활에서 친화력은 위대한 능력을 발휘한다. 친화력은 활기찬 조직 생활을 이끌어 갈 수 있기 때문에 웃음 바이러스와 같은 영향력을 발휘한다.

## 7. 책임감

어떤 일을 맡아서 임무를 수행할 때 일에 대한 소중함을 알고 의무를 다하는 자세가 중요하다. 종종 잘된 일은 내가 한 일로 여기고 잘못된 일은 다른 사람에게 책임을 전가하는 경우가 있는데 이런 사람은 리더의 자격이 없다.

## 8. 배려심

상대방을 먼저 생각할 줄 아는 사람은 다른 사람으로부터도 배려를 받을 수 있다. 특히 배려심은 소통, 즉 커뮤니케이션에 있어 강력한 무기가 된다. 무엇보다 배려심이 있는 사람에게는 적이 없다.

## 9. 결정력

공연기획을 하다 보면 기획자가 결정을 내려야 할 경우가 종종 있다. 매 순간 내려지는 현명한 판단은 공연의 성패를 좌우한다. 결정의 순간에는 '타이밍'이 중요하다. 촌각을 다투는 현장에서는 더 긴박해진다. 공연기획자의 결정은 공연을 살릴 수도, 죽일 수도 있다는 점을 기억하자.

## 10. 추진력

생각에서 비롯된 순간을 종이에 옮길 때 기획의 추진력이 작동된다. 기획 현장에서는 기획력이 좋은 사람보다 실행력이 있는 기획자를 선호한다. 추진력은 행동을 구체적인 단계로 접근시켜 가는 과정에 필요한 능력을 말한다.

공연기획 입문자라면 위에서 제시한 항목들을 습득하고 키우기 위해 노력할 필요가 있다. 특히 소통, 공감 능력이 바탕이 되는 커뮤니케이션 능력과 문제 해결 능력은 공연기획에 있어 중요한 요소 중 하나이며, 이는 최종적으로 공연의 성공을 결정짓는 중요한 역할을 하므로 더욱 중요하게 여길 필요가 있다.

# 3장

## 공연기획의 원리

# 공연기획의 의의

공연기획은 예술가들의 예술적 행위를 체계적으로 실행하고 관리하기 위해 필요한 필수적인 과정이다. 이를 통해 예술가들은 관객에게 질 높은 작품을 제공하고 새로운 부가 가치를 창출할 수 있게 된다. 무대는 공연기획에서 매우 중요한 영역이다. 무대 자체만으로도 예술가를 더욱 돋보이게 할 수 있는데 이는 관객이 참여하는 과정에서 예술의 완성도를 높여주는 요인이 된다. 따라서 공연기획에서는 무대 규모, 형태, 무대 기술 등을 체계적으로 계획하고 실행하는 일이 가장 중요하게 다뤄진다. 공연을 종합예술 또는 무대예술이라고 일컫는 이유도 바로 여기에 있다.

또한 관객은 공연기획의 '핵심'이다. 관객은 예술가에게 여러 가치를 전달하며, 예술가들은 관객의 반응을 고려하여 작품을 다듬고 발전시켜 완성도를 높여가게 된다. 공연기획에서는 관객의 수, 성향, 취향 등을 고려하여 공연기획자가 제작한 작품이 관객에게 최대한 많은 가치를 전달할 수 있도록 계획되어야 한다.

공연기획 과정에서는 예술가의 관점도 중요하다. 예술가는 공연기획에서 자신들이 참여하는 작품이 최대한 원래의 의도대로 전달될 수 있도록 혼신의 노력을 다한다. 따라서 공연기획자는 이를 뒷받침하기 위해 예술가의 의견과 요구 사항을 최대한 수용할 필요가 있다.

이처럼 무대, 관객, 예술가의 관점을 모두 고려하여 체계적인 공연기획을 실행함으로써 양질의 작품을 제공하고 새로운 부가 가치를 창출하는 모든 과정을 공연기획이라고 한다.

## 공연기획자의 자세

종종 "공연기획자가 되려면 어떻게 해야 해요?"라는 질문을 받는다. 그런데 공연기획자가 되는 방법이 따로 있는 것은 아니다. 특별한 자격증이 있는 것도 아니고, 정년도 없는 전문 영역의 직업군이다. 하지만 공연기획자는 어느 영역 못지않게 넓은 스펙트럼의 지식을 갖춰야 한다. 예를 들어 클래식 분야에서 오케스트라 공연을 준비한다고 가정했을 때 최소한 악기 종류, 연주자 배열 정도는 알아야 예술가들과 이야기가 통할 것이고, 무대 음향과 조명, 무대의 명칭 정도는 알아야 스태프 회의를 진행할 수 있다. 이런 측면에서 볼 때, 공연기획자는 자격증은 없을지라도 다양한 분야에 대한 호기심이 넘쳐야 먹고 살 수 있다. 어떻게 보면 피곤한 직업이기도 하다. 그래도 공연이 좋고 예술이 좋아 시작한 기획자들 가운데 유능하고 아이디어가 넘치는 사람들이 더러 있다. 나도 간혹 이런 훌륭한 선배 기획자를 만날 때가 있다. 어느 때는 같은 밥그릇에 밥을 먹는 기획 분야 사람이라 할지라도 문화 마인드가 없는 문화기획자, 경영 철학이 없는 극장 책임자, 예술 마인드가 없는 예술가를 만나기도 한다. 예술이든 행정이든 다 먹고살기 위해 하는 일로 치부한다 해도 할 말은 없다. 개인적으로는 기획자로 살기 위한 마인드가 부족할지라도 자존심을 갖고 사는 기획자로부터 좋은 작품이 만들어지길 바라고 있다.

기획, 공연, 예술, 극장, 예술경영, 재원 조성, 홍보, 마케팅, 지원사업, 문화 등 공연과 연관되는 모든 문서는 기획담당자 몫이 되는 경우가 많다. 한마디로 예藝 자만 들어가면 기획담당자가 처리해야 하는 몫이 된다는 뜻이다. 능력이 출중해서도 아니고 에너지가 넘쳐서도 아닐 텐데, 아직 인력 충원에는 인색한 것이 현실이다. 사실상 이는 예술에 대한 이해가 부족한 행정가로부터 예산을 결정짓고 염출하는 것에서 기인한다.

서대문문화회관이 공연, 전시, 문화 강좌, 문화예술교육 등 주요 분야에서 많은 변화를 겪은 것은 2010년부터다. 어린이와 청소년에게는 성취감을, 주민에게는 생활 속 가까이에서 문화를 향유할 수 있는 기회를 제공하기 위해 생활 밀착형 프로그램을 만들기 시작했다. 2010년은 가히 그동안 느끼지 못했던 감동과 문화의 멋과 맛을 알릴 수 있었던 해가 아니었나 싶다.

특히, 평소 문이 닫혀 있던 갤러리에는 신진 작가의 그림이 걸리고 상설 운영이 되면서 바쁘게 오가는 관객과 마니아층이 생길 만큼 극장이 활기를 띠기 시작했다. 이는 평소 서대문문화회관에 가면 볼거리가 있고 즐길 거리가 있다는 인식이 생긴 것에서 비롯된 결과다. 문화예술은 특별한 날이 되면 외식하듯 이따금 접하는 것이 아니라 편하게 슬리퍼를 끌고 나와 일상처럼 즐길 수 있어야 한다. 서대문문화회관의 운영 방향은 '지역민이 좀 더 쉽고 가깝게 즐길 수 있는 프로그램을 만들고 이를 위해 극장 문턱을 낮추는 것'이었기에 이러한 방향으로 전략을 구상해 왔다. 그렇다고 새로운 콘텐츠를 늘 펼치기에는 예산이 턱없이 부족했다.

따라서 이러한 문제점을 극복하기 위해 예산을 확보할 수 있는 지원책을 찾아 재원 조성 방법을 시스템화 및 체계화한 결과, 서울문화재단, 한국문화예술회관연합회, 서울시자치구문화재단연합회, 한국문화예술위원회에서 공적 지원금을 받아낼 수 있었고 이를 통해 지역주민에게 보다 우수한 공연 작품을 제공할 수 있게 되었다. 또한 상주예술단체를 들여 협력 관계를 구축하고 함께 꾸준히 공연 콘텐츠를 개발해 왔다. 다만 예산과 인력이 풍족하지는 않아 다양하고 품격 있는 공연을 제공하는 데는 다소 어려움이 있었지만 시드 머니가 있었기에 그동안 머릿속으로 구상만 했던 아이디어가 작품으로 만들어지는 실험 무대를 구성할 수 있었다.

이처럼 기획자의 의지만 있다면, 공공극장이라는 이점을 살려 원하는 사업을 기획 및 제작하는 데 큰 도움을 받을 수도 있다. 이외에도 공공 문화 단체(세종문화회관, 국립예술단 등) 등과 협약을 맺는 등 자원 연계 사업을 찾아 백분 활용한다거나 문화예술교육을 곁들이면 더할 나위 없이 극장 운영이 풍성해질 것이다. 추가로 지역의 대학, 종교

시설, 민간극장과의 자원 연계도 시도해 보길 바란다.

극장은 지방 재정과 자치단체장의 문화예술의 관심도에 따라 지역마다 제각기 다른 양상을 띠고 있다. 하지만 지자체장의 관심 여부가 극장 운영에 영향을 끼친다면 결코 진정성을 인정받을 수 없을 것이다. 극장 콘텐츠를 통해 시민들의 삶의 질이 높아지고 조금이라도 더 행복해질 수 있다면 극장의 존재 이유는 충분하다. 보통 극장 운영이 잘되고 있는지를 따질 때 극장 객석 수 내지는 극장 규모, 인력, 예산 등을 척도로 삼는 경우가 많다. 물론 극장 운영에 있어 공간, 인력, 예산의 삼박자는 누구나 공감하는 극장 운영의 기본 요소다. 그렇다 보니 공연기획자도 이 세 가지를 고루 갖춘 극장을 선망하게 된다. 공간, 인력, 예산을 갖춘 극장이라면 콘텐츠 질이 높아질 수밖에 없기 때문이다.

서대문문화회관은 자체 예산 부족, 인력의 한계가 있을 뿐만 아니라 지은 지 30년이 넘어 꽤나 노후화가 진행된 극장이다. 그렇다고 부족한 것만 탓해서는 답이 없다. 그렇기에 모자란 예산은 외부 공모 사업을 통해 충당하고, 부족한 인력은 상주예술단체 지원 제도를 통해 스태프, 예술가, 기획 행정 보조 인력까지 활용할 수 있도록 했다. 상주예술단체 지원은 상호 협력해 그동안 극장이 필요로 했던 사업을 할 수 있는 이점이 있다. 지역 극장일수록 신작을 창작한다는 것만으로도 기획력과 전문성을 키울 좋은 기회가 된다. 그동안 공연기획자가 예산, 인력의 한계로 이를 추진하지 못한 점을 감안하면 이보다 좋은 기회와 경험은 없다.

극장의 생명력은 새로운 콘텐츠를 통해 유지된다. 전국적으로 공공극장의 수는 250여 개 이상인데, 제각기 다른 실정에서 각기 다른 극장의 색깔을 나타내고 있다. 그중 한 곳이 서대문문화회관이다. 서대문문화회관은 외부 공모 지원사업과 국·시립 예술단체와도 연계를 시도해 콘텐츠 정량을 늘리고 정성적인 성과도 창출해 내고 있다. 자체 공연 사업비 50~60% 이상을 외부 공모 사업을 통해 수혈받는다고 해도 과언이 아니다.

세종문화회관 서울시예술단(연극단 외 7개 단체), 서울문화재단, 한국문화예술회관연합회 등 재원 조성 기반 유지를 위해 대외 협력에도 신경을 쓴다. 세종문화회관과의 '예술로 나눔 동행'을 시작으로 서울문화재단의 '상주 예술단체 육성 지원 사업', 한국문화예술회관연합회 주관의 '문화가 있는 날'과 '문예인 프로젝트', '꿈다락토요문화학교1' (2023년 지원사업 기준) 등 매년 새롭게 기획된 프로그램으로 공모 선정을 받기 위해 노력한다.

공연기획자는 관객이 한 장르, 한 분야에서만 예술의 맛을 찾지 않도록 조화를 이루는 것을 염두에 둘 필요가 있다. 다시 말해 공연기획자는 작품 선택에 있어 편식하는 일이 없도록 무대 식단을 균형 있게 짜야 한다. 순수예술, 대중예술, 다원예술 등 흥행성과 수익성을 따지기보다는 관객이 다채로운 공연을 통해 정신적 영양분을 공급받을 수 있도록 해야 한다. 이는 관객의 기본 권리임과 동시에 공연기획자가 가져야 할 기본자세다.

프리젠터(Presenter): 공연을 기획, 유치해서 무대에 올리는 사람을 뜻한다. 작품 제작 과정에 참여하지 않고 작품을 섭외해서 무대에 올리거나, 레퍼토리 작품을 그대로 기획 만 해서 공연하는 기획자를 말한다.

프로모터(Promotor): 공연 작품이 극장과 연결될 수 있도록 소개하여 경제적 커미션을 받고 주선해 주는 전문가를 말한다.

프로듀서(Producer): 공연 제작을 총체적으로 지휘하고 그 과정을 책임지는 전문가를 말한다. 프로듀서는 공연 작품 또는 이벤트 제작을 기획부터 예산 집행, 결산까지 책임 있 게 다루며 연출자, 배우, 공연 제작 참여자까지 결정하게 된다.

아티스트(Artist): 음악, 무용, 발레, 연극, 오페라 등을 전공한 자로 아마추어와 반대되는 성향이 있으며 예술인을 칭하는 말이다. 예술가는 직업예술가와 생활예술가로 나눌 수 있 는데 흔히 아티스트라고 하면 직업예술가를 의미한다.

매니저(Manager): 아티스트가 예술 활동에만 전념할 수 있도록 일정 관리, 이미지 관리, 홍보 등 1인 예술인을 전담하는 사람을 말한다. 보통 대중음악 가수, 탤런트가 바쁜 일정 을 관리받기 위해 매니저를 두는 경우가 많다. 의미는 다르지만 극장에서는 하우스 매니 저, 티켓 마스터를 두어 관객 지원을 전담한다.


## 공연시장의 변화와 대응

공연 현장은 팬데믹Pandemic 전까지는 활기가 넘치고 열정적인 분 위기를 띠고 있었다. 공연, 전시, 예술교육, 문화체험 등 다양한 특화

프로그램의 차별성을 갖는 변화를 시도해 왔다. 그러나 코로나19는 삽시간에 많은 걸 멈추게 했고 변화를 가속화시켰다. 당시 공연계에서는 '시장이 어떻게 변할 것인가?', '공연은 언제쯤 다시 할 수 있을까?'가 단연 초미의 관심사였다.

당시 극장의 전환점은 콘텐츠 피보팅[1]을 위한 대책이 마련된 것에서 시작되었다. 피보팅은 축을 옮긴다는 스포츠 용어다. 스타트업에서 일반화되어 있는데, 지금과 같은 국면에서는 다양한 가설을 세우고 테스트하며 수정해 나갈 생각으로 콘텐츠를 피보팅을 한다면 극장의 전환점을 찾을 수 있지 않을까.

이를테면 2020년 10월, 그룹 방탄소년단BTS의 온라인 스트리밍 콘서트는 전 세계 최초로 티켓 판매 공연을 시도해 99만 3,000명이 관람을 했고, 541억 원의 수익을 얻은 것으로 추정되었다. 이는 10분당 18억 1,000만 원을 벌어들인 셈이라 연일 화제가 되었다. 이제는 공연기획 측면에서도 AR(증강현실), XR(확장현실) 등 첨단 기술을 접목해 공연 무대의 질을 높이는 방안을 강구해야 한다. 그 누구도 예상하지 못했던 팬데믹은 예능 방송과 콘서트 무대도 비대면 콘텐츠로 바꾸어 버렸다. '무관중 공연'은 그야말로 공연기획자에게 있어 완전히 새로운 경험이었다.

이렇듯 현장성과 생동감을 중요시했던 무대공연만의 근본을 바꿔

---

1) 피보팅(Pivoting)은 기존 운영하던 콘텐츠 또는 사업 아이템을 트렌드나 급변하는 외부 환경에 따라 운영 방향을 다른 쪽으로 전환한다는 의미이다.

버린 획기적인 변화에서 얻은 유용한 성과를 잘 살릴 필요가 있다. 유튜브, 네이버 등 실시간 스트리밍Streaming을 통해 공연예술을 접했던 사례, 직관 대신 영상을 통해 관객을 참여시켰던 방식은 오프라인과 온라인의 방식을 병행하여 공연을 진행할 수 있는 방안에 대한 연구를 요구한다.


## 공연계획서 작성의 5단계

공연계획서는 공연을 책임지고 팀원을 관리하는 팀장의 눈으로 작성하는 것이 좋다. 당연한 말이겠지만, 하루에도 수많은 보고서를 검토하고 작성해야 하는 관리자는 고칠 게 없는 보고서를 좋아한다. 기획서는 체계적인 실행 과정을 사전에 시뮬레이션하는 역할도 하지만 공연 준비, 진행 중에 발생할 수 있는 문제점을 최소화하고 위험 요소를 사전에 제거할 수 있도록 작성되어야 한다.

쉽고 간결한 기획서 작성을 위해 가장 먼저 생각해야 하는 것은 '누구를 위해 어떤 작품을 언제 어디서 하느냐'이다. 즉 이를 위해서는 작품별 현황 분석이 선행되어야 하는데 내부 역량의 강점과 약점을 제기하고 외부 환경의 기회와 위협 요소를 파악해 극장 실정에 맞는 기획서를 작성해 경쟁력을 갖추는 일이 무엇보다 중요하다.

두 번째로는 예산 편성의 적절성과 진정성이 보이도록 사전에 필요한 품목과 예산을 꼼꼼히 체크하고 불필요한 예산이 낭비되지 않도록 작성해야 한다.

세 번째로는 내용의 충실성과 공연 작품의 완성도가 나타나도록 작성해야 한다. 공연 행정은 페이퍼로부터 시작된다고 해도 과언이 아니다. 행정 문서는 조직의 족보와 같기에 잘 작성해 둘수록 후임이나 다른 동료가 해당 업무를 맡게 되더라도 참고할 수 있는 기록으로 남는다.

네 번째는 수지 분석이다. 공연에서 투입 대비 얼만큼 수익을 낼 수 있을지에 대한 분석은 성과 중 중요한 부분을 차지한다. 그래서 이 부분은 팀장뿐만 아니라 상급자가 각별히 관심을 갖는 페이지다.

다섯 번째로, 공공극장은 비용적인 측면이 고려되고 신뢰성이 높은 홍보를 선호한다. 예산의 여력이 있다면 경우가 다르겠지만, 일반적으로는 광고보다는 언론 활용, 인쇄물, 온라인SNS 등을 우선으로 하되 담당자의 재량에 따라 기관 협력 등으로 저예산 홍보 툴을 발굴해 보는 것도 추천한다.

지금까지 보고서 작성 맥락에서 관심 있게 다뤄지는 5단계를 간단하게 설명했다. 이후 본격적으로 세부 기획서를 작성할 때는 보고를 위한 형식적인 보고가 되지 않도록 주의해야 한다. 기획서는 공연 정보를 입증할 수 있도록 공연 콘셉트 도출, 운영 목표, 공연 목적, 운영 방향 설정, 문제점 분석, 흐름과 구조 등을 논리적으로 제시해야 한다.

# 공연의 사전 보고와 실행

보고서는 조직 성격에 따라 보고하는 방식이 다를 수 있기 때문에 무엇을 보고하느냐에 따라 차이가 있을 수 있다. 하지만 보고 시에는 핵심만 간단명료하게 작성해서 보고 받는 상사의 가려운 곳을 긁어주어야 깔끔한 프레젠테이션이 된다.

자세한 내용을 설명하기에 앞서 분명하게 말하고 싶은 한 가지는, 보고서와 기획서를 큰 틀에서 분리해서 이야기하고자 한다는 것이다. 즉 보고서는 기획서를 작성하기에 앞서 상사에게 사전 승인을 받는 과정으로 보고, 기획서는 보고를 마친 후 본격적으로 작성하는 것을 의미하니 유념해 주길 바란다.

보고서를 작성할 때는 핵심을 정확하게 보고하는 것이 관건이다. 특히 보고서는 극장 내 커뮤니케이션을 구체화하고 실현 가능성을 높이기 위한 기본 과정으로 이해하면 좋겠다.

누군가는 한 장으로 끝내는 보고를 강조한다. 실제 조직에서는 CEO 보고의 경우 원 페이퍼로 작성해 짧고 간결하게 보고하는 것이 보편화되어 있다. 그러나 세부 기획서 작성 때는 예외가 있을 수 있으니 너무 분량에 얽매이지 말고 논리 구조를 명확히 하는 데 애를 쓰길 바란다.

다음은 실제로 보고하는 과정이다. 보고 시에는 보고 대상과 보고 목적을 고려한 생산적인 테크닉이 필요하다. 예컨대 보고 받는 자가 내부에 있는지, 외부 클라이언트인지에 따라 보고 형식과 방향이 달라질 것이다. 이때 설득력 있게 표현하고 상대가 결정에 동의할 수 있도록 해야 한다는 맥락은 같다. 또한 세부 기획서는 제목부터 신경을 써야 한다. 특히 공연 제목은 내용을 함축하고 있기 때문에 잘 지어진 공연 제목만으로도 구매 욕구를 자극할 수 있다. 작품에 따라 때로는 서정적인 제목을, 때로는 강렬한 제목을 짓는 연습도 해봐야 한다.

그럼에도 가장 중요한 것은 '내용'이다. 아무리 가독성 있게 작성된 보고서라고 해도 내용이 부실하다면 속 빈 상성에 불과하다. 간혹 확인되지 않은 추측성 보고를 하거나, 대중에게 인기가 좋았다는 이유로 좋은 공연이라고 단정 짓는 자기중심적 보고서를 보게 된다. 내용이 구체적이지 않고 논리적이지도 못한 보고서는 보고하고자 하는 핵심에 혼란을 가중한다. 따라서 대중을 이용한 억지에 불가하다는 공격을 받을 수 있다. 그렇다면 보고서의 질을 높이기 위해서는 어떻게 해야 할까? 보고서 작성에 앞서 SWOT 분석 툴을 활용해 보자. 워낙 잘 알려진 분석 툴이지만 개념을 제대로 이해하지 못하거나 분석하고

| | 강점(Strengths)/긍정적 요소 | 약점(Weaknesses)/부정적 요소 |
|---|---|---|
| 내부<br>여건 | • 경쟁적 우위적 요소나 자원<br>• 목표를 달성하기 위해 효율적으로<br>  이용될 수 있는 자원 또는 역량 | • 목표 달성을 저해하는 한계, 단점, 결함<br>• 조직이 제대로 수행해 내지 못하는 부문<br>• 경쟁 조직에 비해 열등한 자원 또는 역량 |
| | 기회(Opportunities)/긍정적 요소 | 위협(Threats)/부정적 요소 |
| 외부<br>환경 | • 예술제품에 대한 수요 증대<br>• 조직 환경 내의 우호적인 상황<br>• 미처 파악하지 못한 욕구 등 | • 조직 운영에 위협이 되는 비우호적 상황<br>• 장애물, 제약 등 조직에 불리한 환경 변화 |

I〈표1〉SWOT 분석 툴

자 하는 시장의 특성을 알지 못한 채로 활용한다면 그 결과에 있어서도 신빙성이 떨어진다.

SWOT 분석은 외부 환경의 기회 요인(O)과 위협 요인(T)을 파악하고 극장 내부의 강점(S)과 약점(W)을 종합해 분석한 후 전략적 대안을 도출하는 분석 방법이다. SWOT 분석을 통해 극장의 강점을 최대한 활용하면서 새로운 기회를 포착하고 극장의 약점을 최소화하면서 위협 요인에 대처하는 전략을 다각적으로 모색할 수 있다.

SWOT 분석 결과에서 나타난 요소를 고려했다면, 이젠 구체적으로 달성할 수 있는 목표를 설정할 차례다. 목표를 설정할 때는 여러 요소 가운데 먼저 고려해야 할 것과 그렇지 않은 것을 구분하여 우선순위를 정해야 한다. 이를 통해 궁극적인 목표와 그것을 달성하기 위해 단계적으로 필요한 구체적인 실천 과제를 정할 수 있다. 목표를 설정할 때는 구체적인 양적 개념을 활용하는 것이 좋은데, 양적 개념이 필요한 이유는 평가 단계에서 목표를 달성했는지 점검할 때 용이하기 때문이다. 분명한 목적과 취지는 긍정적 실현 가치를 제시할 뿐만 아니라 목적과 취지를 실현하기 위해 달성해야 하는 구체적인 개념 또한 정립해 준다.

보고는 실행 과정의 첫 관문이다. 보고를 무난히 마쳤다면 보고된 기본 뼈대를 바탕으로 기획서를 작성해 총체적인 것을 구상하고 계획한다. 이때 공연 사업의 전체를 볼 수 있는 통찰력과 날카로운 분석력이 반드시 필요하다. 또한 현재 시장 상황과 트렌드 변화에 대한 분석이 먼저 이루어져야 한다.

제안서와 기획서 작성은 단순히 설명을 위한 것이 아니라 설득을 위한 기술이라는 점을 염두에 두자. 다시 말해, 생산적인 보고 테크닉은 짜임새 있는 기획서 작성을 위해 형식과 내용에 있어 조화로운 구성이 이루어졌을 때 강한 설득력과 실행력을 갖게 된다.

## 예술 소비 주체와 행동 특성

공연을 운영하는 데 있어 대상을 어떻게 결정하느냐에 따라 공연의 방향과 내용이 달라질 수 있다. 공연 운영기획 수립에 있어 어떤 대상에게 어떤 경험을 줄 것인지를 염두에 두는 것은 매우 중요하다. 넓은 의미에서 고객은 내부고객과 외부고객으로 나눌 수 있는데 〈표2〉와 같이 구분 지을 수 있다.

| 구분 | 대상 |
|---|---|
| 내부고객(가치생산고객)<br>(internal customer) | 운영 책임자, 임직원, 자원봉사자, 자문 위원, 후원 회원 등 |
| 외부고객(직접) (소비자)<br>(external customer) | 어린이, 청소년, 주부, 대학생, 가족, 지역, 연령, 직업별 등 |
| 외부고객(간접)<br>(가치전달고객) | 예술인, 예술단체, 직능단체 관계자, 지방자치단체, 지역 언론사 등 |

❘ 〈표2〉 고객 구분

위와 같이 고객을 분류할 때는 사회적 합의의 개념으로 서비스를 제공받는 사람의 기준으로 보기도 하지만, 극장의 시각으로 볼 때 서비스 제공 과정에 참여하는 대상으로 봐야 옳을 것이다. 외부고객 차원도 직·간접적으로 나눠 세분화할 수 있다.

공연 관람 대상을 결정할 때는 직접적인 외부고객인 소비층 관객을 세분화하여 계층별 프로그램 욕구를 파악하고 소비 가능성을 예측할 수 있어야 한다. 극장을 주로 찾는 고객층을 표준 관객으로 결정할 수도 있다. 이렇듯 소비 패턴, 라이프 스타일, 지역 관객의 문화 성향, 공연 선호도, 주요 관심사 등을 고려해 적합한 관객층을 결정하는 과업은 중요하다.

좋은 작품을 선정하기 위해서는 가장 먼저 관객의 욕구Needs를 파악하고 이를 위한 리서치와 정보 수집이 선행되어야 한다. 조사가 완료되면 정보 분석을 통해 프로그램 검토를 거친 후 최종 공연 작품을 선정하게 된다.

리서치에 적잖은 시간이 소요되기 때문에 평소 공연을 관람했던 관객이나 공연을 보고 나오는 관객을 대상으로 차기 희망 작품에 대한 간단한 설문 조사를 진행해 보길 권장한다. 이때 공연기획자 입장이 아닌 관객의 입장에서 생각하는 것이 중요한데, 한정적인 장르를 규정하기보다는 폭넓은 장르를 선택할 수 있도록 해 자율성을 제공하는 게 좋다.

일반적으로 공연을 선택하고 극장을 찾는 고객의 심리를 예측하거나 경험과 학습을 통해 고객 응대를 위한 기본자세를 갖출 필요가 있다. 요즘은 관객의 눈높이가 높아져 웬만한 것에는 눈길도 주지 않는다. 이에 따라 극장도 점차 진화하고 있다. 고객을 응대하는 것은 상황에 따라 감정 소모가 심한 경우가 많아 결코 쉽지 않다. 때로는 많은 스트레스를 받기도 하지만 역으로 보람과 긍지를 얻게 되는 경우도 있으니 모든 것은 평소 공연기획자의 마음가짐에 달려 있다.

## 공연 관객 심리

◆ 관객은 환영받길 원한다.

서비스를 구매한 사람이라면 누구나 환영받기를 원하고 이를 당연한 권리이자 보편적 서비스라고 생각한다. 따라서 환영은 고객 응대의 기본이다.

◆ 관객은 높은 기대를 가지고 극장을 찾는다.

관객은 공연료 이상의 서비스를 누릴 것을 기대하며 극장을 찾는다. 관객이 대가를 지불하고 얻게 되는 것에는 작품뿐만 아니라 극장 시설을 비롯한 모든 서비스도 포함되기 때문에 전문성 있는 서비스가 제공되어야 한다.

◆ 관객은 권리를 보장받길 원한다.

관객은 관객으로서 소비자 권리를 보장받기를 원한다. 타인에게 방해받지 않고 공연을 관람할 수 있는 권리, 친절한 응대, 진정성 있는 인사, 시설을 안전하게 이용할 수 있는 권리, 불만족 및 만족, 클레임 등을 제기할 수 있는 권리까지 모든 소비자 권리를 신경 써야 한다.

◆ 관객은 높은 작품성을 원한다.

관객은 높은 관람료에 불만을 갖기보다는 관람료에 버금가는 작품성(재미, 흥미)이 있는지에 더 큰 의미를 둔다. 다른 건 다 참아도 재미가 없으면 분명 불만 요인이 될 것이다. 작품의 질은 극장 가치를 결정짓는 만큼 확실히 보장되어야 한다.

공연기획자는 공연 작품을 선정할 때 리서치 결과를 존중하고 이를 실제 작품 선정에 반영하도록 노력해야 한다. 이때 타깃을 먼저 정하고 예상 관객을 예측해 보자. 그리고 공연이 가장 잘될 시기를 파악해 그 시기가 적합한지를 고민해야 한다. 무엇보다 시간 여유를 갖고 같은 시기의 경쟁 공연을 파악해 경쟁력을 고려해야 할 것이다. 관객의 욕구가 반영된 작품을 선정할 때는 극장 규모와 무대 환경, 기술적 측면, 소요 인력, 재정 여건과 같이 극장 실정을 잘 고려해 작품과 관객과 잇는 중매자 역할을 잘할 수 있길 바란다.

일 / 러 / 두 / 기

- 관객은 내부고객으로부터 환영받고 싶어 한다.
- 관객은 사전, 사후 서비스를 원한다.
- 관객은 최고의 부대 서비스를 원한다.
- 관객은 양질의 작품 서비스를 원한다.

# 공연계획서 작성의 기본 원칙

공연계획서를 작성하는 것은 공연 실행을 위한 몸통을 짜는 일이다. 따라서 공연 취지와 목적을 분명히 하고 가능한 한 개조식으로 짧게 끊어서 중요한 요점이나 키워드를 나열하는 방식으로 작성해야 한다. 전달하고자 하는 내용에 따라 서술형으로 작성하기도 하는데 이 또한 두 줄 정도로 압축해서 핵심만 시술하면 웬만큼 기획서의 틀을 갖추게 된다. 흔히, 내용은 간결하되 왜 공연을 해야 하는지, 공연을 통해 얻는 건 무엇인지 설득력 있게 작성하라고 말한다. 어렵게 생각하지 말고 일관성 있는 기획서를 작성하기 위해 노력하자. 모든 사업에는 추진 근거가 있어야 한다. 관련된 법령이나 근거가 있으면 관련 문서 번호를 적시하고 문서의 제목을 요약해 넣으면 도움이 된다. 공공극장에서는 예산 집행에 따라 계약 절차 이후부터 사업이 실행되기 때문에 관련 근거를 미리 잘 정리해 두면 향후 감사監查를 대비하는 데도 도움이 된다.

빈틈없는 계획이 수립되면 실행은 쉬워진다. 그러나 쉽게 실행할 수 있는 기획서 작성이 그리 쉽지만은 않다. 하지만 기획자가 공연을 즐길 줄 알고 좋아한다면 알찬 기획서가 나오기 마련이다. 공연기획은 극장 운영에서 아주 기본적인 콘텐츠를 생산 유통하는 흐름과 구조를 논리적으로 풀어가는 과정이다. 이렇게 제작된 공연을 관객이 선택할 수 있도록 유인하는 목적의 비밀 문서인 것이다. 특히 실행 기획서는 무형을 유형으로 가시화하는 작업으로도 볼 수 있고, 공연을 조직화해서 효과적으로 운영하기 위한 전문가의 고도화 작업이기도 하다. 공연 작품은 일반 재화와 달리 대량 생산이 불가능하다. 이는 무대예술의 표현 방법 중 하나로, 사전의 철저한 실행 계획 작성은 아주 기본적이면서도 중요하다. 공연은 흥할 수도 있지만, 망할 위험도 늘 존재한다. 기획자나 연출자가 공연이 좋다며 아무리 많이 어필해도, 그 결과는 객석 문을 여는 순간 금방 드러나기 마련이다. 그런 점에서 기획물은 거짓말을 하지 않는다. 홍보 및 티켓 판매가 시작되기 전에는 그 결과를 예측할 수 없다. 그렇기에 공연 제작자들은 항상 살얼음판을 걷는 기분으로 공연을 준비한다는 점도 참고해 두자. 그렇다면 '좋은 공연'을 평가하는 주체는 제작자나 기획자 또는 평론가가 아니라는 결론이 나온다. 이를 결정짓는 것은 오직 관객인 소비자다. 간혹 예술 작품에 있어 '좋다, 나쁘다'라는 평가를 프로덕트 측면에서 규정하는 경우가 많다. 자칫 자아도취에 빠질 수 있으니 유의하기를 바란다.

공연기획 프로세스를 보면 작품을 섭외하는 데 있어서는 가장 먼저 타당성 검토가 우선되어야 한다. 타당성 검토를 할 때는 정성, 정량을 구분해 검토할 필요가 있다. 예산 소요가 되는 부분과 그렇지 않은 부분을 구분해 진행해 보자. 정성적으로 공연 작품이 지역 또는 시민 정서에 맞을지, 시기나 취지 등에는 적합한지, 무엇보다 예산 운영 지침, 회계법은 물론이며, 예산 집행에는 문제가 없는지 정도는 사전에 검토되어야 한다. 정량적으로는 출연료가 예술인의 인지도와 덕망, 기술 능력, 경력 등을 봤을 때 사회적 통념을 고려한 적정 수준으로 산정되었는지 따져봐야 한다. 특히 요즘은 세금 관계나 일반 경비(홍보비, 저작권료, 임차료, 의상비, 무대 사용료, 보험료 등)를 꼼꼼히 따져봐야 한다.

극장 내 공연도 마찬가지겠지만, 최근에는 극장 밖 야외 공연 내지는 축제가 왕성하게 열리기 때문에 공연기획자는 미리 날씨를 체크하는 '날씨 경영'을 해볼 필요도 있다. 특히 계절적인 요인, 여름과 겨울 방학, 휴가 기간, 공휴일과 국경일, 임시 휴일, 대체 휴일 등을 먼저 체크한 후에 공연 기간을 잡는 것이 매우 중요하다. 가끔은 경제 상황, 국제 정세, 정치 흐름에 따라 영향을 받는 경우도 있고 날씨에 따라 순연되거나 연기, 취소되는 사례가 발생하기도 한다.

기획 입문자 또는 신입 기획자들은 경쟁 공연에 대한 조사 분석에

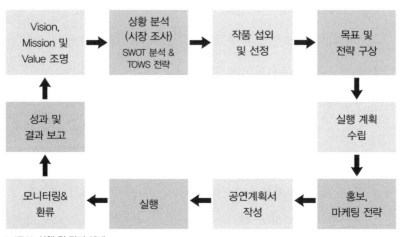

| 〈표3〉 실행 및 평가 체계

미흡한 경우가 많다. 공연 작품을 정하고 시기를 확정 짓기 전에 시장을 분석하고 경쟁작이 될 수 있는 공연에 대한 정보를 수집하는 분석기술이 필요하다. 분석 결과는 홍보 시기 결정과 마케팅 방법 결정에 영향을 미친다. 경쟁 공연 기초 조사는 인터파크티켓, 옥션티켓, 티켓링크 등 판매 대행 사이트를 활용해서 지역, 장르, 대상, 가격, 규모별로 정보를 수집하면 되는데, 유사 장르 내지는 해당 장르를 검색해 보면 손쉽게 확인할 수 있다. 우리 극장과 얼마나 떨어진 곳에서 공연하는지, 출연자 또는 주역은 누군지, 티켓 가격과 할인 정책은 어떤지, 또한 관람 포인트, 작품 내용, 극장 상태 등을 종합적으로 분석할 필요가 있다. 공연기획자는 여기에 맞도록 대안을 마련하고 대응 전략을 세워야 한다.

## 공연계획서 작성 기본 원칙

◆ 공연 주체(WHO)

극장, 지자체, 민관 공동주체, 후원, 협찬 등

◆ 공연 목적(WHY)

공연의 목적과 목표 설정, 공연을 왜 해야 하는지에 대한 당위성

◆ 참여 대상(WHOM)

어린이, 청소년, 여성, 어르신 등

◆ 공연 내용(WHAT)

프로그램, 공연 콘셉트, 공연 운영 방식 등

◆ 공연 시기(WHEN)

월, 시즌, 낮, 밤, 기간 등과 같은 일시

◆ 극 장소(WHERE)

극장, 야외 무대, 이벤트 홀, 로비 등 테크니컬 라이더 연출과의
연관성

# 테크니컬 라이더

완성도 높은 공연 운영을 위해서는 공연의 특수성을 이해해야 한
다. 공연예술은 매우 종합적이고 다양한 분야 간의 협동이 중요시되는
만큼 원만한 의사소통과 일관성 있는 요청을 위해서는 테크니컬 라이
더Technical Rider 작성이 매우 중요하다.

테크니컬 라이더는 장르에 따라 활용 범위에 다소 차이가 있을 수
있다. 복잡한 공연의 특성상 많은 스태프, 예술가, 운영 그룹 외에도
공연 참여자에게 정확한 기술 문서를 작성 및 전달하게 되는데, 공연
준비 참여자가 해당 공연의 계획을 유용하게 활용할 수 있도록 하는

데 목적이 있다. 따라서 테크니컬 라이더 작성은 공연 계획에 있어 필수 과정이다.

테크니컬 라이더는 공연에 필요한 기술 사항을 기록한 문서로, 공연을 준비하는 과정에서 필히 요구되는 자료다. 세트 리스트Set list, 큐시트Cue sheet, 조명, 음향, 기계, 영상, 의상, 소품 등 무대 준비를 위한 총체적 프로세스를 담고 있다. 무엇보다 노동집약적으로 이루어지는 무대 공연의 경우 커뮤니케이션의 원활함과 정확한 지시를 반영 및 전달하는 데 매우 유용하게 활용된다.

테크니컬 라이더 작성 시에는 공연 정보, 무대 관련 요구 사항, 무대 세트, 무대 소품 관련 요구 사항, 조명, 음향, 분장실(대기실), 페이징 시스템, 안전 관리(교육), 케이터링, 녹음·녹화 등에 대해 세심하게 기록되어야 한다.

## 일 / 러 / 두 / 기

**테크니컬 라이더(Technical Rider)**
- 공연 전 무대 공연관계자에게 작성 배포되어 사전 세팅을 점검할 수 있도록 할 뿐만 아니라 공연의 원활한 준비, 실행에 도움을 준다.
- 무대 소품, 악기 배열, 무대 조명, 음향, 기계 등 시스템 셋업(Setup) 리스트 역할을 한다.
- 최소 공연 2주 전 무대, 음향, 조명 감독에게 전달되어야 한다.
- 작성한 내용이 변경될 시에는 수시로 재작성하여 재배포되어야 한다.
- 내용에 수정이 필요한 경우에는 반드시 사전 협의가 되어야 한다.
- 최종 확정된 테크니컬 라이더는 현장에서 조정하거나 임의로 수정할 수 없다.

세심한 테크니컬 라이더 작성을 위해서는 〈표5-1〉과 〈표5-2〉처럼 무대 설치 계획서와 무대 시설 사용 요구서가 필요하다. 무대 위에 필요한 모든 상황과 시설, 시스템을 기획자가 파악하고 있는 것이 중요하다.

| 작성 구분 | 해설 | 작성 구분 | 해설 |
|---|---|---|---|
| 공연 일반 정보 | ▪ 공연 전반적 개요 작성<br>▪ 특이사항, 주의점 | 의상 | ▪ 의상실 개수, 일반 물품<br>▪ 의상 스케치, 옷장 |
| 무대 정보 | ▪ 무대 형태, 크기, 바닥<br>▪ 극장 리깅 시스템, 장치 바튼 등의 무대 조건 | 통신(소통) | ▪ 무전기, 인터콤 파악<br>▪ 페이징 시스템, CCTV |
| 무대 장치 | ▪ 상부 기계, 하중, 재질<br>▪ 평면도, 단면도 설치 계획 | 분장실, 대기실 | ▪ 분장실 수, 크기<br>▪ 화장실, 샤워실, 비품 |
| 소/대도구 | ▪ 무대 기구, 무대막, 수목<br>▪ 가구, 책상, 의자 등 | 스태프 | ▪ 장비 반입, Call, 공연 전후 일정 체크 |
| 조명 | ▪ 조명 디자인, 조명기<br>▪ 전압, RD케이블, 콘솔 | 비상연락망 | ▪ 출연자, 스태프 연락처<br>▪ 명단 관리 |
| 음향 | ▪ 반사판, 스피커, 마이크<br>▪ 음향 콘솔, 녹음, 녹화기 | 안전 관리 (교육) | ▪ 정비 분실 도난 관리<br>▪ 출연자, 스태프 안전 보험 |
| 영상 | ▪ 스크린, 빔, 카메라<br>▪ 스위처, 영상 녹화 장비 | 케이터링 | ▪ 출연자, 스태프 음료<br>▪ 간식, 커피, 차 등 |
| 티켓 박스 | ▪ 발권기, 프린터, PC<br>▪ 구급함, 홍보물 비치 상태 | 의상/헤어 관리 | ▪ 출연자 분장대, 크리닝<br>▪ 다리미, 드라이기 등 |
| 조정실 | ▪ 조명, 음향 조정 콘솔<br>▪ 스피커, 앰프, 음향 장치 | 사진 촬영/녹음 | ▪ 촬영, 녹음 장비<br>▪ 공연법 및 규정 준수 |

〈표4〉 테크니컬 라이더 작성 목록

# 공연 제목
## TECHNICAL RIDER

○ **인적정보**

_____1p_____

| 기술책임자 | 단체명: | 시스템업체: |
|---|---|---|
| | 직책: | 기술감독: |
| 연락처 | 010-0000-000 | 010-0000-000 |
| 연출자 | 이름: | 연락처: 010-0000-000 |

○ **일반정보**

| 공연명: | 공연기간: |
|---|---|
| ·공연시간: ·RUN Time: | ·인터미션: ·인터미션: |
| ·셋업일정: ·셋업인원: | ·철수일정: ·장비원복: |
| ·리허설: 테크리허설, 드레스리허설 일정 | ·출연인원: |

○ **기술정보**

| 무대 | 요청사항 | 음향 | 요청사항 |
|---|---|---|---|
| ·극장형태 | | ·반입구 | |
| ·무대규격 | | ·출연자 출입구 | |
| ·리깅 시스템 | | ·부대시설 | |
| ·무대바닥 | | ·위험사항 | |
| ·무대막 | | ·안전관리 | |

○ **기술자료**

| 구분 | 세부요청사항 |
|---|---|
| 무대 | |
| 음향 | |
| 조명 | |

※ 무대기술세부자료(무대도면, 조명기 종류, 수량, 디머, 패치목록, 콘솔 등) 별첨

| 〈표5〉 테크니컬 라이더 작성 문서

# 무대 설치 계획서

### o 인적정보 _____2p_____

| 기술책임자 | 단체명: | 시스템업체: |
|---|---|---|
| | 직책: | 기술감독: |
| 연락처 | 010-0000-000 | 010-0000-000 |

### o 작업정보

| 공언명: | 공언일시. 20 년 월 일 시 분 ( 회) |
|---|---|
| ·셋업일정: 20 년 월 일 : ~ : | |
| ·연습일정: 20 년 월 일 : ~ : | |
| ·철수일정: 20 년 월 일 : ~ : | |

### o 장비정보

| 구분 | 전달사항 | 음향 | 요청사항 |
|---|---|---|---|
| ·장비반입 | □ 있음 □ 없음 □ 미정<br>※ 반출입 내역서 별도 제출 | · 반입일시<br>· 반출일시 | |

※ 기술세부자료(대본(프로그램), 큐시트, 무대장치 디자인, 조명·음향·무대, 테크니컬 라이더 등) 제출

### o 작업인력 총    명

| 소속 | 직책 | 역할 | 성명 | 서명 | 비고 |
|---|---|---|---|---|---|
| | | | | | |
| | | | | | |
| | | | | | |
| | | | | | |
| | | | | | |
| | | | | | |
| | | | | | |
| | | | | | |

※ 필요시 추가페이지 작성 가능

❙ 〈표5-1〉 무대 설치 계획서

# 무대 시설 사용 요구서

## o 무대시스템     <u>3 p</u>

| 구분 | 요청사항 |
|------|----------|
| · 리깅시스템 | 조명바텐, 세트바텐, 레이어, 트러스, 승강, 회전무대, 피트(OP) |
| · 상부기계시스템 | 상부기계번호, 허용하중(kg), 세트 간격, 작동상태 |
| · 무대도면 | 무대평면도, 단면도, 투시도, 기계장치 위치도, 바닥도면, 소품(대·소) |

## o 음향시스템

| 구분 | 요청사항 |
|------|----------|
| · 콘솔시스템 | 제조사, 모델, 채널수, 출력상태 |
| · 출력시스템 | 앰프, 스피커(우퍼, 트위터, 미드레인지 드라이버, 서브우퍼), 모니터 |
| · 마이크로폰 | 유선, 무선, 와이어리스 핀 마이크, 콘덴서, 다이나믹, 붐 마이크 |
| · 녹음·녹화 | CD Player, MD Player, DVD Player, DAT, SD, USB, bluray Player |
| · 무선송수신기 | 인터컴(유선, 무선, 헤드세트, 핸즈프리 등), 무전기 |

## o 조명시스템

| 구분 | 요청사항 |
|------|----------|
| · 콘솔시스템 | 제조사, 모델, 전원용량, 전압, 조명기 플러그, 어댑터 |
| · 조명기기 | 디머용량, 수량, 조명기 종류, 수량, 액세서리, 조명렌즈, 컬러지, 전선 |
| · 조명시스쳄 | 조명도면, 패치목록, 조명회로 |

## o 영상시스템

| 구분 | 요청사항 |
|------|----------|
| · 중계시스템 | 카메라, 무브 잡, 트랙 달리, 드론 |
| · 영상장비 | 빔프로젝트, 영상자막기 |
| · 스크린장비 | LED시스템, 빔스크린, 워터, 포그 등 특수 영상 스크린 |

〈표5-2〉 무대 시설 사용 요구서

I <그림1> 테크니컬 라이더 작성 예시: Consultation Stage Equipment

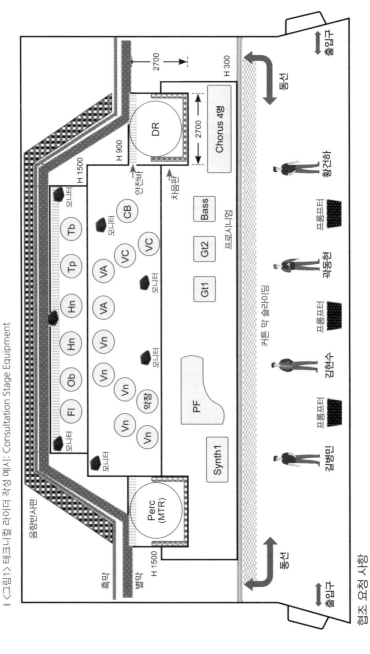

참조 요청 사항

1. 벽막 설치(무대 제작팀과 협의 확인)  2. 흑막설치  3. 커튼막 설치: 오프닝 사용(각 공연장 확인)  4. 무대 안전바 설치 확인

4장

# 공연기획의 실전 전략

# 전략적 기획서 작성

공연계획서 작성은 공연 개요, 공연 일시, 공연 장소, 관람 대상, 관람 연령, 공연 시간, 티켓 가격, 출연진, 공연 참여자, 주최, 주관, 후원, 제작 등 공연 운영 준비 단계를 기술로 체계화하고 사전 리스크 Risk를 파악해 위험을 줄일 수 있도록 하는 시뮬레이션 단계이다. 계획 단계부터 기획서 작성을 잘해두면 생각을 정리할 수 있는 시간이 되기 때문에 매우 효과적이고 이에 따르는 장점도 크다.

세부 운영 기획에서는 공연 수지 분석, 원가 분석을 시작으로 공연 기획 의도, 공연 내용(시놉시스), 프로그램, 공연 특징, 관람료 및 할인 정책, 홍보 마케팅 계획(홍보 콘셉트, 홍보 전략, 홍보 매체, 경쟁사 분석, 보도 자료, 홍보물 제작, 캠페인, 부대 행사 등), 극장 안전 계획, 추진 일정, 기대 효과, 예산 및 소요 예산 편성 등으로 세분화하여 기획을 진행하게 된다. 공연 운영기획서 결재가 완료된 후, 본격적으로 실행에 들어가게 되는데 공연 시장은 워낙 변화의 흐름이 빠르다 보니 준비 과정이 복잡하고, 추진하면서도 다양한 변수가 있기 마련이다. 이때 계획과 다소 차이가 있는 상황이 펼쳐져도, 총체적인 추진 과정이 이미 머릿속에 있기 때문에 수위를 조절할 수 있고 유연하게 처리할 수 있는 노하우가 생긴다. 기획서 작성은 아래 〈표6〉과 같이 공연 운영 기획서 작성 순서에 따르는 것이 통상적이다. 기획자에 따라 일부 내용이 가감되기도 하지만 기본적으로 서대문문화회관에서는 이와 같은 형식으로 작성하고 있다.

현재 극장의 실정과 장단점을 파악하고 나면 극장 운영에 필요한 방향을 설정하게 된다. 극장은 어떤 방향으로 목표를 설정하느냐에 따라 어떤 사업을 주력으로 할 것인지도 결정할 수 있게 된다.

이에 따라 극장은 공연, 전시, 교육, 생활 문화, 기타 공공사업 등 극장 정체성에 맞는 사업으로 비중을 결정하게 된다. 즉 공연 사업 중

| 작성 순서 | 작성 목록 | 작성 내용 |
|---|---|---|
| 1 | 공연명(사업명) | 공연 제목 또는 사업명 작성 |
| 2 | 공연 취지 및 목적 | 공연 운영 목적 간략하게 작성 |
| 3 | 관련 근거(법령) | 공연 운영 근거 조례, 관련법 적시 |
| 4 | 추진 개요(공연 개요) | 공연 일시, 장소, 대상, 관람료 등 개요 |
| 5 | 추진 목표 및 방향 | 운영 목표, 방향 설정 |
| 6 | 세부 내용 | 프로그램 세부 내용, 운영 방법 등 |
| 7 | 수지 계획 및 분석 | 투자 대비 티켓 판매 예측, 예상 관객 수 등 |
| 8 | 소요 예산 | 공연 운영 총예산, 품목별 소요 비용 |
| 9 | 추진 일정 | 홍보, 마케팅, 티켓 판매 등 공연 준비부터 전 일정 |
| 10 | 기대 효과 | 공연 성과 및 공연을 통해 얻는 효과 작성 |

❙ 〈표6〉 공연계획서 작성 10단계

| 방식\사업 | 기획 | | 대관 | 제작 | 대행사업 (위탁) | 총비율 |
|---|---|---|---|---|---|---|
| | 자체기획 | 공동기획 | | 상주단체 공동제작 | | |
| 공연 | 40% | 20% | 20% | 20% | – | 100% |
| 전시 | 50% | 20% | 30% | – | – | 100% |
| 축제 | 100% | – | – | – | – | 100% |
| 교육 | 80% | 10% | – | 10% | – | 100% |
| 기타 | – | – | – | – | 100% | 100% |

Ⅰ〈표7〉 연간 사업 운영 비율

에서도 어떤 장르의 공연을 선택하고 콘셉트는 어떻게 정할지를 고민하게 되고 전시, 교육, 축제 등의 비중은 어느 정도로 할 것인지에 대해 기획자가 판단해서 정량을 결정짓는다. 이때 극장의 역량에 대한 충분한 검토와 분석이 필요하며 실현 가능성, 적합성(타당성), 차별성 등을 따져 결정하는 것도 기획자의 권한이다.

위 〈표7〉과 같이 극장의 역량에 맞는 사업 방식과 양을 결정하되 장기적으로 지역민의 문화 감수성 함양은 물론 지역 문화 발전에 이바지할 수 있도록 안정적인 레퍼토리 사업에 역점을 둘 필요가 있다. 특히 공연, 전시, 축제, 교육 등의 작품을 선택하는 것에 있어서도 장르가 한쪽으로 편중되지 않도록 하는 것이 중요하다. 따라서 프로그램 운영 방식을 결정할 때는 예술가 및 예술 단체와의 적절한 합의가 이루어져야 하고 예산 결정이 먼저 이루어져야 한다.

간혹 대관 프로그램을 등한시하거나 이를 자체 기획 외 사업으로 치부해 버리는 경향이 있다. 하지만 이러한 판단은 극장 운영에 있어 좋지 못한 결과를 초래할 수 있다. 예를 들어 대관으로 진행되는 공연이라도 극장에서 작품을 제대로 검수하고 공동 마케팅을 할 필요가 있다. 그렇지 않으면 공연의 흥행을 기대할 수 없을 뿐만 아니라 오히려 극장이 저평가될 수도 있다.

특히 극장에서 이루어지는 모든 공연에 있어 관객은 대관 공연이든, 자체 기획 공연이든, 운영 주체를 따지기보다는 극장에서 제공한다는 이유만으로 공연물을 신뢰하는 경우가 많다. 따라서 공연의 작품성, 공연 운영에 관한 민원 문제를 극장이 고스란히 떠안을 가능성이 크기 때문에, 대관 공연을 숙고해서 결정해야 한다. 그리고 결정이 이루어졌다면, 공연을 적극적으로 알리고 협조하는 자세가 필요하다. 무엇보다 극장은 대관 공연을 통해서도 자체 기획 역량을 높일 수 있다는 점을 간과해서는 안 된다.

## 일/러/두/기

**극장 연간 사업 방향 및 운영 비율 정하기**

- 연간 사업 계획(기획, 대관, 공동 기획, 대행 사업 등) 비중을 어떻게 조정할 것인가?
- 사업 방식에 있어 자체 기획, 대관 사업(기획, 일반), 공동 기획의 비중은 적절한가?
- 공연, 전시, 교육, 축제, 기타 사업에 있어 장르 편성이 고르게 이루어졌는가?

점차 관객의 욕구가 높아지는 요즘에는 웬만한 공연물로 관객의 재미와 감성을 자극하기가 쉽지 않다. 이러한 공연시장 앞에 우리 공연기획자가 서 있다. 공연기획과 마케팅 방식이 달라져야 하는데 공연시장 틈바구니에서 살아남으려면 자구책이 필요하다.

관객 눈에 들려면 재미는 기본이다. 언제까지 순수예술만 바라보며 재미와 흥미가 빠진 공연만 고집하기에는 기획자의 부담이 크다. 아무리 좋은 작품이라고 자부해도 관객이 찾지 않으면 좋다고 할 수 없다. 예술성과 작품성에 대한 인정은 관객의 반응에 맡겨야 하는 것이 공연예술이다. 요즘은 상품을 만드는 기업들도 아이디어 창출과 혁신을 위해 고전苦戰 중이다. 하물며 공연예술을 제작 기획하는 사람들이 강 건너 불 보듯 '어떻게 되겠지'라는 심정으로 바라만 보는 것은 너무 무책임한 처사가 아닐까?

서대문문화회관의 몇 가지 사례를 통해 저예산으로 지역 관객과 소통했던 사례를 소개하고자 한다. 소개될 사례는 기획의 우수성보단 관객의 욕구를 기획 현장으로 끌어내 참여 만족도를 높였던 사례 정도로 이해해 주면 좋을 것 같다.

### ① 가족 단위 대상 관객 참여 공연

서대문문화회관에서는 매년 여름 방학을 기해 어린이뿐만 아니라 가족이 함께 참여하고 즐길 수 있도록 음악 공연을 제작한다. '여름'과 '글램핑'을 키워드로, 최근 감성 캠핑 트렌드를 반영해 '여름 방학 시원한 극장으로 떠나는 온 가족 음악 글램핑' 음악 공연을 기획하고 있다. 이야기꾼이 《동물의 사육제》 작품을 체임버오케스트라 연주에 맞춰 입담 있게 전하는 내용이다. 극장 객석을 들어내고, 객석에 잔디를 깔아 야외 글램핑장을 연상케 할 만큼 독특한 방식으로 기획·운영되고 있는데, 이러한 시도는 지금까지 전무했다. 이렇게 제작된 공연은 매년 여름과 가을철 지역 관객을 만날 수 있도록 브랜드화해 상설 운영된다. 작품을 창작 기획하는 데 1,700만 원을 들였고, 주말 포함 3일 3회 공연을 진행했다.

## ② 어린이 대상 문화예술교육

이제는 아이들조차도 재미있어야 극장을 찾는 시대이다. 매주 토요일에는 어린이·청소년 예술교육의 목적으로 'Fun Fun 오페라 감상 교실'과 '뻔뻔한 공연예술 감상 프로그램'을 기획해서 운영하고 있다. 주 5일 수업 체제가 안정화되고 가정과 일의 균형을 선호하는 워라밸 Work-life balance 세대가 많아진 지금, 자녀를 위한 프로그램으로 인기를 끌고 있다.

최근 극장을 찾는 많은 관객에게 좀 더 큰 웃음과 재미를 줄 수 있는 방법을 모색해 공연과 체험 중심의 프로그램 기획에 역점을 두고 있다. 극장은 시즌별, 특수별 새로운 프로그램이 나와줘야 한다. 그래야만 극장에 생동감을 불어넣어 극장의 정체성을 찾아가기 때문이다. 새로운 기획에는 단서가 붙는다. '뻔'하면 죽고 '펀Fun'하면 산다. 기획자는 예술시장 흐름을 내다볼 수 있는 통찰력과 세련된 기획 감각을 요구받을 때가 많고, 재미있는 공연물은 관객에게 재미있는 결과를 주기 마련이다. 해당 프로그램에 대한 제작 운영 비용은 총 1,300만 원이었고, 총 24회를 운영했다.

### ③ 중장년층 대상 렉처(Lecture) 콘서트

1980년대 코미디계의 바람을 불러일으켰던 개그맨 김병조 씨의 웃음 특강을 기획한 적이 있었다. 당시 인기리에 방영되었던 〈일요일 밤의 대행진〉, 〈뽀뽀뽀〉, 〈코미디 전망대〉에서부터 라디오 방송에 이르기까지, 어린이 프로였던 〈뽀뽀뽀〉를 보고 자란 세대라면 배추 머리 김병조 씨를 기억할 것이다. 개그맨이자 대학 교수로 활동하고 있는 김병조 씨가 그동안 브라운관에는 내비치지 않았던 속 깊은 사연으로 90분가량 관중을 울리고 웃기는 명강연이 이어지면서 정해진 시간이 그저 짧게만 느껴졌고 청중에게도 많은 여운을 남겼던 프로그램으로 기억한다.

그날의 청중은 지역의 중장년층 어르신들이 주를 이뤘다. 강의 내내 옛 추억을 떠올리며 당시 사회성에 대한 공감을 나누는 자리가 되었다. 이날의 프로그램은 참여자 대부분에게 있어 한 시대를 살아가는 동년배로서 삶의 새로운 도전과 희망을 전달받는 뜻깊은 자리가 되었을 것이다. 관객들은 홈페이지를 통해 "감사합니다", "연속 프로그램이 되었으면 좋겠습니다", "좋은 강의 내용으로 큰 힘을 얻었습니다" 등의 긍정적인 메시지를 남겼다.

이처럼 큰 기대를 하지 않았던 아주 평범한 프로그램 기획 하나로 좋은 평가를 받을 수 있었던 것에는 분명 무언가가 있다. 나는 적은 예산으로 관객과 소통할 수 있을 만한 프로그램을 찾았고, 고민 끝에 해당 사업을 결정할 수 있었다.

어떠한 일이든 과정과 결과에는 수많은 노고가 배어 있다. 공연의 가치를 결정하는 것은 기관이 아니라 관객이라는 점을 잊지 말고, 새로운 시각에서 기획의 출발점을 잡을 수 있길 바란다. 해당 프로그램 제작에는 600만 원이 들었으며, 1일 2회 강의를 진행할 수 있었다.

| 구분 | 체크리스트 | 진행 상황 | 보완점 |
|---|---|---|---|
| 작품 섭외 | ☐ 공연 작품 자료 조사<br>☐ 공연예술단체 미팅<br>☐ 공연 작품 견적 요청<br>☐ 공연 성격, 장르 파악 | • 공연 실적(연혁) 및 실행성과 파악<br>• 작품료 협의 및 계약 사전 점검<br>• 예산 및 공연료 타당성 검토<br>• 공연 취지 및 극장 적합성 검토 | |
| 공연 계약 | ☐ 공연료 원가 심사<br>☐ 공연 계약 품의<br>☐ 용역 계약 체결 | • 공연 작품료(원가) 타당성 검토<br>• 조달청 전자 용역 계약 등록<br>• 계약 체결 및 통보 | |
| 공연 기획 | ☐ 공연 개요 설정<br>☐ 공연 업무 분장<br>☐ 내부 사전 보고<br>☐ 공연 계획 수립 | • 공연 일시, 장소, 대상, 시장 분석 등<br>• 공연 내부 인력 체크<br>• 내부 보고 및 허가<br>• 공연 세부 계획 작성 | |
| 공연 홍보 | ☐ 공연 홍보 매체 선정<br>☐ 공연 홍보 툴 개발<br>☐ 공연 홍보 계획 수립<br>☐ 공연 홍보 실행 | • 공연 홍보 방식 설정<br>• 공연 홍보 기법 개발<br>• 공연 홍보 세부계획 수립<br>• 홍보 활동 및 보도자료 작성 등<br>• 포스터, 전단 디자인 제작<br>• 온/오프라인 홍보 실행 | |

| | | |
|---|---|---|
| 마케팅 | ☐ 티켓 판매 대행 협의<br>☐ 티켓 마케팅 툴 개발<br>☐ 프로모션 및 이벤트<br>☐ 판매 캠페인 | • 인터파크티켓, 옥션티켓 등 수수료 및<br>　대행 오픈 기간 설정<br>• 라디오, 방송 자막, 이벤트 프로모션<br>• 판매 마케팅 촉진 캠페인 실행<br>• TV Spot, 케이블 방송 뉴스 자막 요청<br>• 협찬, 후원사 개발 | |
| 티켓<br>메니지먼트 | ☐ 티켓 판매 대행, 오픈<br>☐ 티켓 판매처별 홍보 요청<br>☐ 발권 시스템 점검<br>☐ 티켓 판매 관리자 페이지<br>　오픈 점검 등 | • 티켓 판매 대행 구체화(오픈 판매)<br>• 판매처별 홍보 매체 활용 요청<br>• 자체 발권 시스템 점검, 판매 개시<br>• 정산 페이지 체크 및 매출 관리 | |
| 공연 관리 | ☐ 공연 작품 점검<br>☐ 작품 준비 상황 체크<br>☐ 리허설 및 셋업 스케줄<br>　점검, 관리<br>☐ 출연자 관리 및 준비 협조 | • 공연 단체 스태프 협의 및 구성 체크<br>• 계약 이행 사항 점검<br>• 공연 운영 이벤트 및 극장 필요 사항<br>　전달 협의<br>• 극장 사용 허가 | |
| 공연 운영 | ☐ 공연 업무 분장<br>☐ 리허설 체크<br>☐ 무대 셋업<br>☐ 공연 공간 안전사항 점검 | • 공연 운영 참여 인력 분장, 교육<br>• 공연 참여자 교육(전원)<br>• 무대, 음향, 조명 셋업<br>• 리허설 진행 및 보완 요청<br>• 공연자 이용 공간 안전 점검 관리 | |
| 공연 결산 | ☐ 관람객 현황 파악<br>☐ 수입금 정산<br>☐ 수입금 세외 수입 처리 | • 공연 관객 수 및 티켓 판매 정산<br>• 수입금 자체 정산 및 수입 처리<br>• 공연료 투입 대비, 성과 분석 등 | |

❙ 〈표8〉 공연 관리 체크리스트

✚ **공연 운영계획서 작성을 위한 체크리스트**

1. 왜 공연해야 하는가?

2. 누구를 대상으로 하는 공연인가?

3. 예산은 얼마나 들여야 하는가?

4. 예상 수익은 얼마나 되겠는가?

5. 어떤 공연을 선정할 것인가?

6. 공연 콘셉트는 어떻게 잡을 것인가?

7. 공연 티켓을 어떻게 팔 것이며, 관객은 어떻게 모을 것인가?

8. 공연을 추진하기 위해 어떤 과정을 거쳐야 하는가?

9. 성공적인 공연 운영을 위해 계획서는 어떻게 작성해야 하는가?

10. 공연 관리는 어떻게 해야 할 것인가?

11. 공연 평가는 어떻게 할 것인가?

## 극장의 유형과 역할

공연기획자는 작품 기획력 못지않게 극장 메커니즘 또한 잘 이해하고 있어야 한다. 극장 공간은 장르별로 유형이 나뉘고, 예술가가 주로 쓰는 공간과 관객 지원을 위한 공간으로 구분할 수 있다. 무대, 조명, 음향, 장치 보관실, 조정실, 분장실, 출연자 휴게실, 연습실 등은 예술가와 공연 운영자만 출입이 가능한 공간이다. 한편, 객석과 로비,

매표소, 물품보관소, 놀이 시설, 식음료 공간, 화장실, 주차장 등은 관객이 주로 사용하는 공간이다.

2013년 6월 제주 외항에 13만 8,279t급 국제 크루즈 마리너 오브 더 시즈Mariner of the Seas호가 3,807명의 관광객을 태우고 입항했다. 마리너호는 승무원만도 1,213명으로 길이가 자그마치 311m에 달한다. 영화로 잘 알려진 타이타닉호의 3배 크기다. 아파트로 말하면 15층 높이로 규모가 엄청나고 그 속은 복잡하고 섬세하게 설계되었을 것이다. 나는 늘 극장을 이와 같은 크루즈에 비유해 설명한다. 기획자와 관객은 재미와 즐거움의 호사를 추구하는 엔터테인먼트 선을 타고 항해하는 것이다.

극장은 지어질 때부터 각각의 태생을 가지고 있다. 모든 배에 선주가 있는 것처럼 말이다. 극장은 크게 공공극장과 민간극장으로 나눠 생각해 볼 수 있는데, 임무와 비전을 어디에 두는지에 따라 공익극장과 상업극장으로 분류된다.

## 1) 공공극장

예술은 교육과 같아서 공공재 성격을 띠고 있다. 따라서 예술도 국가가 일부 책임을 져서 국가 주도로 육성, 지원하지 않으면 성장하기가 어려운 것이 우리나라 예술의 현주소다. 현재 극장의 주류가 공공극장으로 설립되어 경영되고 있다는 것이 바로 그 증거다.

공공극장은 운영 조직이 국공립 또는 공공기관으로, 운영비를 공공재원으로 편성 지원받아 운영하는 극장을 말한다. 운영 주체에 따라 지자체 직영, 재단법인, 공기업(시설관리공단), 특별법인 등 다양한 형태로 운영되고 있다. 특별법인으로 운영되는 곳은 서울 예술의전당, 서울시 비영리 재단법인 세종문화회관, 정부 책임운영기관으로 민간 전문가가 운영하는 국립극장, 정동극장, 명동극장 등이 있고 지자체별로 운영되는 문예회관들은 2019년 운영 주체 변화 과도기를 거쳐 2023년 현재까지 공익법인으로 변화 발전되고 있는 과정이다. 서울시 25개 자치구는 지자체 재정과 구청장 의지에 따라 현재 22곳에 기초문화재단이 설립되어 있고 나머지 3곳은 설립을 준비하고 있다.

| 자치구 | 운영주체 | 극장명칭 | 설립연도 | 객석수 | 성격 |
|---|---|---|---|---|---|
| 종로구 | 종로문화재단 | 아이들극장 | 2013.09. | 281 | 다목적 |
| 중구 | 중구문화재단 | 충무아트센터 | 2004.07. | 1,807 | 다목적 |
| 성동구 | 성동문화재단 | 소월아트홀 | 2015.07. | 870 | 다목적 |
| 광진구 | 광진문화재단 | 광진나누아트센터 | 2015.11. | 768 | 다목적 |
| 동대문구 | 동대문문화재단 | – | 2018.08. | – | – |
| 중랑구 | 중랑문화재단 | 중랑아트센터 | 2020.08. | 496 | 다목적 |
| 성북구 | 성북문화재단 | 성북구민회관 | 2012.07. | 871 | 다목적 |
| 강북구 | 강북문화재단 | 강북문화예술회관 | 2017.03. | 668 | 다목적 |
| 도봉구 | 도봉문화재단 | 평화문화진지극장 | 2017.04. | 100 | 다목적 |
| 노원구 | 노원문화재단 | 노원문화예술회관 | 2019.07. | 616 | 다목적 |
| 은평구 | 은평문화재단 | 은평문화예술회관 | 2017.07. | 535 | 다목적 |
| 마포구 | 마포문화재단 | 마포아트센터 | 2007.09. | 934 | 다목적 |
| 양천구 | 양천문화재단 | 양천문화회관 | 2019.05. | 934 | 다목적 |

| 구로구 | 구로문화재단 | 구로아트밸리 | 2007.07. | 579 | 다목적 |
|---|---|---|---|---|---|
| 금천구 | 금천문화재단 | 금나래아트센터 | 2017.07. | 552 | 다목적 |
| 영등포구 | 영등포문화재단 | 영등포아트홀 | 2012.12. | 526 | 다목적 |
| 동작구 | 동작문화재단 | – | 2019.01. | – | – |
| 관악구 | 관악문화재단 | 관악문화관 | 2019.08. | 698 | 다목적 |
| 서초구 | 서초문화재단 | 반포삼산아트홀 | 2015.05. | 405 | 다목적 |
| 강남구 | 강남문화재단 | 역삼1극장 | 2008.10. | 141 | 다목적 |
| 송파구 | 송파문화재단 | 송파여성문화회관 | 2019.11. | 179 | 다목적 |
| 강동구 | 강동문화재단 | 강동아트센터 | 2020.01. | 850 | 다목적 |
| 용산구 | 용산구청 | 용산아트홀 | 2010.11. | 157 | 다목적 |
| 서대문구 | 구도시관리공단 | 서대문문화회관 | 2004.01. | 589 | 다목적 |
| 강서구 | 시설관리공단 | 강서구민회관 | 2001.01. | 754 | 다목적 |

❙ 〈표9〉 서울시 자치구 공공극장 운영 주체별 현황    출처: 2020년 서울시자치구문화재단 현황 기초연구

　　공공극장과 민간극장의 구분은 운영 예산의 염출 과정이 다르다는
데 있다. 민간극장은 사실상 민간 자본을 중심으로 하고, 흥행을 통한
수입으로 운영해야 하므로 존립이 늘 위태롭다. 다만 공공극장은 이와
반대로 안정적 기반에서 공연 활동을 할 수 있다. 그렇다 보니 사업 면
에서도 차이가 크다. 공공극장은 순수예술을 북돋우고 생활이 어려운
예술인을 지속해서 무대에 오르도록 하는 데 그 목적이 있고 민간극장
은 말 그대로 생존이 보장되어 있지 않은 만큼 흥행성이 담보된 상업
극(물)을 찾아 올려야 한다. 어쩌면 이는 상업 예술과 기초 예술의 중
심을 적절하게 잡아가는 올바른 구조로도 볼 수 있겠지만, 사회적 측

면에서 나름의 장단점이 잘 나타난다.

2020년 서울시자치구문화재단연합회 현황 기초 연구에 따르면 전
국에는 총 1,029개의 공연 시설이 있으며, 운영 주체별로는 〈표10〉과
같이 중앙정부, 광역자치단체, 기초자치단체, 공기업, 재단법인, 사단
법인, 교육기관, 대학로 민간 운영 시설 등이 있다. 공연 시설은 어디
에서 누가 운영을 하는지에 따라 구분하여 살펴볼 수 있다.

| 중앙<br>정부 | 광역<br>자치단체 | 기초<br>자치단체 | 공기업 | 재단<br>법인 | 사단<br>법인 | 교육<br>기관 | 개인<br>기타 | 계 |
|---|---|---|---|---|---|---|---|---|
| 6(0.6) | 26<br>(2.5) | 200<br>(19.4) | 62<br>(6.0) | 173<br>(16.8) | 35<br>(3.4) | 58<br>(5.6) | 469<br>(45.5) | 1,029<br>(100) |

❙ 〈표10〉 공연 시설 운영 주체별 현황 비교                                            단위: 개(%)

현황별로 보면 기초자치단체가 운영하는 시설이 200개(19.4%),
재단법인 173개(16.3%) 순이며, 문예회관의 설립 주체에 따라 분류
하면 공공시설은 504개(43.6%), 민간시설은 525개(56.4%)로 조사
되어 민간에서 운영하는 공연 시설이 공공보다 다소 많은 것으로 나
타나 있다.

## 2) 민간극장

민간극장은 순수하게 민간 차원에서 경영된다. 민간극장은 투자
자에 따라 개인이 운영하는 극장과 기업이 운영하는 극장으로도 분류
할 수 있다. 대학로 소극장은 개인 소유의 극장이 대부분인데 과거 예

술가 및 연출자였거나, 공연 제작을 했던 개인이 운영하는 경우가 많다. 그러나 기업에서 운영하는 몇몇 극장들을 살펴보면 그 규모가 작지 않다. 대학로에서 아직 운영되고 있는 극장으로는 극단 학전의 학전극장, 연희단거리패의 가마골소극장, 극단목화의 아룽구지극장, 극단세실의 세실소극장, 극단 산울림의 산울림소극장 등이 있는데, 이렇듯 늘 연습실과 극장이 필요한 극단에서 직접 운영하는 소극장들이 아직 많이 존재한다.

기업에서 운영하는 극장은 순수하게 시장 원칙에 따라 운영하는 민간극장과는 조금 다르다. 공익재단 또는 비영리법인으로 운영되는 기업형 민간극장은 공공극장에 가까운 성격을 띤다. 기업의 이윤을 재원으로 하여 사회 공헌 차원에서 운영되는 기업문화재단은 기업 이미지를 높이기 위한 경영 전략이 있기 때문에 민간이라고 할지라도 다소 성격이 다르다.

## 민간극장 운영 주체

### ① 비영리재단 극장

공공극장과 마찬가지로 문화예술진흥을 목적으로 한다는 공동 목표가 있다. 비영리를 목적으로 운영되는 극장은 금호아트홀, 아트선재센터, 연강홀, LG아트센터, 동숭아트센터 등이 있다.

## ② 기업 직영 또는 위탁운영 극장

포항제철이 건립해 운영하는 효자음악당, 울산 현대예술관, 한전 아트센터, 현대자동차아트홀, 문화일보홀, 영산아트홀, KBS홀 등이 있다.

## ③ 학교법인 극장

서강대학교 메리홀, 연세대학교 100주년기념관, 이화여대 삼성홀, 세종대 대양홀, 홍익대 대학로아트센터, 건국대 새천년관 대극장 등 학교에서 직접 운영하는 학교법인 극장이 있다.

| 운영주체 | 특성 | 공연시설 | 분포현황 |
|---|---|---|---|
| 중앙정부 | 문화체육관광부에서 건립 기금과 운영 자금을 보조하는 시설 | 국립극장, 예술의전당 정동극장 등 | 12 |
| 문예회관 | 문화체육관광부에서 건립비를 지원받은 공공극장 | 세종문화회관, 경기도문화의전당 등 광역지자체 및 서대문문화회관, 의정부예술의전당 등의 기초 지자체 설립 시설 | 255 |
| 공공시설 | 문화체육관광부에서 건립비를 지원하지 않는 공공극장 | 무주예체문화회관, 군포시청소년수련관 등 | 237 |
| 대학로 | 대학로에 민간이 직접 투자하여 건립, 운영하는 민간극장 | 동숭아트센터, 익스트림씨어터 등 | 112 |
| 민간시설 | 대학로 이외의 민간극장 | LG아트센터, 두산아트센터 등 | 413 |

❙ 〈표11〉 극장(시설) 특성 및 분포 현황　　　　출처: 2019 공연예술실태조사, 문화체육관광부(단위: 개)

일/러/두/기

**광역 및 기초 지역 구분**

- 광역: 17개 특별/광역시 및 광역도의 본청을 의미하며 광역자치단체를 의미한다.
- 기초: 17개 특별/광역시 및 광역도의 시·군·지자체를 의미하며 기초자치단체를 의미한다.

# 극장의 공간 구성

건축의 꽃이라고 할 수 있는 극장은 일반 건축물과 다르게 섬세하고 과학적으로 설계되어 극장 관객의 관람 편의를 지원하는 시설이다. 최근에는 극장 시설 설비에서 관객의 이용 만족도가 더욱 중요해지고 있는데, 극장 시설은 관객의 입소문을 통해 극장을 평가하는 중요한 척도가 되고 있다. 관객의 극장 경험은 페이스북, 인스타그램, 텀블러, 플리커 등을 통해 전 세계에서 실시간으로 정보가 전달되고 있다. 이로써 극장을 직접 방문했던 관람객을 넘어서 불특정 다수에게 관련 정보가 전달되고 있는 만큼 극장 시설과 이미지는 더욱 중요한 관리 요인이 되고 있다.

## 1) 극장 관객 지원 시설

최근 극장 시스템 못지않게 극장 건축 설계 단계부터 관객 편의 시설에 중점을 두는가 하면, 극장의 품격을 높이기 위한 설비 전쟁이 벌어지고 있는데, 특히 안정성이 우선시되고 있는 경향이 크다. 과거와 다르게 여성 관객층이 점차 늘면서 1인 관람객 대비 화장실 수가 너무 적어 휴식 시간에 길게 늘어선 여자 화장실 대기 줄을 볼 때가 있는데 남·여 화장실을 아예 각 층으로 분리해 화장실 수를 늘리는 등 관람객 만족도를 높이는 방법을 모색하고 있다.

극장 관객 지원 시설은 이용자의 다변화에 맞춰 다양한 시설을 갖추고 있다. 식음료 전문 매장을 비롯하여 층별 식음료 판매대, 로비 라운지, 매표소, 무인 티켓 판매기(키오스크), 코트룸, 탁아소, 물품보관소, 스마트 주차장, 화장실, 흡연실, 굿즈샵Goods shop 등을 설치해 관객들이 보다 편리하게 이용할 수 있도록 하고 있다. 특별히 공연 사전에 즐길 수 있는 부대 행사, 박물관, 미술관 등을 시간대에 맞춰 운영해 관객과 상호작용할 수 있는 프로그램을 탑재한 것이 최근 극장의 추세다.

최근 부산 BIFC에 대형 규모의 작품을 올릴 수 있는 뮤지컬 전용 극장이 들어섰다. 2019년 3월 개관한 1,700석 이상의 객석 규모를 갖춘 드림씨어터Dream Theater에서는 세계적인 공연을 만날 수 있다. 뮤지컬 《라이온 킹》이 서울 예술의 전당에 이어 부산에서 공연되었는데, 이곳의 관객 편의 시설을 눈여겨볼 만하다.

티켓 박스, 오페라글라스, 주차정산소, Merchandising Shop, 물품보관함, 가족 화장실, 카페, VIP 라운지 등이 갖춰져 있었으며, 특히 관객이 입장 전후 로비에서 시간을 보낼 수 있도록 층마다 카페 분위기의 휴식 공간이 마련되어 있어 극장의 품격을 한층 더 느낄 수 있었다. 이처럼 극장을 이용하는 관객에게 좀 더 대우받는 듯한 느낌을 선사하면, 관객을 유인할 뿐만 아니라 극장의 긍정적 평가로도 이어질 것이다.

### 2) 출연자 지원 시설

출연자가 관객에게 좋은 작품을 전달하기 위해서는 관객 서비스 못지않게 단체(개인) 분장실, 연습실, 출연자 휴식 공간과 별도의 화장실을 설치하여 공연 단체가 쾌적한 환경에서 공연을 연출하고 실연할 수 있도록 해야 한다. 이러한 시설들이 마련되었을 때 출연자들이 작품의 감동을 관객에게 고스란히 전달할 수 있을 것이므로, 어떻게 보면 출연자 지원 시설 또한 관객에게 초점이 맞추어진 것이라고 할 수 있겠다.

### 3) 무대 뒤(Backstage) 공간

백스테이지는 예술인이든 관객이든 동경과 선망의 공간이다. 예술가에게는 예술 행위를 펼칠 수 있는 삶의 터전과 같은 곳이며, 관객에게는 감동의 주크박스처럼 늘 호기심을 불러일으키는 공간이다. 무대는 객석에서 시각적으로 보이는 사각 프레임뿐만 아니라 실제로 노출되지 않은 좌·우측 무대, 상부(천장), 후면(뒤) 무대를 통칭하는 개념이다. 특히 무대 뒤와 연결된 장치 반입구는 무대 장치물을 트럭에서 무대 공간으로 효율적으로 옮길 수 있도록 트럭의 상하차가 편리하게끔 만들어둔 공간이다.

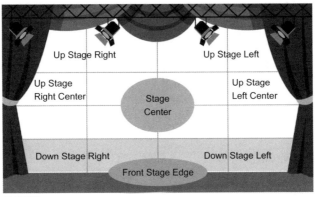
I 〈그림2〉 무대 명칭

| 명칭 | 설명 |
|---|---|
| 조명(lights) | 앞 무대 위에 열을 지어 설치된 영사기 |
| 머리 막(border) | 객석에서 보이는 장치가 매달린 부분을 숨기기 위해 사용하는 가로 방향으로 긴 천 조각 |
| 우측 무대(Stage Right) | 객석에서 볼 때 무대의 오른쪽(상수) |
| 좌측 무대(Stage Left) | 객석에서 볼 때 무대의 왼쪽(하수) |
| 무대 뒤(Up Stage) | 객석에서 먼 안쪽 무대 |
| 무대 앞(Down Stage) | 객석에서 가까운 쪽 무대 |
| 무대 중앙(Stage Center) | 관객 시각 동선의 중앙으로 공연이 펼쳐지는 중앙 무대 |
| 포켓(Wing) | 무대 양옆 준비 무대로 정식 무대 용어는 아니나 무대 소통 용어 |
| 현수막 바튼(Back Drop) | 백스테이지 상단 걸개로 무대막(실사), 현수막 설치 봉 |
| 무대 앞 끝선(Front Stage Edge) | 무대 앞 라인의 끝선 |
| 무대 막(Stage curtain) | 무대와 객석을 분리하는 천 조각 |
| 무대 뒤 공간(Back Stage) | 본 무대 외 뒤 공간(보통 대기실, 분장실, 소품실 등 위치) |
| 조정실(Front of House) | 1층 객석 중앙 위치에 의하여 무대를 직관할 수 있는 조정 공간 |
| 메인스피커(Public Address) | 무대 앞 메인 음향 스피커 지칭(라인 어레이 스피커) |

I 〈표12〉 무대 명칭 설명

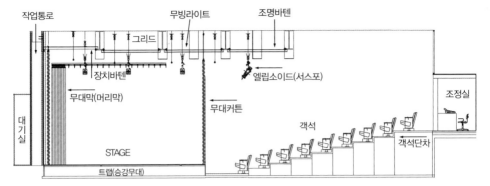

작업통로　무빙라이트　조명바텐

그리드

장치바텐

엘립소이드(서스포)

무대막(머리막)

무대커튼

조정실

대기실

객석

객석단차

STAGE

트랩(승강무대)

| 〈그림3〉 극장구조 및 명칭

　무대 공간은 극장의 엔진룸이라고 할 수 있다. 각종 무대 장비와 구조물이 복잡하게 설비되어 있고 구동과 작동을 반복하기 때문에 안전과도 직결된 공간이다.

　또한 무대는 공연을 위한 사전 리허설, 무대 세트 설치, 공연이 끝나면 철거까지 진행되는 공간이다. 이렇듯 무대는 기술 공간이므로 특수한 무대 용어로 의사소통이 이루어지는 점을 고려할 때, 공연기획자는 무대 메커니즘에 대해 면밀하게 공부할 필요가 있다.

### 4) 스태프 회의

　공연 준비, 제작, 진행, 철거, 마무리 등 일련의 과정을 안전하게 추진하기 위해서는 수행 참여자들 간의 협의가 중요하다. 대체로 극장에서 회의를 주재하는 역할을 하는 기획 담당자는 내부 기술진과 외부 참여자들을 연결하고 상호 보완을 통해 공연을 준비하게 되는데, 이러한 회의를 스태프 회의라고 한다.

| 공연제작사 | | 극장 | |
|---|---|---|---|
| • 제작사 대표<br>• 기획 담당자<br>• 연출/조연출<br>• 음향 디자이너<br>• 조명 디자이너 | • 장치 디자이너<br>• 장치 제작자<br>• 무대감독<br>• 스태프 | • 기획총괄<br>• 하우스매니저<br>• 무대감독<br>• 음향감독 외<br>• 안전총괄 담당자 | • 안전관리 담당자<br>• 조명감독 |

┃ 〈표13〉 스태프 회의 참석 대상

스태프 회의는 통상 공연기획 담당자, 연출자, 무대·음향·조명 담당자, 무대감독, 안전총괄 책임자, 하우스 매니저, 대관 담당자가 참여하게 된다. 다만 참여 대상자 중 출석이 어려운 경우에는 분야 책임자가 참여하고 내부적으로 전달하는 때도 있다.

여기서 참고할 점은 스태프 회의 참석 대상은 〈표13〉과 같이 극장 내부 인력과 외부 인력으로 나눠 살펴볼 필요가 있다는 점이다. 극장 종사자와 외부 제작사에서 사용하는 직함 또는 호칭에는 차이가 있기 때문에 같은 업무 관계자라고 하더라고 호칭이 다를 수 있다.

분야가 다양하기 때문에 각자에 맞는 역할별 회의 내용도 필요하다. 〈표14〉는 그 역할별 회의 내용의 예시를 보여주고 있고, 전체 스태프 회의 일지 작성에 대해서는 〈표15〉를 통해 확인할 수 있다. 〈표16〉으로 무대 형태에 따른 다양한 극장 구조 명칭도 알아보자.

| 분야 | 회의 내용 |
|---|---|
| 무대 장치 | • 무대 장치 세트 및 철수 시간, 장치 반입구, 기술 사항 협의<br>• 무대 장치 설치 안전 수칙 고지 및 안전 장비 체크<br>• 설치 주의사항 및 극장 장비 보호 |
| 무대 기계 | • 무대 도면 검토, 작업 시간, 작업량, 작업 순서 등 일정 점검<br>• 기계 사양(중량, 위치 적정성, 안전성 검토)<br>• 기계 사용 범위, 설치 방법<br>• 무대 전환, 운전 등의 특수성 파악 |
| 무대 조명 | • 조명 도면 검토, 셋업 및 철수 시간, 기술사항 협의<br>• 무대 조명 사양(전력량, 조명 제어, 조명기 배치 등)<br>• 작업 시간, 작업량, 작업 순서 등 일정 점검<br>• 외부 잔입 조명기 물량 체크<br>• 전기 안전 점검(50kw 미만인 경우 자체 안전 점검) |
| 무대 음향 | • 음향 도면 점검(MR, 큐시트 전달 및 협의)<br>• 무대 음향 사양(전력량, 음향 콘솔, 스피커 용량 및 배치 등)<br>• 작업 시간, 작업량, 작업 순서 등 일정 점검<br>• 외부 반입 음향 기기 물량 체크<br>• 음향 기기 설치 케이블 설치 경로 및 안전 커버 시공 |
| 영상 장비 | • LED 셋업 및 철수 시간, 기술사항 협의<br>• 영상중계 카메라 대수 및 설치 장소 협의<br>• 영상 장비 사양(전력량, 전기 증설 검토, 설치 위치 등)<br>• 전기 안전 점검(50kw 미만인 경우 자체 안전 점검)<br>• 영상 콘솔 설치, 운영 위치 협의 등 |
| 기획 및 하우스 | • 공연 제작 및 시설 관리 스태프 소개<br>• 준비 작업, 리허설 시간, 공연 진행, 무대 철수 일정 협의<br>• 무대, 음향, 조명, 기계 등 기술 검토 및 안전 관련 협의<br>• 장비 반입 현황, 극장 장비 체크, 전기 안전 및 사용량 체크<br>• 인화 물질 및 특수효과 사용 안전 검토(해당 시)<br>• 부대 시설 사용 안내(분장실, 대기실, 식음, 이동 동선 체크 등)<br>• 입장 시간, 인터미션, 수표, 발권, 안전 안내 방송, 기타 협의 등 |

| 〈표14〉 역할별 회의 내용

# 스태프(Staff) 회의 일지

## ㅇ 공연단체 정보
년  월  일  요일  작성자:

| 무대 활용 계획 | · 단체명: | · 시스템업체: |
| | · 담당: | · 담당: |
| 악기 및 좌석 배치도 | · 필요 인원: | · 반입 시간: |

## ㅇ 일반정보

| 작품명: | 공연 일정: |
| --- | --- |
| · 공연시간: | · RUN Time:          · 휴식 시간: |
| · 셋업일정: | · 리허설 일정: |
| · 셋업인원: | · 출연 인원: |
| · 철수 일정: | · 기타 사항: |

## ㅇ 부대시설

| 무대 | 공연 | 조명 | 공연 | 음향 | 공연 |
| --- | --- | --- | --- | --- | --- |
| · 지휘자단 | | · 기본 | | · 유선마이크 | |
| · 덧마루 | | · 포그머신 | | · 무선마이크(핸드) | |
| · 의자 | | · 무빙라이트 | | · 무선마이크(핀) | |
| · 보면대 | | · 스포트라이트 | | · 스탠드 | |
| · 피아노 | | · 파 라이트 | | · 빔프로젝트 | |
| · 댄스플로어 | | · LED라이트 | | · 모니터스피커 | |

## ㅇ 무대기술

| 구분 | 세부 협의 내용 |
| --- | --- |
| 무대 | |
| 조명 | |
| 음향 | |

▌〈표15〉 스태프(Staff) 회의 일지

### :: 프로시니엄 극장(Proscenium Theater)
일반적으로 가장 많이 접하게 되는 무대 형태로 객석에서 보면 액자처럼 보인다고 해서 액자형 무대라고 말하기도 하며 보편적인 무대 구조이다.

### :: 블랙박스 극장(Blackbox Stage)
무대와 객석을 가변으로 사용할 수 있다는 점과 검은 상자처럼 텅 빈 공간으로 되어 있는 것이 특징이다. 실험극을 비롯해 다양한 공연을 올릴 수 있는 장점으로 대학 내 연습 공간 및 발표 공간으로 많이 활용된다.

### :: 오픈스테이지 극장(Open Stage Theater)
객석이 무대 삼면을 둘러싸고 있는 극장 형태로 16세기 셰익스피어 무대라고 불리기도 하며 관객과 출연자와의 일체감 형성이 쉽다.

### :: 돌출무대 극장(Trust Stage Theater)
무대 앞부분이 객석으로 돌출된 극장으로 프로시니엄 무대와 개방 무대의 장점을 가지고 있다.

:: 원형무대 극장(Theater in the Round)
무대 전체가 객석으로 둘러싸인 극장으로 마당
놀이, 탈춤 판 등의 공연이 주로 이루어지는 극
장 구조이다.

:: 가변무대 극장(Flexible Stage)
극장의 외형이 동일하며 객석과 무대의 원활한
연출이 가능해 다변형 무대라고도 한다.

:: 야외 극장(Open Air Theater)
야외무대로써 노천 극장이라고도 하며, 반원형
의 무대 공간에 오픈 스테이지 형태의 구조이
다. 연세대학교의 3,000석 규모 노천 극장이 대
표적이다.

┃〈표16〉무대 형태에 따른 극장 구조 명칭

# 극장 트렌드 전략

　기획 제작을 하는 사람일수록 다른 작품을 보는 것에 인색한 경우
가 있다. '중이 제 머리 못 깎는다'라는 말이 있지 않은가. 기획자는 문

화예술 전반에 관심을 둬야 할 필요가 있다. 나의 경우 평소 전시 작품 뿐만 아니라 클래식, 연극, 무용 등 공연물을 시기별로 꼼꼼히 찾아보고 중앙과 지역을 오가며 공연을 관람하는 직업병을 가지고 있다. 극장에 머물다 보면 내가 하는 기획물 외 예술시장과 소통할 기회가 적은 편이다. 그래서 남들보다 열심히 돌아다닌다. 장르를 불문하고 다양한 공연을 관람하는데, 공짜 표가 생기면 더욱 좋고 때론 아무리 티켓 가격이 비싸더라도 봐야 할 공연이라면 반드시 본다. 기획자들에게 그보다 더 좋은 교과서는 없기 때문이다. 기획 과정을 다 알기는 어렵지만, 극장 로비에 들어서면 기획자의 감각을 읽을 수 있다. 다양한 작품을 자주 보는 만큼 공연을 보는 눈도 트인다. 예술성과 대중성뿐만 아니라 그 속에서 제작 기법과 무대 기술까지 벤치마킹할 수 있기에 이러한 다양한 공연 관람 경험은 종합 선물 세트에 비유할 만하다.

언젠가 공연 연출자의 초대로 친구와 뮤지컬을 보러 간 적이 있다. 극장만 달랐지, 똑같은 작품을 두 번째 본 것이었다. 일반 관객들은 출연자나 공연 내용을 이야기 주제로 삼았을 텐데 친구가 보기에 나는 공연을 보는 태도와 생각이 남달랐던 모양이다. 같이 간 친구는 내게 "공연을 보러 온 거니? 일을 하러 온 거니?"라는 질문을 했는데, 생각지도 못했을뿐더러 마치 정곡을 찔린 것 같아 한참 웃었던 기억이 난다.

같은 작품이라도 기회만 된다면 여러 차례 보는 것을 권장한다. 잘 만들어진 무대 공연은 큰 틀이 있어 흐트러지거나 덜컹거리는 일은 없겠지만, 출연 배우에 따라 작품의 느낌이 달라지기 마련이다. 특히 뮤지컬은 노래라는 특징을 담고 있기 때문에 더욱 그렇다.

지역 축제뿐만 아니라 대중문화, 상업 축제도 부지런히 쫓아다녀야 한다. 음악극 축제, 연극 축제, 록Rock Music 페스티벌, 한강 난지공원에서 펼쳐지는 대중음악 축제, 지자체 축제 등 그동안 여러 축제를 다니면서 무대예술과 다른 축제 기획 제작 과정을 현장에서 부지런히 공부해 왔다.

기획자는 장르를 불문하고 다양한 역할을 소화해 낼 수 있어야 한다. 대부분의 지역 극장에는 다목적 극장, 복합 공간이라는 이름이 붙은 것에 비해 무언가 제대로 할 수 있는 극장이 많지 않다. 그럼에도 다뤄지는 공연물은 다양하다.

우리나라 문화예술진흥법에서 정의하는 '문화예술'의 범위는 매우 다양하고 가짓수도 많다. 기초예술만 보더라도 연극, 무용, 국악, 음악을 포함한 문학, 미술, 사진, 건축, 어문 및 출판까지 그 범위가 넓다.

문화산업은 문화예술의 창작물 또는 문화예술 용품을 산업 수단에 의하여 기획·제작·공연·판매하는 일을 업業으로 하는 것을 말한다. 문화산업의 토양이 되는 문화자본은 문화적 가치와 경제적 가치를 함께 산출하게 되는데 예술 작품이 이 두 가지 가치를 가지게 되는 이유는 작품의 수요 함수가 주요한 변수로 작용하기 때문이다. 예술 작품은 시장 교환을 통해 경제적 가격이 형성되고 작품이 전달하는 가치를 평가함으로써 경쟁력 있는 가격이 결정된다. 이처럼 공연기획자는 문화예술에 가치를 입히고 가격을 결정하는 데 좀 더 과학적이면서도 수학적일 필요가 있다. 그러기 위해서는 예술시장을 정확하게 바라볼 수 있는 시각이 필요하다. 가격 정책은 기획 단계에서 무엇보다 중요한 것이다. 대충 다뤄져 관객에게 비용을 전가하는 방식은 바람직하지 못하다. 따라서 마케팅 전략이 필요한 지점이다.

또한 공연기획을 하는 사람에게는 공연 시장을 들여다볼 수 있는 자질이 필요하다. 그래야 공연 시장 분석이라는 말을 할 수 있을 것 같다. 사실 이러한 자질을 키우는 게 복잡하거나 어렵지는 않다. 다만 시장에 꾸준히 관심을 두게 되면 시장 흐름에 맞는 공연을 선택해 성공적인 기획을 할 가능성이 높아진다. 매년 공연예술 실태 조사가 대대적으로 이루어지고 있다. 이를 통해 지난해 공연 시장 규모에서부터 연간 공연 결산까지를 한눈에 확인할 수 있다. 장르별 공연 수, 분포, 장르별 판매 금액, 나이와 성별 분포 등을 알 수 있다. 이와 같은 표본을 기본으로 실정에 맞도록 활용할 수 있어야 한다. 공연 관람료 책정에 대한 부분도 여기에서 도움을 받을 수 있다. 국내 공연 시설과 예술 단체의 운영 현황과 실적을 눈여겨보자.


## 공연기획자의 단계적 성장

누구에게나 홈그라운드가 있다. 나의 홈그라운드는 자그마한 책상이다. 책상에만 앉으면 마음이 편해지고 무엇이든지 할 수 있을 것 같다. 홈그라운드가 주는 안정감이다.

2018년 트렌드 키워드로 소확행(작지만 확실한 행복을 추구), 워라밸(일과 삶의 균형을 추구), 캐런시아(집, 카페 등 자신만의 힐링 공간을 찾음) 등이 선정되었는데, 이것이 문화예술계를 춤추게 했던 기억이 있다.

IMF 이후 평생직장의 개념이 소멸하고 상명하복식의 경직된 조직 문화를 거부하는 사회 환경 변화 속에서 집단보다는 개인의 행복을 더 중요하게 생각하는 이들이 늘고 있다. 일과 삶의 균형을 추구하는 워라밸은 밀레니엄 세대(1988~1994년)가 중요하게 추구하는데, 이들을 일컬어 워라밸 세대라고 할 정도이다. 이들은 W세대와 달리 인터넷, 싸이월드가 아닌 페이스북, 인스타그램을 통해 자신들의 취향을 과감하게 노출한다. 그만큼 개성과 개인의 행복을 소중하게 생각한다는 의미이다.

한편, 최근 대학에는 문화예술경영, 공연기획학과 등 엔터테인먼트 산업의 육성과 한류라는 핵심 키워드로 공연예술을 공부하기를 원하는 학생들이 많아졌다. 불과 얼마 안 되는 예술 경영학의 짧은 역사에도 불구하고 인기가 많은 교육 과정이다. 반면 실상을 들여다보면 공연예술 시장은 좁고 협착하다. 따라서 이 길을 걷고자 하는 예비 기획자에게 좀 더 현실적으로 도움이 될 만한 이야기를 해주고 싶다.

녹록하지 않은 기획자의 삶, 순수예술과 대중예술의 간극이 그렇듯 이제는 먹고 살기 힘든 예술가, 힘든 예술과 같은 이야기를 해야 하는 시대는 지났다고 본다. 따라서 공연 문화를 소재로 기획·제작·유통 활동을 하면서 이윤을 창출하는 것, 즉 공연 콘텐츠를 산업화하는 일로 초점을 돌릴 필요가 있다. 과거에는 순수예술 또는 예술이라는 단어에 상업, 산업, 시장과 같은 자본주의 용어를 붙이는 것을 부정적으로 보는 인식이 강했지만 이제는 좀 더 폭넓은 시각으로 바라볼 필요가 있다. 예술 행위를 하면서 언제까지나 '어렵다, 먹고살기 힘들다'라는 말을 일삼기보다는 현대 사회 변화 속에서 자연화 현상을 제대로 읽을 수 있도록 자질을 갖춰야 할 때다. 솔직히 공연 콘텐츠는 돈을 벌 수밖에 없는 구조와 형태의 속성을 지니고 있다. 공동체를 이루는 인간의 삶 속에는 문화가 있다. 따라서 공연예술 산업은 사람들이 이러한 문화를 소비한다는 측면에서 수익을 창출할 수 있는 경제 활동으로 보는 것이 마땅하다. 앞으로 공연예술 산업을 제대로 된 산업으로 육성하기 위해서는 공공인프라에 대한 지속적인 투자가 더 필요할 것으로 보인다.

# 5장

## 홍보 마케팅

# 공연예술 홍보의 의의

어떻게 해야 공연을 효과적으로 홍보할 수 있을까? 커뮤니케이션 전략을 가지고 관객과 소통해 나갈 방법을 생각해 보면 홍보는 한층 더 쉬워진다. 지금은 커뮤니케이션 방식이 워낙 다양해져 시의적절한 매체 선택뿐만 아니라 매체를 어떻게 활용하느냐에 따라 공연의 성공 여부가 달라진다고 해도 과언이 아니다.

이런 측면에서 홍보Public Relation(공중관계)에 대한 원론적인 이야기를 길게 하는 것은 별 도움이 되지 않을 것 같다. 따라서 이번 장에서는 지역 공공극장들이 주로 실행하고 있는 홍보 방식 내지는 사례를 소개할까 한다. 극장은 공연물, 극장은 공연물, 미술관은 전시될 콘텐츠를 알리는 것에 홍보 목적이 있다. 따라서 홍보를 효과적으로 하기 위해서는 매체별 특성과 기능을 믹스해서 전략화해야 하는데, 상품 판매 증진을 위한 활동을 마케팅이라고 할 수 있다. 이처럼 홍보와 마케팅은 상호보완적인 전략적 동맹 관계를 맺고 있다.

# 홍보의 개념

홍보Public Relation(공중관계)란, 공공극장(기관), 정부, 비영리 조직 등이 공중Public과의 관계Relation를 구축하는 모든 활동을 의미한다.

홍보는 '공중에게 무엇을 알릴 것인가?'에서 출발한다. 홍보 마케팅은 핵심 대중들과 우호적인 관계를 구축하고 시장의 환경 조사 및 홍보 툴Tool을 활용해 공연물 또는 서비스를 홍보하고 판매하는 것을 말하는데, 이 점이 홍보 마케팅의 핵심 요소라고 할 수 있다. 의사소통하기 위해 홍보 툴을 개발하고 이를 활용하는 마케팅 활동이 뒤를 잇는다. 효과적으로 표를 팔고 홍보해서 문화를 소비할 수 있도록 하는 전반적인 활동이 홍보 마케팅인 것이다. 이처럼 홍보와 마케팅은 바늘과 실과 같은, 뗄 수 없는 관계이다. 홍보 마케팅을 할 때는 통합적 관점에서의 전략적인 홍보 프로세스를 이해하고 현장에 적용하는 것이 필요하다.

과거에는 지역 신문사를 대상으로 보도자료를 작성해 배포하는 경우가 많았고 인쇄물, 온라인 홍보만이 공연 홍보의 유일한 방법인 것으로 여겨졌다. 그러나 최근에는 대중성 있는 매체(TV, 라디오, 신문, 잡지)뿐만 아니라 모바일과 SNS의 비약적인 발전으로 다양한 매체를 통해 홍보할 수 있게 되었다. 공연 홍보를 위해서는 가장 먼저 작품에 대해 전반적인 이해를 하고 전체를 통찰할 수 있는 능력이 필요하다. 공연기획자는 어떤 내용을 어떤 방법으로 어떤 고객에게 전달할 것인가를 결정지어야 하는데, 이는 매우 중요하다.

1단계: 타깃 설정 → 2단계: 홍보 목적 → 3단계: 내용(메시지) 기획 →
4단계: 채널(매체) 결정 → 5단계: 실행 및 평가

위의 5단계는 효과적인 소통을 위한 기본적인 프로세스다. 새로운 매체 환경 속에서 빠르게 다변화되고 있는 현장의 공연기획자는 홍보 마케팅을 통해 관객의 다양한 욕구를 충족시켜야 하는데, 이를 위해서는 효과적인 커뮤니케이션을 할 줄 알아야 한다.

간혹 홍보와 광고의 개념부터 헷갈릴 수 있는데 홍보와 광고의 기본적인 차이점을 알 필요가 있다. 홍보와 광고는 비슷한 소통을 목적으로 하나 집행 방식에 차이가 있다. 홍보는 비용을 들이지 않거나 저비용을 들여서도 할 수 있는 만큼 비영리적 성격이 강하다. 보통 신문, TV 뉴스, 라디오 프로그램을 통해 노출하는 경향이 커 정보를 접하는 이들에게 권위성과 공공성을 통해 신뢰도를 높일 수 있지만, 상대적으로 표출 방식뿐만 아니라 게재 시기 등을 결정할 수 없어 제약이 있는 것이 단점이다. 반면, 광고는 홍보보다 기획 범위가 넓기 때문에 메시지와 콘셉트를 결정 집행할 수 있다는 점에서 가독성이 높고, 원하는 시간과 장소를 선택할 수 있다는 장점이 있다. 다만, 비용이 많이 들어간다는 단점이 있다. 그렇기에 공연예술 분야에서는 저비용 홍보 의존도가 높은 것이 현실이다.

# 공연예술 홍보

공연예술 홍보는 극장 이미지 홍보와 작품을 알리는 공연물 홍보로 구분할 수 있다. 극장 이미지 홍보는 공연물 홍보 못지않게 중요하다. 좋은 공연은 컨디션이 좋은 극장에서 공연하길 원하는 기획자의 생각과 소비자의 욕구가 맞물릴 때 공연의 가치를 높일 수 있다. 극장 이미지 홍보는 극장 규모를 한눈에 볼 수 있도록 웅장한 건축물과 관객 이용 편의 시설 등을 내세워 신문, 잡지, 영상 홍보물을 제작해 홍보하기도 하고, 극장에 유명 브랜드 상점을 입점시켜 평소 이용률을 높이는 방법으로 홍보 효과를 보기도 한다. 특히 관객은 극장 컨디션에 따라 서비스 수준을 평가 인식하는 경향이 크다.

공연물 홍보는 극장 운영을 위한 수익과 직결된 상품을 판매하는 것으로, 극장의 핵심 가치를 담고 있다고 해도 과언이 아니다. 다양한 콘텐츠로 수시 공연에 따른 홍보를 할 때는 보다 체계적이고 전략적으로 홍보 계획을 시행해야 한다. 그렇다고 홍보 개념이 달라지는 건 아니지만, 티켓 판매 촉진을 위한 홍보인 만큼 매체 활용의 다양성, 홍보 비용의 규모, 홍보 방법에 있어 극장 이미지 홍보와는 차이를 보인다. 이와 같은 홍보는 공연예술의 목표 달성을 위한 중요한 수단이다.

삼성전자는 가전 제품을 주력으로 생산하는 기업이지만 제품만을 홍보하지 않는다. 제품을 잘 팔기 위해서는 기업의 이미지도 또한 중요하다는 것을 잘 알고 있기 때문에 기업 홍보를 지속해서 병행하고 있다. 극장도 마찬가지이다. 극장과 공연물에 대한 병행 홍보가 이루어져야 한다. 좋은 작품을 만들어 티켓을 판매하는 일도 중요하지만, 극장을 홍보하는 데도 열심인 것은 이와 같은 이유가 있기 때문이다. 흔히 극장이나 문화재단에는 조직을 홍보하는 부서나 팀이 조직되어 있으며 공연이나 전시물 외 문화콘텐츠를 홍보하는 투트랙 방식의 조직을 갖추고 있다.

마케팅 관점에서 볼 때 홍보는 이미지 홍보, 일상적 홍보, 위기 관리 등 3가지로 나누어 볼 수 있다. 여기서 이미지 홍보는 문화콘텐츠에 적용되기보다는 문화예술단체나 극장, 미술관, 박물관 등이 미션을 바탕으로 고객으로부터 신뢰와 전문성을 인정받기 위해 전개하는 방식으로 활용된다. 다음으로, 일상적 홍보는 공연예술 분야가 어떤 일을 하는지 대중에게 알리고 극장 이용 욕구를 유발하기 위한 홍보로, 새로운 작품 내지는 차기 공연을 소개하고 어떤 이점이 있는지에 대해 홍보한다. 특히 일상적 홍보는 기존 고객을 유지하기 위해 CRM Customer Relationship Management을 통한 고객 관리를 하며 새로운 잠재 고객을 발굴하는 홍보를 포함한다. 위기 관리는 문화예술단체나 극장에서 등한시하는 경향이 있는데 어떻게 보면 매우 중요한 지점이다. 아무리 건설적이고 잘 나가는 기업이라고 할지라도 위기 시점에 대응을 잘하지 못하면 한순간에 기업이 주저앉을 수 있다. 우리는 사소해 보이는 위기에서 큰 문제가 발생할 가능성을 배제해서는 안 된다. 따라서 철저한 사전 대비와 문제해결 능력을 갖춰야 한다.

# 공연예술 마케팅의 의의

공연예술 마케팅은 관객에게 다가가기 위한 활동으로 적극적이고 효율적으로 접근할 필요가 있다. 마케팅은 성공적으로 목표를 달성할 수 있도록 하는 최전선의 도구다.

특히 마케팅 담당자는 매체별 특성을 구체적으로 파악하고 있어야 하며 다양한 매체와의 직·간접적인 관계 맺음이 중요하다. 이 과정에서는 실행력이 뒷받침되어야 하는데, 마케팅 담당자는 마케팅에 대한 이해와 전략을 바탕으로 공연의 실패를 최소화하고 성과를 달성할 책임을 갖는다.

## 마케팅의 정의

◆ American Marketing Association[2]

마케팅은 고객, 클라이언트, 파트너 및 사회적 가치가 있는 물건이나 재화를 만들어 내고, 이를 알리고, 전달하고, 교환하기 위한 활동, 일련의 제도, 그리고 과정이다. (Approved October 2007)

◆ Peter F. Drucker[3]

마케팅은 파는 것 이상의 의미를 뛰어넘는 것만도 아니고, 특화된

---

2) 미국 마케팅학회(AMA:American Marketing Association)
3) 『The Practice of Management』, Peter F. Drucker, New York, Harper & Row, 1954.

활동만도 전혀 아니다. 이것은 전체 비즈니스를 포함하고 있다. 마케팅은 최종 결과의 관점, 즉 고객의 관점으로부터 바라본 비즈니스 전반을 말한다.

◆ Philip Kotler[1]

마케팅이란 거래를 창출하고 행동에 영향을 주는 건강하고 효과적인 기술로써, 적절하게 적용된다면 반드시 그 거래의 양자 모두에게 이익을 준다.

## 예술마케팅의 의미

예술마케팅은 고객과의 교환 관계를 상호 만족하게 함으로써 조직 및 예술가의 목표를 달성하는 총체적 경영 과정이다.

마케팅과 예술마케팅의 정의는 목적 달성을 통한 이익 창출에 있어서는 동일하다고 할 수 있다. 그런데 예술마케팅은 수단과 방법이 구체적이지 못하고 정성적으로 개념을 설명한다. 따라서 우리나라 공공극장 공연예술 마케팅에 대한 명확한 정의가 정립될 필요성이 있다. 그리고 예술마케팅은 영리를 목적으로 공연되는 영역과 영리 목적이 아닌 영역으로 나눠 생각해 보아야 한다. 영리를 목적으로 제작비를

---

4) 『필립 코틀러 마케팅의 미래』, 필립 코틀러·허마원 카타자야·후이 덴 후안, 재키 머스리, 방영호 옮김, 매일경제신문사, 2023.

투자받고 수익을 창출하는 대형 콘서트 및 뮤지컬 등과 수익이 잘 나질 않는 연극, 전통 음악 활동을 두고 볼 때 각각의 특성에 맞는 마케팅 방법이 수립되어야 한다.

현재 공공극장 대부분이 마케팅의 개념을 제대로 알고 실무를 진행하는 마케팅 전문 인력을 보유하고 있지 못하거나, 있다고 하더라고 부족한 실정이다. 공연을 잘 제작해 놓고도 효율적인 마케팅 전략 수립이 이루어지지 않다 보니 늘 티켓 판매가 부진힐 수밖에 없다.

특히 시장 분석은 마케팅 전략을 수립하는 첫 단계로, 매우 중요한 요소다. 시장을 세분화해 같은 시기에 경쟁 공연은 없는지를 먼저 살피기보다는 할인 정책과 이벤트에 의존한 관객 동원에만 열을 올리고 있는 실정이다. 경쟁 공연 분석이 중요한 이유는 관객 분산뿐만 아니라 미미한 정보 경쟁에 오히려 피해를 볼 수 있기 때문이다. 따라서 사전 시장 조사를 통해 자료를 수집하고 체계화하는 작업은 무엇보다 필요하다.

마케팅 툴Tool 활용에도 보완해야 할 점들이 많다. 대부분의 공공극장이 저예산 홍보를 하고, 획일적인 마케팅 수단을 찾다 보니 홍보물 제작 배포가 고작이고 전통적인 언론에만 의존하고 있다. 최근에는 유튜브, 인스타그램 등을 활용한 미디어 홍보를 곁들이고는 있지만 강력한 마케팅 집행에는 한계가 있다.

물론 영리를 목적으로 하는 상업 공연처럼 TV, 신문, 방송, 영상물 제작 광고를 할 수 있는 형편은 못되지만, 작품성, 공연의 특징을 부각하는 차별화 전략을 통해 틈새시장을 공략해 보길 바란다.

최근 들어 공연물과 관련된 파생 상품으로 티셔츠, 에코백, 머그잔, 텀블러, 캐릭터 등 다양한 굿즈(기념품)를 제작 판매하는 경우가 늘고 있다. 게다가 공연물을 영상으로 제작하는 등의 '원 소스 멀티 유즈 One Source Multi-Use'로 부가 가치를 높이기도 한다. 이와 같은 방법은 공연 수익에 직접적인 영향을 미칠 뿐만 아니라 그 자체로 마케팅 효과를 기대할 수 있는 대안으로 떠오르고 있다.

이는 관객의 문화 욕구가 높아지고 기대 심리가 커지면서 시장 형성과 확대를 가속화한 것의 결과로 볼 수 있다. 따라서 극장은 티켓 판매에만 의존하는 것이 아니라 체계적인 마케팅 전략을 수립해 새로운 수익 모델을 개발할 필요가 있다.


## 마케팅 촉진 효과

### ◆ 원 소스 멀티 유즈(One source Multi-Use)

한 가지 제품이나 개념을 다양한 용도로 사용하는 것. 휴대전화 개발로 모바일 게임을 만들어서 수익 구조를 다양화하고 본 제품 판매를 촉진하는 이중 효과를 낸다. (웹툰 '원소스 멀티유즈' 콘텐츠산업의 중심으로, 매일경제, 2015.05.)

→ 적용 의미와 사례 : 본래의 공연 작품을 멀티미디어를 활용해 영상화하고 이를 재판매해 새로운 수익구조를 만들어 낸다. 이는 원작 공연을 촉진시키는 이중 효과를 만들어 낸다.

◆ 머천다이징(Merchandising)

시장 조사와 같은 과학적인 방법에 따라 수요 내용에 적합한 상품 또는 서비스를 알맞은 시기와 장소에서 적정 가격으로 유통하기 위한 일련의 시책.

→ 적용 의미와 사례 : 공연물 이외의 부가 가치를 창출하기 위한 방법으로 공연 관람객을 위한 굿즈를 개발해 티켓 수익 외 매출을 올리는 수단이다. 대표적으로 《라이온 킹》, 《맨 오브 라만치》, 《지킬 앤 하이드》 등 대형 라이선스 뮤지컬에서 볼 수 있다.

---

**PEST 분석 요소 / 활용 예시**

- 정치 법률적 환경(Political-Legal) : 정치적 사건, 관계 규명의 변동 점검
- 경제적 환경(Economic) : 문예회관 수입은 공적 예산 확보에 있으며 핵심 요소
- 사회 문화적 환경(Social-cultural) : 공연에 대한 사회 문화적 정서
- 기술적 환경(Technological) : 장소, 시설의 적합성, 공연에 요구되는 장비, 기기 현황 점검

................................................................

**3C 분석 / 활용 예시**

- 고객(관객)(Customer/Audience) : 잠재적 고객 소요 정도, 고객 니즈, 고객 변화 추이
- 경쟁사(경쟁 극장)(Competitor/Performing Place) : 작품 경쟁의 규모, 작품성이 좋은가? 경쟁 시장의 진입 가능성이 높은가?
- 자사(소속 극장)(Company/Economic) : 우리 극장의 공연 제작 능력, 마케팅 능력이 타 공연장에 비해 어떤가?

................................................................

**SWOT 분석 요소**

- 강점(Strengths), 약점(Weaknesses), 기회(Opportunities), 위협(Threats)=SWOT
- 목적 : 극장 전략적 목표를 결정하거나 전략 수립을 위한 기초 자료를 확보하는 데 있다.
- 도출 : 내부 환경 분석(강점/약점), 외부 환경 분석(기회/위협)

................................................................

## TOWS 매트릭스 : 마케팅 거시 환경 분석 도구

- TOWS 매트릭스 의미 : SWOT 분석을 통한 마케팅 전략 방향 도출 기법
  SWOT 분석 결과를 바탕으로 강점 강화 / 약점 보완 / 기회 활용 / 위협 대응(방어)
- 목적 : 극장 전략적 목표를 결정하거나 전략 수립을 위한 기초 자료를 확보하는 데
  있다.
- 도출 : 내부 환경 분석(강점/약점), 외부 환경 분석(기회/위협)

| 내부 환경 | | | |
|---|---|---|---|
| | | 강점<br>Strengths<br>1.<br>2.<br>3.<br>etc | 약점<br>Weaknesses<br>1.<br>2.<br>3.<br>etc |
| 외<br>부<br>환<br>경 | 기회<br>OPPORTUNITIES<br>1.<br>2.<br>3.<br>etc | SO Strategy<br>(공격 전략)<br>강점을 응용하여<br>기회 적용 | WO Strategy<br>(만회 전략)<br>기회를 응용하여<br>약점 극복 |
| | 위협<br>THREATS<br>1.<br>2.<br>3.<br>etc | ST Strategy<br>(우회 전략)<br>강점을 이용해<br>위협을 피함 | WT Strategy<br>(생존 전략)<br>약점을 최소화하고<br>위협에서 벗어남 |

Ⅰ〈표17〉 분석 툴 활용

# 티켓 매니지먼트

티켓 매니지먼트는 공연 제작 및 극장 운영 전반에서 흥행과 매출에 직접적인 영향을 줄 뿐만 아니라 공연의 지속성을 담보하는 중요한 가치 수단으로 인정받고 있다. 특히 현대의 공연시장이 극도로 산업화하여 문화 소비자들의 다양한 관람 욕구 보장을 위한 증표로 거래되는 것이 바로 '티켓'이다. 특히 공연 티켓은 현금과 동일해 유가증권으로 분류되어 있어 티켓 관리 운용은 중요한 직무로 분류된다. 지금은 인터넷과 모바일 사용이 고도화되면서 티켓 판매, 관리, 정산 등이 디지털화되었지만 2000년 전만 하더라도 인쇄 티켓을 만들어 검인해야 했다. 그러다 1996년 '티켓링크'를 시작으로, 티켓 발권 시스템으로의 전환이 이루어졌다. 이후로 티켓 판매 전산망이 구축되기 시작하여 극장마다 자체 티켓 판매 시스템 개발에 열을 올리기도 했지만 마케팅의 한계로 결국 외부 티켓 판매처를 연동하거나 티켓 판매 전문 업체에 대행하는 경우가 대부분인데, 이는 홍보 마케팅의 한계를 극복할 수 없었기 때문이다.

이와 같은 티켓 시장 환경의 변화는 새로운 직무를 만들어 내고 티켓 운영 업무에 대한 전문성을 필요로 하게 되었다. 또한 티켓 매니지먼트는 다양한 내부 요건과 외부 요건을 갖게 되는데, 내부 요건은 티켓 판매뿐만 아니라 고객서비스 영역의 요건이 있고, 외부 요건은 관객이 입장권을 구매하고 극장에 들어와 공연을 관람할 수 있도록 관계를 관리하고, 시장을 구축하는 마케팅 영역을 포함한다. 현장에서는 이와 같은 티켓 매니지먼트의 업무를 원활하게 하기 위해 티켓 마스터와 티켓 매니저로 직무를 구분하기도 한다.

티켓 마스터는 공연에 앞서 티켓 판매 대행, 티켓 상품 개발, 프로모션, 객석 운영 및 관리, 티켓 판매 추이 분석 등을 전문화하여 관

| 티켓 마스터 | 티켓 매니저 |
|---|---|
| • 티켓 정가 결정<br>공연제작비 산출, 수지 분석 시뮬레이션을 통한 티켓 정가 결정 및 동종 공연 대상 시장 세분화에 따른 가격 정책 수립 | • 티켓 발권 시스템 운영 관리<br>티켓 발권기, 판매 시스템, 티켓 용지, 키오스크, 티켓 박스(BOX) 운영 관리 |
| • 티켓 할인 정책<br>티켓 정가를 기반으로 한 할인율 결정, 조기 예매, 패키지, 단체, 이벤트 할인 등 판매 촉진 할인 상품 개발 | • 티켓 판매<br>티켓 발권, 교환, 교부, 취소, 환불 등 |
| • 티켓 마케팅<br>티켓 판매 대행, 티켓 홍보처 발굴, 프로모션, 소셜마케팅, 타깃별 카페 발굴을 통한 노출 및 판매 촉진 활동 | • 티켓 판매 마감 정산<br>공연 마감, 일일 티켓 판매 수입 정산(현금, 카드, 할인권, 프로모션별 정산 등) |
| • 티켓 판매 추이 분석<br>티켓 판매 대행처 별 매출 추이 분석, 마케팅 시점에 따른 판매율 분석 등 집중 마케팅 믹스 | • 티켓 고객, 공연 관객 서비스<br>관객 편의 서비스 제공, 민원(클레임)응대 이용 안전 수칙 안내, 시설 안내 등 |
| • 객석 운영<br>초대석, 일반석(V, R, A, S석), 장애인석, 발코니석, 오케스트라피트(OP)석 등 공연 기간 총 객석 운영 관리, 중복 좌석, 사석 관리, 판매 좌석 홀딩 관리 등 | • 물품보관소 업무 병행 또는 소관<br>하우스의 안전하고 효율적 운영을 위한 기타 관객 서비스 |

❘ 〈표18〉 티켓 매니지먼트의 업무 범위와 역할

리 운영하게 되고, 티켓 매니저는 티켓 발권 시스템을 직접 운영하게 되는데 티켓 발권, 티켓 교환, 교부, 당일 티켓 마감 정산 등 고객과 접점이 있는 서비스 전반을 담당하게 된다. 이처럼 티켓 마케팅은 티켓 판매 목적을 뛰어넘어 티켓 매니지먼트 전반의 과정을 포함하고 있다.

# 티켓 매니지먼트 실무

## 1) 티켓의 이해

티켓 관련 업무는 극장 운영과 공연의 연속성에 있어 매우 중요한 업무이기에 발행 티켓의 속성을 이해하고 티켓 용지 기능을 충분히 숙지해 관객 서비스에 차질이 없도록 해야 한다. 극장의 모든 직무는 상호보완적인 관계를 맺고 있기에 공연 전·후 업무를 공유하고 소통하게 된다. 현장에서 구매한 티켓, 인터넷으로 예매하고 무인 발권기(키오스크)를 통해 발권받은 모든 입장권은 하우스 입구에서 수표하고 수표 중 문제가 발생하면 매표소와의 긴밀한 확인 절차를 거쳐 해결해야 한다.

티켓은 기본적으로 유료 티켓과 무료 티켓으로 구분한다. 말 그대로 유료 티켓은 비용을 들여 구매한 티켓으로 무료 초대 티켓과는 표시된 정보가 다르다. 티켓 전면부에는 공연 제목, 일시, 장소, 주최, 문의 전화 등의 공연 개요가 기본으로 적시되어 있으며, 좌석 등급, 번호, 가격, 할인 식별, 공연제작사, 티켓 번호, 발권 시간, 창구 번호, 결제 수단까지 세부 내용이 각기 다르게 출력된다. 티켓의 뒷면에는 예매, 환불 규정, 이용 안내, 시스템 호환 정보 등이 기록되어 있다.

초대 교환권(무료 초대권)은 무료 티켓으로 보통 노쇼 예방적 측면에서 좌석을 지정하지 않고 홍보 마케팅용으로 활용되는 경우가 많다. 따라서 초대 교환권은 무료 초대 대상으로 관람 자격이 주어지나 사전 예약이 필수인 경우가 많으며 매표소에서 좌석을 지정받아 입장하게 된다.

## 2) 티켓 정가 책정

티켓 정가를 정하는 일은 공연 흥행 여부와 무관하지 않다. 정가 수준을 얼마나 높게 잡느냐는 공연의 수준을 가늠하게 할 뿐만 아니라 예술 소비의 영향을 미치는 요소로, 극장 객석 수와 공연 기간 등을 고려해서 결정하는 것이 바람직하다. 이를테면 '티켓 단가×객석 수'를 산정하고 공연 횟수를 더하면 예상 수익을 측정해 볼 수 있는데, 이때

| 구분 | 객석 수 (석) | 관람객 수(명) | | | 객석점유율(%) | | |
|---|---|---|---|---|---|---|---|
| | | 계 | 유료 | 무료 | 계 | 유료 | 무료 (홍보 마케팅,문화 나눔) |
| 목표 | 1,178 | 850 | 670 | 180 | 72.1% | 56.9% | 15.2% |

❙ 〈표19〉 예상 관객 목표

수익 목표 지점을 잡아 세분화하여 판매처별 예상 수익을 꼭 따져 봐야 한다. 예를 들면 전체 객석 수 589석 극장에서 2회 공연을 한다고 가정하면 총 객석 수는 1,178석이 된다. 이때 책정된 티켓 가격을 대비해 100% 기준으로 각 할인율을 적용하여 객석점유율별로 예상 수익을 예측하게 된다. 무엇보다 티켓 판매부터 판매 기간 동안 티켓이 얼마나 판매될지는 예측하기 어려운 부분이 있으므로 좀 더 세분화된 수익 전망이 필요하다.

| 구분 | 가격 | 총 좌석 | 판매 목표 | | |
|---|---|---|---|---|---|
| | | | 매수 | 목표율 | 목표 금액 |
| 계 | – | 1,178석 | 850석 | 72% | 6,300,000 |
| 정가 | 15,000 | 30석 | 30석 | 2.5% | 450,000 |
| 30% 할인 | 10,500 | 460석 | 460석 | 39% | 4,200,000 |
| 40% 할인 | 9,000 | 120석 | 120석 | 10.1% | 900,000 |
| 50% 할인 | 7,500 | 70석 | 60석 | 6% | 750,000 |
| 무료 | – | 180석 | 180석 | 15.2% | – |
| 미판매 좌석 | – | 328석 | | | |

| 〈표20〉 예상 수익 목표

## 3) 티켓 할인 정책

티켓 정가를 정한 후에는 판매율을 높이거나 조기 판매를 위해 할인율을 책정하는 업무가 이루어진다. 그렇다면 정가를 정했는데 다양한 할인과 프로모션 등을 시행해 판매하는 이유는 무엇일까? 할인을 해줄 것 같으면 단가를 낮추면 되지 않나 싶은 생각도 들 것이다. 그러나 할인 정책에는 여러 가지 의도된 전략이 숨겨져 있다. 바로 마케팅 전략이다. 할인은 공연에 따라 구매 촉진을 높이기 위한 방법으로 활용되고 있는데, 이는 공연 성패를 좌우할 만큼 영향력이 크다. 따라서 할인 종류와 비율은 적정하고 타당한 수준에서 설정되어야 한다. 할인 종류는 공연의 특성에 따라 얼마든지 선택 및 개발할 수 있다.

| 구분 | 할인율 | 세부 내역 | 가격(판매 권종) |
|---|---|---|---|
| 티켓 가격 | 0% | • 정가 | 15,000원 |
| 지역민 할인 | 33% | • 주민등록증 지참자 | 10,000원 |
| 어린이, 청소년 할인 | 33% | • 초·중·고등학생(19세까지) | 10,000원 |
| 가족 나들이 티켓 | 40% | • 1인 3매 이상 구매자 | 9,000원 |
| 장애인, 국가유공자 | 50% | • 장애인증 소지자,<br>국가유공 해당자 본인 관람 시<br>동반 1인까지(증빙자료 지참) | 7,500원 |
| 경로 우대 | 50% | • 60세 이상 본인(증빙자료 지참) | 7,500원 |
| 모임 티켓(단체) | 50% | • 1인 15매 이상 구매자 | 7,500원 |
| 관계자 할인 | 50% | • 출연진, 및 스태프, 직원 특가<br>(1인 4매) | 7,500원 |
| 기타 프로모션 할인 | 10~50% | • 기타 온·오프라인 프로모션 할인<br>• 제휴사 제휴 및 기업 단체(비공개)할인 | 필요시 추후 협의 및 프로모션 진행에 따른 권종 추가 예정 |

〈표21〉 티켓 할인 판매 권종

## 4) 티켓 사용 계획

전체 객석 수를 기준으로 먼저 판매 티켓과 프로모션(초대) 티켓으로 구분할 수 있다. 쉽게 말해 유료와 무료 티켓으로 나눠 전체 객석에서 유료 판매 티켓 비율(80~90%)과 무료 티켓 비율(10~20%)을 전략적으로 배분하는 것이다.

유료 티켓은 판매율이 좋은 채널일수록 높게 할당하는 경우가 많다. 판매처별로 티켓 홍보, 마케팅 수단에 따라 판매율이 좋은 곳이 있고 그렇지 않은 곳이 있기 마련이다. 따라서 적정 할당은 티켓 판매에도 영향을 미친다. 프로모션 티켓은 공연의 규모에 따라 홍보 효과를 따져 라디오, TV, 유튜브 방송 등에 협찬을 하는 경우도 있지만, 대부분 홍보 마케팅용으로 사용처를 단순화하는 경우가 많다. 이외 공연 관계자, 내·외빈(오피니언 리더) 초대를 염두에 둬 자체 유보석을 둔다.

| 구분 | 매수 | 세부 사용 계획 | 비 고 |
|---|---|---|---|
| 계(100%) | 1,700석 | 총 객석 수의 85% | |
| 티켓링크(24%) | 410매 | 홍보 채널 제공단체<br>(BUS PR, 주요상권 등) | www.ticketlink.co.kr |
| 인터파크 티켓(50%) | 850매 | 프로모션,<br>온라인 초대이벤트 홍보 | ticket.interpark.com |
| 예스24 티켓(20%) | 340매 | 언론 취재 | ticket.yes24.com |
| 기타 카페 판매(6%) | 100매 | 사회취약계층 대상 초청 | |

∣ 〈표22〉 유료 판매 사용계획

| 구분 | 매수 | 세부 사용 계획 | 비고 |
|------|------|----------------|------|
| 계 | 220매 | 총 객석 수의 15% | |
| 홍보 마케팅 | 50매 | 채널 제공 단체(라디오, TV, 유튜브 등) | |
| | 20매 | 프로모션, 온라인 초대 이벤트 홍보 | |
| | 10매 | 내·외부 평가단(정부, 위원회) 등 | |
| | 20매 | 유관 기관 및 공연관계자 | |
| | 20매 | 언론 취재 | |
| 객석나눔 | 100매 | 사회공헌 사회복지시설 대상 초청 | |

❘ 〈표23〉 홍보 마케팅석(프로모션) 사용계획

## 5) 티켓 판매 대행

공연을 운영하는 데 있어 티켓 판매 대행은 빼놓을 수 없는 업무이다. 티켓 판매는 온라인 전문업체와 진행하게 되는데 티켓링크, 인터파크티켓, 옥션티켓, 맥스티켓이 대표적이다. 티켓 판매 대행사가 정해지면 예매처 등록을 통해 온라인 티켓 판매가 개시된다. 다만 티켓 판매를 위해서는 판매처별로 판매 대행 계약을 체결하고 판매 수수료율을 정하게 되는데 보통 현금, 카드 수수료와 현장 판매와 온라인 판매 수수료가 각기 달리 책정된다. 이와 같은 계약 과정을 거쳐 예매처별 상품 등록을 하게 된다.

### ① 티켓 판매 대행 계약

티켓 판매 대행 계약은 기획사 또는 극장과 1년 단위로 계약하는 것이 통상적이다. 하지만 야외 공연과 같은 단발성 축제, 공연의 경우에는 단기계약을 체결하는 경우도 있다.

최근에는 공연 규모(판매 객석)가 작은 경우 티켓 판매 영업 이익을 고려해 독점과 배타적인 판매 권한을 주기도 한다. 판매 대행 계약에서 중요한 항목은 수수료다. 보통 장당 판매가에 대한 수수료를 지불하는데 현금 결제는 5%, 카드 결제는 7% 정도이다. 현장 판매 수수료의 경우 온라인 판매 수수료와 별반 차이는 없지만 카드 판매 수수료의 경우 1~2% 낮게 정해진다. 티켓 판매처별로 차이가 있지만 티켓링크의 경우 기획사 판매 시스템을 이용해서 판매하는지 여부에 따라 수수료율이 달라진다. 이외에도 장당(100~150원)의 발권 수수료와 용지대를 지불한다.

이뿐만 아니라 계약서에는 티켓마스터 파견에 관한 비용 책정과 단체 티켓 판매, 판매 대금 정산·지급, 정산금의 지급 보류에 대한 조항이 담겨 있는데, 계약서인 만큼 꼼꼼하게 따져보고 계약을 체결해야 한다. 특히 판매 수수료의 경우 절감할 수 있는 방법이 있는지 협의해 보고 단 1%라도 줄이기 위해 노력해야 한다.

### ② 티켓 판매 대행 의뢰

온라인 티켓 판매를 위해서는 판매처의 판매 대행 의뢰서를 작성해야 한다. 티켓 판매 오픈 시 공연 정보를 쉽게 알아볼 수 있도록 제목, 공연 기간, 공연 시간, 극 장소 등 공연 정보를 제공하고 좌석 등급, 관람료, 할인 정보, 티켓 문구를 작성한다.

티켓 판매 대행 의뢰서에는 의뢰 극장(기획사)의 기본 정보, 계약서와 동일한 판매 대행 수수료(VAT 별도)를 작성하게 되어 있다. 의뢰서 외에도 온라인 판매 오픈을 위한 티켓 판매 공지 사항, 캐스팅 스케줄, 노출 이미지, 동영상, 관람 등급 및 할인 권종 리스트를 제공한다.

### ③ 티켓 오픈 관리

티켓 판매 오픈은 판매처별 차이가 있지만 평균 3~5일 정도 소요된다. 그러나 5, 8, 10, 12월의 경우 공연이 많다는 점을 감안해 여느 달보다 2~3일 정도 앞당겨 신청하는 것이 판매 시작 시기를 당길 수 있는 팁이다.

판매처별로 온라인 노출 정보 디자인 편집을 마치면 최종 오픈 전에 확인 검수를 요청한다. 정보의 정확성, 오탈자, 디자인, 추가 사항에 대한 체크가 이루어지면 판매단 오픈을 요청하여 판매를 시작한다. 단, 이때 극장과 판매 대행사 간에 명확한 업무 요청이 이루어질 수 있도록 모든 사항은 전화보다는 이메일을 주고받도록 해 업무의 명확성을 기해야 한다.

### 5) 티켓 판매 관리자 페이지 운용

공연 티켓 판매 대행 절차를 마치게 되면 티켓 매니저는 극장 현장 판매 시스템을 통해 상품 판매, 티켓 발권, 티켓 취소, 예약 관리, 현장 판매, 정산 등의 업무를 하게 되고 티켓 마스터는 관리자 페이지를 통해 티켓 판매 추이 분석과 마케팅 전략을 구상하게 된다.

## 6) 티켓 발권 시스템(티켓 박스)

티켓 발권 시스템은 현장 발권 지류 티켓과 온라인 예약 모바일 티켓에 대한 시스템으로 구분할 수 있다. 최근에는 극장에 도착하면 무인 발권을 받을 수 있도록 하는 등 점차 관객 서비스가 고도화되고 있는 추세다.

티켓 발권 시스템이라고 하면 티켓 판매 시스템을 총칭한다. 보통 극장 매표소에 컴퓨터, 모니터, 발권기 등을 갖추고 현장 판매, 예약 발권, 교환권, 초대 관리 등을 관리 운영한다. 특히 최근 모바일 티켓 활용도가 높아지면서 바코드 스캔 입장이 가능하도록 시스템이 개선되면서 관객 입장 지연 시간을 줄여 원만한 공연 진행에 대한 효율을 높이고 있다.

## 8) 티켓 용지 및 티켓 봉투

현대 극장은 정체성뿐만 아니라 관객 서비스 질을 높이기 위해 극장 전용 티켓을 제작해서 사용하는 경우가 많다. 예약자뿐만 아니라 현장 구매자들에게 창 봉투를 제공하는 등 관람객 서비스에 차별화를 꾀하고 있다.

# 공연예술 홍보 활용 매체

## 1) 신문 홍보

신문 지면을 통한 홍보는 오프라인 매체 홍보의 꽃이라고 할 수 있다. 서두에서도 언급했듯이 신문은 신뢰성이 높고 사회적 영향력이 있기 때문에 문화예술단체나 극장에서는 신문 보도 및 방송 보도 실적에 대한 관리가 철저하다. 최근에는 인터넷 신문이 많이 읽히는 관계로 지면 구독자가 점점 줄어들고 있지만 지면을 통한 기사는 손쉬운 온라인 신문에 비해 더욱 권위 있다. 과거에는 신문 매체를 통한 전단 잡지 광고가 성행하기도 했는데, 이는 구독자에게 직접 전달된다는 장점이 있기는 하지만 요즘같이 신문 구독자가 줄어든 상황에서는 광고비용 대비 제대로 된 홍보 효과를 기대하기는 어려운 것이 사실이다.

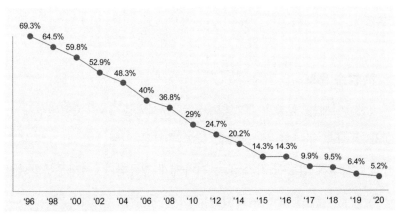

Ⅰ 〈그래프1〉 대한민국 신문 구독률

신문 매체는 일반 광고보다 기사성이 높아 신뢰성과 전문성, 가독성이 높다는 장점이 있다. 특히 보도자료를 통해 홍보하는 데도 구독자 연령, 타깃, 장르에 따라 보도기사를 릴리즈한다면 기사화하는 데 도움이 된다. 신문 종류별로 일간지, 주간지, 일요지, 지역지, 전문지, 종합지 등을 선별해 기사화하는 점도 잊지 말아야 한다. 〈그래프1〉에서 알 수 있듯 최근 신문 구독률은 점차 줄고 있다. 종이 신문 시대에는 신문에 실리는 기사를 재편집해서 홈페이지에 싣는 수준이었으나, 지금은 종이 신문보다 발 빠른 뉴스 제공을 제공하고 있는 온라인 채널에 대한 선호도가 높아지고 있다. 그러나 공연기획 담당자는 지면을 활용해서도 공연의 자치를 높여갈 수 있도록 노력하는 것이 좋다.

서대문문화회관은 지면과 온라인 신문사를 구분해 중앙지부터 지역 신문까지 신문사별로 장르 담당자, 연락처, 이메일 등을 파악해 적시에 보도자료를 작성해 송고하고 지면과 온라인 신문을 통해 홍보하고 있다.

## 2) 방송 홍보

방송 매체는 공중파 TV 방송, 위성/케이블 TV, 종합편성채널, DMB 등으로 구분할 수 있는데, 공연 홍보를 위해 신문과 같은 보도자료를 작성해 방송사 작가 또는 기자에게 제공한다. 서대문문화회관은 자치구 소속의 작은 극장임에도 창작 뮤지컬 홍보에 공중파를 최대한 활용해 사회적으로 이슈화되었던 적이 있는데, 이를 소개한다.

서대문문화회관은 2012년 창작 뮤지컬《독도는 우리 땅이다》를 제작해 초연한 당시 여러 언론과 관객에게 호평을 받았던 사례를 소개하고자 한다. 중요한 맥락은 흥행보다는 역사적 근거를 바탕으로 작품의 명분을 위한 언론 전쟁을 펼친 경험이다. 공연 제작의 이면에는 지역 역사, 문화, 교육 기반의 서대문형무소 역사관으로 눈길을 돌렸다는 가치가 내재되어 있는데, 서대문형무소에 투옥되었던 유관순 열사를 소재로 국내 최초 역사 뮤지컬을 제작했다. 그해 3월 1일 울릉도 한마음체육관에서의 제작 발표를 시작으로 독도경비대원과 울릉군 주민 400여 명이 참여한 가운데 KBS, MBC, 연합뉴스 등 여러 언론의 집중을 받기도 했다. 이처럼 보잘것없는 작품 홍보를 중앙 언론 매체를 통해 보도될 수 있도록 했던 데는 애초부터 정확한 홍보 마케팅 전략이 있었기 때문이다. 서울에서 한 달 전부터 중앙TV, 메이저 언론사를 돌면서 작품에 대한 소개를 했을 뿐만 아니라 작품 제작 시점부터 수시로 공연의 의미에 대한 정보를 지속해서 제공하며 관계를 형성해 왔다.

　당시 나는 뮤지컬《독도는 우리 땅이다》기자단을 구성해 45인승 단체 버스로 12명의 언론사 기자들을 데리고 독도로 향했다. 먼저 울릉도에 도착해서 울릉도 섬 주변을 트래킹하며 기자들과 소통할 수 있는 시간을 가진 후 다음 날 울릉도 한마음체육관에서 제작발표회 및 쇼케이스 공연을 가졌다. 또한 뮤지컬 출연진들이 태극기 퍼레이드 이벤트를 계획하여 3·1절을 기해 그동안 시청자들이 경험하지 못했던 이색 풍경을 연일 시청할 수 있도록 했다. 이에 YTN, TBN은 실시간 온라인 뉴스를 제공했고 KBS 9시 뉴스에서는 창작 뮤지컬 《독도는 우리 땅이다》의 제작 의도와 작품을 담은 뉴스를 방송했다. 언론을 대상으로 한 세밀한 홍보 마케팅을 통해 큰 홍보 효과를 거둔 예시다.

### 3) 인쇄물 홍보(포스터, 전단, 리플렛, 브로슈어 등)

인쇄 매체는 예나 지금이나 여전히 주목받고 있는 오래된 홍보 방법 중 하나다. 인터넷과 뉴미디어의 발전으로 온라인 홍보의 영향력이 커지면서 인쇄물의 양이 줄고 인쇄업 또한 차츰 쇠퇴할 것으로 예상했지만, 오히려 고급화되면서 모든 홍보에서 빠지질 않는 홍보 매체로 성장해 왔다. 다만 온라인을 통해 인쇄물 제작 단가가 오픈되면서 가격은 훨씬 저렴해졌다. 인쇄 매체라고 하면 흔히 포스터, 전단, 리플렛, 현수막, 브로슈어 등이 기본적으로 제작되어 활용되고 있으며 신문이나 잡지 광고 또한 인쇄 매체에 속한다.

인쇄 매체는 그 고유의 특성을 가지고 있다. 아무리 인터넷이 많이 발전해 모바일을 통해 모든 정보를 제공할 수 있다고 하지만, 작품의 특성과 콘셉트에 따라 디자인된 인쇄물의 가독성을 따라가기에는 역부족인 것 같다. 클릭해서 들어가지 않으면 그냥 지나치기 쉬운 포털 사이트의 단점을 인쇄물이 보완해 줄 뿐만 아니라 손으로 쥐는 오프라인 매체로써 홍보 효과를 보충하는 역할을 해오고 있다.

## 4) 옥외 홍보(현수막, 가로수 배너, POP, 버스/지하철 광고, 판촉물, 티켓)

공연 홍보 활동 중 빼놓을 수 없는 옥외 광고라고 하면 현수막, 가로수 배너를 꼽을 수 있다. 인쇄물과 달리 노출 빈도가 높고 가독성이 좋아 단기간에 최대의 홍보 효과를 볼 수 있다는 점에서 보편적으로 활용되지만 소모적이라는 단점 또한 가지고 있다. 무엇보다 과거와 다르게 현수막 게시대를 지자체로부터 유료 내지는 무료로 배정을 받은 후 일정 기간 사용할 수 있기 때문에 공연 시기를 고려해 유리한 일자를 잡는 것이 관건이다.

서대문문화회관은 가로수 배너를 주로 설치해 홍보하는데, 자동차 도로변 가로등을 활용하기 때문에 배너를 설치하는 데 위험이 따를 수 있어 작업자의 각별한 주의가 요구된다. 따라서 주로 자정을 넘겨 교통량이 적은 시간에 작업하는 경우가 많다. 현수막은 주로 차량으로 이동 중이거나 걸어 다니는 사람들에게 정보를 제공하는 것에 목적을 두기 때문에 글자가 많은 것보다는 중요한 카피를 적절하게 사용하는 것이 좋다. 또한, 다른 현수막들과 색상, 디자인에 간섭을 받지 않도록 가독성 있게 제작하는 것이 중요하다. 외에도 통상 스탠드(물통) 배너, 등신대 등 POPPoint Of Purchase 홍보물을 공연 특성에 따라 적절하게 사용하면 공연 홍보에 도움을 받을 수 있다. 이와 같은 현수막, 실사 출력물들은 제작 기간이 짧고, 저비용으로 제작 시공이 가능하다는 점에서 꼭 챙겨 볼 만한 홍보 수단이다.

**POP(Point of Purchase)**

- POP란 극장 내외에 설치하는 소품 홍보물로 디스플레이의 일종이다.
- 일반 이용자 및 불특정 다수를 상대로 하는 타깃 홍보가 유리해 직접 홍보의 특성을 갖고 있다.

## 5) 버스/지하철 홍보

대중교통 홍보는 홍보물이 고정되어 있지 않고 이동한다는 점에서 효과가 좋은 홍보 수단으로 자리 잡았다. 실제 버스나 지하철을 이용해 보면 알듯이 홍보라는 영역보다는 광고 대행에 초점이 맞춰져 있지만, 서대문문화회관은 지역 마을버스 7개 회사 85대 버스 객차 내에 포스터를 부착하는 홍보를 시행하고 있다. 특히 지하철은 호선이 많고 역마다 홍보해야 하는 어려움이 있기 때문에 서대문문화회관과 인접한 신촌역을 지나는 2호선, 홍제역 3호선 주변 역사를 중점으로 포스터 부착 홍보를 하고 있는데, 이는 사전에 마을버스와 지하철공사에 공문 협조 승인을 얻어야 시행할 수 있다.

마을(지선·간선)버스 회사와 서울교통공사(1~8호선), 서울시메트로 9호선의 사용 허가가 나면 마을버스에는 차고지를 직접 방문해서 홍보물을 부착할 수 있다. 지하철은 무료로 홍보 가능하다는 점을 고려해 노선 역무실마다 일일이 포스터를 붙일 수 있다는 장점은 있지만 많은 시간이 소요된다는 단점이 있다. 또한, 지하철은 일주일 단위로 사용

허가를 받을 수 있기 때문에 홍보 마케팅 계획 수립 시 일정을 잘 따져 준비하는 것이 중요하다.

### 6) 온라인 홍보

인터넷 및 모바일과 같은 온라인 매체의 발전으로, 홍보 활동에도 탄력을 받는 시기임은 분명하다. 이는 인쇄 매체 홍보의 한계를 극복할 뿐만 아니라 상호보완적인 역할을 하고 있다. 무엇보다 온라인 매체의 특징과 장점을 파악하여 적극 활용할 수 있는 능력이 요구된다는 뜻이기도 하다. 온라인 매체는 대중의 접근성 및 관여도가 높다. TV, 라디오, 신문 등은 나름의 장점이 있지만, 메시지가 일방적으로 전달된다는 한계가 있다. 이에 비해, 인터넷, 모바일을 통한 홍보는 이용

| 매체 | 장점 | 단점 |
|---|---|---|
| TV | 높은 홍보 효과, 뉴스 채널을 통한 빠른 홍보 효과, 자막 방송 활용 | 높은 홍보성 대비 노출 빈도 적음 순간 성과 일회적 |
| 라디오 | 무비용, 프로그램별 관객 선택, 송출 일정 선택, 티켓 이벤트 진행 가능 | 방송 채널 제한적, 청취자 수 미약 |
| 신문 | 넓은 독자층, 짧은 소요 시간, 가독성 즉각적인 홍보 효과, 높은 신뢰성 | 차별성 곤란, 지역신문 중점 보도, 기사형 한계 |
| 인쇄 | 노출 빈도 높음, 비용 맞춤 제작 가능, 홍보 스케줄, 디자인 다양성 | 배포 지역 한계, 지면 활용 한계성, 우천 시 배포 어려움, 관객 선택 어려움 |
| 인터넷 | 저비용 인터넷 마케팅, 계층 선별, 직접적인 접근과 상호작용, 제작 형태 다양성, 즉시 평가, 시공간의 제약 극복 | 짧은 지속성, 클릭에 의한 구독, 커뮤니티 회원가입 후 활용의 단점, 다량 유포 시 즉각적인 수정의 어려움 |

❙〈표24〉 공공극장의 관점에서 보는 매체별 장단점

자들이 스스로 원하는 사이트를 찾아서 접속하기 때문에 좀 더 적극적이며 능동적인 활동을 한다는 특징이 있다. 또한, 상호작용이 가능하다는 점에서도 다른 미디어와 구분된다.

### 7) 소셜 미디어(Social Media)

정보통신 기술의 발전으로 나타난 미디어 중 하나인 소셜 미디어는 1인 미디어라고 할 만큼 개인이 올린 정보들에 대해 온라인에서 쌍방향으로 소통할 수 있다는 특징을 가진다. 모바일 활용도가 높아지면서 개인이 직접 찍고 촬영한 영상물을 유튜브, 페이스북, 블로그 등에서 제공할 수 있게 되었는데 이는 매체 환경의 급격한 변화를 선도하고 있다.

| 구분 | 내용 |
|---|---|
| 블로그<br>Blogs | 웹 로그(Log)의 줄임말로, 일반인들이 자신의 관심사에 따라 일기, 칼럼, 기사 등을 자유롭게 올릴 수 있다. |
| 소셜 네트워크<br>Social Networks | 자신만의 온라인 사이트를 구축하여 콘텐츠를 만들고 친구들과의 연결을 통해 콘텐츠나 커뮤니케이션을 공유하는 것으로 가장 많이 알려진 소셜 네트워크는 페이스북, 밴드, X(트위터) 등이 있다. |
| 콘텐츠 커뮤니티<br>Contents Communities | 특정한 종류의 콘텐츠를 만들고 공유하는 커뮤니티로 가장 널리 사용되는 것은 사진을 공유하는 플리커(Flickr), 비디오 공유 채널인 유튜브 등이 있다. |
| 위키스<br>Wikis | 편집 가능한 웹페이지로 웹사이트상에서 콘텐츠를 추가하고 정보를 편집하여 문서나 데이터베이스처럼 운영되고 있다. 대표적으로 위키피디아(Wikipedia)가 있다. |

| 팟캐스트<br>Podcast | 방송(Broadcast)과 아이팟(iPod)의 합성어로 인터넷을 통해 사용자들이 새로운 오디오 파일을 구독할 수 있도록 한다. |
|---|---|
| 마이크로 블로깅<br>Micro Blogging | 짧은 글이나 적은 양의 콘텐츠를 쉽게 업데이트하여 쉽게 온라인과 모바일을 통해 배포할 수 있는 작은 규모의 블로깅을 말한다. X(트위터)가 대표적이다. |
| 인스타그램<br>Instagram | 모바일을 통해 이미지 및 동영상 등 온라인 공유 소프트웨어로, 출시 이후 2년 만에 사용자 1억 명을 넘길 만큼 폭발적인 인기를 얻었다. 사진, 동영상을 업로드하고 이를 팔로워(Follower)나 친구들과 공유할 수 있다. 특히 해시태그(Hashtag) 기능이 있어 손쉽게 활용할 수 있는 장점이 있다. |
| 카카오스토리<br>Kakao Story | 모바일 메신저인 카카오톡의 친구로 등록된 상태에서 사진 또는 메시지, 동영상 등을 손쉽게 공유할 수 있다. 최근 기업, 학교, 공공에서도 많이 활용되고 있다. |

❙ 〈표25〉 소셜 미디어 서비스 유형별 분류

DMC미디어의 '2021 소셜 미디어 시상 및 현황 분석' 보고서를 통해 우리나라의 소셜 미디어 이용률이 세계 평균의 2배에 육박하는 89%에 달하며, 세계 2위에 올랐다는 사실을 확인할 수 있었다. 〈그림 3〉을 보면 연령대별 방문자 수를 확인할 수 있는데, 국내 소셜 미디어별 방문자 수UV는 유튜브가 3,766만 명으로 가장 많았으며, 다음으로 밴드(1,965만 명), 인스타그램(1,885만 명), 페이스북(1,371만 명), 카카오스토리(919만 명), X(517만 명), 틱톡(301만 명) 순이었다(2021년 1~3월 모바일 이용자 수 산술평균값).

| 10대 | 20대 | 30대 | 40대 | 50대 |
|---|---|---|---|---|
| 221만 명 | 493만 명 | 440만 명 | 502만 명 | 544만 명 |
| 191만 명 | 386만 명 | 319만 명 | 298만 명 | 297만 명 |
| 66만 명 | 1/8만 명 | 268만 명 | 266만 명 | 177만 명 |

❙ 〈그림4〉 국내 소셜 미디어 서비스 연령대별 이용 추이

출처: 닐슨 코리안클릭(2020.05), 2020년 1분기 포털&SNS 보고서. DMC미디어 자료 인용, 정보 전달 및 활용의 정확도를 위해 가공하지 않음.

## 이슈 개발 전략

이슈Issue란 '서로 다투는 중요한 점'이라는 사전적 의미를 갖고 있다. 그렇다면 이슈는 어떻게 만들어질까? 모든 이슈의 출발은 언론 홍보로부터 시작되며 보도자료 작성을 통해 생산된다. 담당 기자들은 하루에도 100여 개가량의 보도자료를 받는다. 그렇다면 기자들은 하루에 몇 개의 기사를 쓰길래 이렇게 많은 보도자료를, 그것도 이메일을 통해 받는 걸까? 보통 기자들은 하루 평균 1~1.5개 정도의 기사를 작성하고 이를 기사화한다. 문화면 지면 기사는 8개가량인데, 한 기자가 1개 정도를 쓰는 편이며, 온라인 기사는 재량에 따라 많아도 3개 이내의 기사를 생산하는 것이 통상적이다. 그럼에도 읽지도 않는 보도자료

를 무작정 작성해서 보내서는 안 된다. 기자가 보도자료를 열어 보고 싶게 만들어야 한다. 가장 먼저 제목부터 강렬하게 지어보자. 메일 제목부터 눈길이 가도록 쓴다면 많은 보도자료 중 자연스레 눈길이 가게 된다. 다음으로는 보도자료가 기사화되려면 기사처럼 써라. 보도자료를 읽다 보면 글을 쓴 사람의 경력과 세련미가 나타나기 마련이다. 될 수 있으면 같은 공연이라도 기사 내용을 조금씩 달리 쓴다든지 머리기사를 바꿔 관심을 유도해 보자. 한 번쯤은 기자의 마음으로, 기자처럼 생각해 보는 것이 좋다. 기자는 자신의 이름 석 자를 걸고 글을 쓰는 사람이기에, 좋은 기사를 쓰고 싶다는 마음을 가지고 있다. 기자에게 있어 기사만큼 중요한 것은 없다. 따라서 앞으로는 다음의 몇 가지를 유념해서 보도자료를 작성해 보길 바란다.

### 일/러/두/기

**기자가 원하는 이슈(Issue) 만들기**

- 기자는 늘 새로운 뉴스를 찾는다는 것을 명심하자.
- 보도자료를 작성할 때 어렵지만 유용한 트렌드 기사를 쓰자.
- 오프라인 기사를 목표로 글을 쓰자.
- 어렵더라도 인터뷰 기사를 포함해 구성력 있게 써보자.
- 사진 하나만으로도 기사가 될 수 있는 매력적인 사진을 보내자.

극장 어린이 오케스트라 예술교육이 한참 진행되던 2017년 여름, 일간지 전면을 장식한 일이 있었다. 어느 날 사무실로 한 통의 전화가 왔다. "보내주신 자료를 검토하다 극장에서 운영하시는 어린이 오케스트라 예술학교를 기획 취재를 하고 싶다는 마음이 들었습니다." 그렇게 반가울 수가 없었다. 자주 있는 일이 아니다 보니, 나는 바로 "Yes"를 외쳤다. 일간지의 경우 지역 신문과 달리 사회 전반의 많은 이슈를 다루기 때문에 일반적으로 송고된 보도자료가 그날의 지면을 장식한다는 건 쉽지 않다. 공연 홍보의 꽃은 지면 노출이라고 해도 과언이 아닐 정도다. 그만큼 신문 지상을 통해 제공되는 정보는 긍정적인 홍보 효과를 준다. 그래서 중앙 언론일수록 보도자료 전달이 어렵다.

일간지 전면을 장식한 '음 이탈이 나도 즐거워요'라는 머리기사로 글을 쓴 사람은 한겨레 신문(서울&)의 선임 기자였다. 그는 매주 1회, 3시간씩 운영했던 프로그램에 4주 동안 현장에 들려 기사를 썼다. 아이들과 진정성 있게 인터뷰를 진행했고, 학부모와 전화 인터뷰를 통해 부족한 부분을 보충했다.

기획자는 공연을 기획하기에 앞서 이슈를 만들어 알리는 일도 해야 한다. 누구나 알고 참여할 수 있도록 홍보하는 것은 기획자의 의무이다. 이슈를 생산 및 관리하기 위해서는 무엇보다 작품을 이해하는 일이 우선되어야 한다. 작품에 대한 이해와 학습이 충분히 이루어졌을 때 비로소 공연이 얼마나 재미있는지를 설명할 수 있을 것이다. 보도자료도 마찬가지이기에 말로 해서 알릴 수 없는 부분을 글로 전달한다고 생각하면 어려울 것이 없다. 따라서 의무감으로 보도자료를 쓰기보다는 관객에게 재미있는 공연 이야기를 들려준다는 생각으로 시작해 보자.

## 보도와 언론 환경 이해

보도자료는 보도를 목적으로 언론사에 전달하는 자료다. 즉 언론에 정보를 제공해 홍보 목적을 달성하는 도구라고 할 수 있다. 언론 홍보는 공신력을 가진 언론사를 활용해 신문, 방송 매체로 뉴스를 보내 언론을 설득하고 기사로 채택시키는 전반의 일을 가리킨다. 따라서 극장 언론 담당자는 기자가 좋은 기사를 쓸 수 있도록 기초 자료를 작성 배포하는 일을 해야 한다. 다시 말하면 기자가 일일이 현장을 찾아다니지 않아도 취재할 수 있도록 정보를 제공하는 것이다. 보도자료는 극장 홍보 전략 목표에 따라 핵심 메시지가 결정되고 홍보 방향에 따라 힘이 실린 정보가 제공된다. 이와 같은 과정은 해당 내용을 기사로 채택되게 하는 것이 그 목적이다. 그렇기에 홍보 담당자는 어떻게 하면 알리고 싶은 내용을 기사화해 정보를 제공하고 판매 촉진으로까지 연결할 수 있을지 고민해야 한다.

신문과 방송 기사는 스트레이트/기획/인터뷰/사진 기사로 분류할 수 있다. 스트레이트 기사는 '팩트'를 있는 그대로 가감 없이 전달하는 가장 기본적인 기사로, 기자의 생각이나 불필요한 표현 없이 사실과 정보만을 전달한다. 기획 기사는 스트레이트 기사와 조금 다르게 정보 전달에만 초점을 두지 않고 특별성과 흥미로운 내용을 담아 기획된 기사다. 기자의 개인적인 생각 또는 독자로부터 관심을 끌어내기 위한 주관성이 담보된 기사다. 때에 따라 특집 기사로 다뤄질 수도 있고 인터뷰 방식으로 취재를 해 인터뷰 기사로도 쓸 수 있는 기사화 방법이다. 기획 기사는 기자의 눈으로 의견을 활용할 수 있다는 점에서 극장 공연물 홍보를 할 때 많이 활용되는 기사 방식이다. 사진 기사는 말 그대로 이미지 위주로 보도되는 기사를 말한다. 퀄리티 높은 사진 한 장으로 글을 대신하다 보니 강렬하고 명확한 주제를 표현할 때 사용된다. 사진을 기사화할 때는 간략한 사진의 출처, 핵심 전달 키워드 정도는 필히 달아 정보 전달의 효과를 높일 필요가 있겠다. 사진 기사 또한 공연예술계에서 관심을 가지고 기사화하고 싶어 하는 기사이기에 평범하지 않은 사진 자료, 독자의 흥미를 끌 수 있는 소재로 구성하는 것이 좋다.

언론사 기자들과 소통하기 위해서는 보도자료를 써야 한다. 보도자료는 기자와 인연이 될 수 있는 수단이자 방법이기 때문이다. 힘이 있는 보도자료는 언론사를 상대할 수 있으며 기자에게 전화를 걸 수 있는 자신감을 준다. 이와 같은 보도자료를 작성하기 위해서는 우선 보도자료를 왜 작성하는지에 대한 이유와 의미를 알고 작성하는 것이 중요하다. 공연 홍보를 위한 보도자료를 작성할 때는 관객과 기자를 동시에 설득할 수 있도록 자료를 써야 한다. 이를 위해 몇 가지 제안을 하려 한다.

첫째, 보도자료를 쓰는 사람이 작품을 이해하지 못했거나 작품의 재미, 흥미, 관람 포인트를 모른다면 리얼한 보도자료를 쓸 수 없을 것이다. 따라서 공연 보도자료를 작성할 때는 작품에 대해 충분히 이해하고 내용을 파악한 후에 작성해야 한다.

둘째, 뉴스거리가 될 수 있도록 공연에 대한 재미, 흥미성을 담보로 보도자료를 쓰자. 같은 내용이라도 보도기사의 머리기사에 기자가 호감을 갖도록 해 수많은 페이퍼 중에 선택받을 수 있도록 해야 한다.

셋째, 보도자료 내용은 육하원칙에 맞도록 작성하는데, 가급적 전달하고자 하는 내용을 간결하게 작성하는 것이 좋다. 하나의 팁을 제시한다면 될 수 있는 한 본문은 원고지 두 매를 넘지 않도록 하며, 내용이 많은 경우 자세한 공연의 내용은 파일로 첨부하여 송고하는 것이 좋다.

넷째, 기자가 궁금해서 연락이 올 수 있도록 보도자료를 쓰자. 이부분은 쉽지는 않지만 기자를 애태울 수 있는 기사를 쓰기 위해 노력해 보자는 의미이다. 기다려도 연락이 오지 않는다면 보도자료에 어떤 문제가 있었는지 스스로 의문을 갖고 문제를 찾아보길 권한다. 특히 보도자료를 작성하는 방식은 다양하지만 처음 쓸 때는 장문보다는 짧게 끊어서 중요한 요점만을 개조식으로 작성해 보도록 하자. 보도자료는 특집 기획 기사를 제공하는 경우와 일반적인 보도자료 작성을 통해 언론사 담당 기자에게 송고되는 경우가 있는데 가능하다면 좀 더 욕심을 내서 특집 기사를 노려보는 것도 좋은 방법이다.

많은 극장에서 언론 홍보에 목을 매는 이유는 뭘까. 언론 홍보만이 가지는 특장점 때문이다. 언론 보도는 단순 정보 공개 이상의 의미가 있다. 언론 홍보는 일반적인 PR과는 달리 비용을 들이지 않고 하기에 돈을 들이는 홍보보다 신뢰성, 지속성, 저비용, 파급성이 크다는 것을 누구나 알고 있을 것이다. 광고비를 내지 않고 대중 매체가 긍정적인 방향으로 기사를 내준다는 것은 더 말할 나위 없이 매력적인 홍보 도구라는 사실을 잊지 말아야 한다.

### 1) 보도자료

공연 또는 단체가 홍보하고자 하는 내부 이슈를 언론에 보도할 목적으로 작성한 텍스트 자료로써 언론사 또는 기자에게 보낼 사실성, 구체성을 담은 보도 기초 자료를 말한다.

### 2) 언론 홍보

보도자료를 작성 후 배포하거나 기자 간담회를 열어 극장의 소식을 알리기 위한 효과적인 홍보 활동이다. 언론 홍보는 잠재 관객과의 효율적인 소통을 위한 통로로써 홍보의 기본이면서도 그 중요성은 크다.

### 3) 언론 홍보의 이점

#### ① 구독자로부터의 신뢰성

통상적으로 광고PR는 집행 비용이 발생하는 반면 광고주의 의도와 목적에 맞도록 기획할 수 있다. 하지만 대중에게 신뢰받기는 어렵다는 특징이 있다. 그러나 뉴스는 기자가 취재해서 검증 후 보도하는 시스템으로 신뢰도가 높다. 하지만 최근 온라인 뉴스 매체가 급증하면서 검증되지 않은 내용을 그대로 실어 매체 신뢰성에 대한 문제가 사회적 이슈가 되기도 한다.

### ② 인지도를 높이는 파급성

신문, 방송은 공중파 특성상 구독·시청률이 높아 이용자 인식에 끼치는 영향이 크다. 특히 언론 홍보, 공연기획 담당자는 보도자료를 배포할 때 일간지, 주간지, 지역지 등 다양한 신문사에 동시다발적으로 자료를 보낸다. 그러다 보니 한번 생성된 보도기사는 파급력이 클 수밖에 없다.

### ③ 꾸준한 노출의 지속성

비용을 투입해서 집행한 광고는 일정 기간이 지나면 사라지는 소모성이 있다. 그러나 언론을 통해 보도된 기사는 원할 때 찾아볼 수 있을 뿐 아니라 온라인 기사로 동시에 뉴스화되는 경향이 크기 때문에 지속성을 갖는다. 특히 포털 뉴스의 경우 지속적인 노출로 인해 이에 따른 연쇄 반응을 수시로 모니터할 수 있다는 장점도 지니고 있다.

### ④ 비용이 들지 않는 무료 홍보 수단

홍보는 항상 광고와 비용적인 측면에서 비교질을 당한다. 일반적으로 광고를 하기 위해서는 적게는 수백만 원(네이버 배너 등)에서 많게는 수억 원(TV CF 광고 등)으로 비용의 폭도 크고, 방법도 다양하다. 하지만 언론 홍보는 기자가 돈을 받고 기사화하는 것이 아니기 때문에 비용에 대한 부담이 전혀 없다. 이런 점 때문에 많은 공연기획자가 오늘도 보도자료를 쓰고 배포하는 노력을 하는 것이다. 작성된 보도자료는 보통 팩스나 이메일을 이용해 담당 기자에게 발송하게 되는데, 기자마다 선호하는 방식이 있을 수도 있기 때문에 사전에 보도자료 발송 수단을 확인해 보는 것도 좋다. 극장에서는 보도자료를 출력해 기자를 일일이 찾아다니는 경우는 드물다. 그렇지만 가능하다면 기자 간담회나 프레스 리허설을 해보는 것을 권장한다.

또 하나의 중요한 팁은 언론사는 언제 쉬며 언제까지 보도자료를 보내야 기사화에 유리한지를 〈표26〉을 참고해서 알아두도록 하자. 신문은 보통 금요일이나 토요일의 주말판이 아닌 주중에 예술 장르별 공연 소식을 싣는 경우가 많으므로 공연기획 담당자는 이를 참고한다면 적절한 시점에 기사를 찾는 기자들에게 효과적으로 다가갈 수 있다.

| 매체<br>구분 | 온라인 | 신문지면 | TV 보도국<br>(8시 뉴스 기준) | 라디오,TV | 네이버/다음 |
|---|---|---|---|---|---|
| 일정 | 수시 | 16:00~20:00 | 오전 9시 전 결정<br>제작마감 19:00 | 1~2개월 전 컨펌 | |
| 릴리즈 | AM 10:00 이전 진행 | | | 이슈별 다름 | 없음 |
| 휴일 | 없음 | 토, 추석,<br>설 당일 | 없음 | 프로마다<br>다름 | 없음 |
| 특징 | 기획기사<br>적음 | 기획기사<br>중심 | 트렌드, 이슈 보도 | – | 이슈, 자극적<br>소재 선호 |

❙ 〈표26〉 언론 환경에 대한 이해

보도자료 작성 배포 업무를 할 때 이 점만은 꼭 챙겨봐 주길 바란다. 기자들은 아침에 출근하면 일일이 열어보기도 힘들 만큼 많은 메일을 받는다. 정치, 경제, 문화, 사회별로 정도의 차이는 있을 수 있겠지만 받는 모든 이메일을 일일이 확인하기란 쉽지 않다. 기자는 글을 써야 먹고사는 직업이다. 따라서 기자도 뉴스감이 되어야 관심을 갖는다.

그렇다면 관심이 가는 메일이 되려면 어떻게 해야 할까? 먼저 제목에 보도자료의 내용을 담는다. 눈길이 갈 만한 키워드를 활용한다거나 트렌디한 문구를 사용해도 좋다. 이때 헤드라인과 부재, 리드(전문) 완성은 보도자료 작성에서 절대적인 비중을 차지한다는 사실을 명심해야 한다. 보도자료를 첨부할 때는 신문 발행에 적합한 해상도(500mb 이상)를 고려해 사진을 별도로 첨부하는 것이 좋다. 이메일로 송고할 때는 기자에게 러브레터를 보내는 마음으로 인사말을 써서 겸손함을 내비칠 필요가 있다. 이는 보도자료 검토를 부탁하는 입장에서 반드시 갖추어야 할 공연기획자의 매너 정도로 생각하자.

### 4) 보도자료 작성의 3 STEP

| Simple(단순) | Speed(속도감) | Service(친절) |
|---|---|---|
| 5W1H 원칙에 입각하여 단순, 정확한 핵심 작성 | 적당한 속도감을 유지하고 읽기 편하게 풀어내기 | 읽는 사람을 배려한 리듬감으로 명쾌하게 작성 |

▶ 언론 홍보 담당자는 다양한 종류의 기사를 작성, 배포하게 되는

데 그중에서 실무에서 주로 쓰는 기사 종류는 5W1H에 따라 작성하는 스트레이트Straight 자료다. 이는 개최하고자 하는 공연에 대한 시의성, 사실적 정보 전달을 목적으로 쓰인다.

▶ 기획 기사는 특정 이슈에 대한 심층 보도로써 스트레이트 기사와 달리 시리즈, 특집, 트렌드와 같이 섹션을 구분해 정기적으로 작성되는 기사다.

▶ 인터뷰 기사Interview는 용어 그대로 특정인을 선정해 묻고 답하는 형식으로 기사가 구성된다. 따라서 기사 제목에도 '인터뷰'라는 타이틀이 붙는다.

▶ 칼럼, 기고와 같은 기사도 있다. 주로 셀럽Celebrity처럼 인지도가 있는 유명 인사, 전문가, CEO 등의 대상으로 기사화되어 보도된다. 이외에도 공연 당일의 현장 느낌을 담은 사진 기사와 논설, 칼럼, 가십 등의 기사화 방식이 있다.

### 5) 언론 취재 대응

언론 취재 대응이란 언론의 문제 및 이슈 제기에 따른 취재 요청에 적극적으로 대응하고 협조함으로써 관련 사안에 대해 보다 정확하고 객관적인 보도가 이루어지도록 하는 사후 대응적인 언론 홍보 활동이다. 이를 통해 언론사는 뉴스나 보도를 전문적으로 작성할 수 있으며, 당사자나 조직은 자신들의 입장을 더욱 명확하게 전달할 수 있다.

언론사 취재 협조는 보도 대상에 대한 인터뷰나 자료 제공 등을 통해 주로 이루어진다. 보도 대상으로부터 인터뷰를 받는 경우 언론사는 그 사람의 입장과 견해를 이해하고 적절하게 반영할 수 있어 상호 보완적인 관계를 이룬다. 또한 당사자나 조직이 언론사에 자료를 제공하는 경우에는 보다 정확하고 전문적인 보도가 가능해진다. 이러한 언론사 취재 협조는 공정하고 정확한 보도를 위해 매우 중요한 사회적 책임을 갖는다. 언론사와 보도 대상 간의 상호 협조를 통해, 보도 대상이나 이와 관련된 이슈에 대한 보도의 질과 신뢰성이 높아지기 때문이다. 따라서 이슈를 좀 더 부각할 수 있는 언론 취재 대응법에 대해 고민할 필요가 있다.

취재는 언론의 종류와 방식에 따라 차이가 있다. 따라서 각각의 특성과 장단점을 파악하고 매체별 대응 요령을 숙지해야 한다.

먼저 언론사에서 인터뷰나 취재를 요청받았을 때는 취재진의 의도를 파악할 수 있어야 한다. 기자들은 수많은 인터뷰와 기자 회견을 통해 숙달된 커뮤니케이션 전문가로, 뛰어난 대중 전달 기술을 가지고 있기에 발생 가능한 리스크를 사전에 예측하고 대응할 필요가 있다. 질의를 하면 답변을 반드시 즉각적으로 하기보다는 준비된 정보나 자료를 확인한 후에 답변을 해도 좋다. 여기서 중요한 것은 사실에 따른 정확한 정보 전달이다. 기자가 하는 질문의 요지를 빠르게 파악하여 간단명료하게 말하는 기술도 필요하다. 인터뷰와 취재를 할 때는 상대방을 마주하는 경우가 많은 만큼 예의 바르고 진솔하게 대하는 태도 또한 홍보 성과를 달성하는 데 도움을 준다.

언론에는 다양한 형태와 종류가 있다. 대표적인 언론의 종류를 살펴보면 다음과 같다.

◆ 신문(Newspaper)

일간지, 주간지, 지방지 등으로 나눌 수 있으며, 인쇄 매체로 발행된다. 최근에는 온라인 뉴스 사이트로 전환하거나, 종이 신문과 온라인 사이트를 함께 운영하는 경우도 있다.

◆ 방송(Broadcasting)

라디오, 텔레비전 등을 통해 방송되는 언론이다. 라디오와 텔레비전은 채널, 프로그램, 방송 시간 등으로 구분된다.

◆ 온라인 뉴스 사이트(Online News Site)

최근 일간지 또한 인터넷 신문과 병행 발행되는 경우가 많다. 홍보 채널이 그만큼 늘어나는 효과도 있고, 인터넷을 통해 제공되는 뉴스라 할지라도 구독자들이 뉴스의 신뢰성을 인정하는 편이다. 다양한 언론사가 운영하는 온라인 뉴스 사이트가 있으며, 모바일 앱을 통해서도 이용할 수 있다.

◆ 잡지(Magazine)

매월 발행되는 종이 매체로, 일상생활, 여행, 유행 등 다양한 분야의 정보를 다룬다.

◆ 블로그(Blog)

개인이나 기업이 운영하는 인터넷 기반의 콘텐츠를 정보화하는 수단이다. 주로 개인의 경험, 취미, 정보 공유 등을 다루며, 사회적 이슈나 뉴스에 대한 해설도 포함될 수 있다는 장점을 가지고 있다.

◆ SNS(Social Networking Service)

페이스북, X(트위터), 인스타그램 등의 소셜 미디어를 통해 뉴스나 정보가 전파된다. 주로 개인이나 기업이 운영하며, 댓글이나 공유 기능 등을 통해 다양한 이용자의 참여가 가능해졌다.

이제 인터뷰에 관해 얘기해 보고자 한다. 인터뷰에도 원칙이 있다. 크게 신문 인터뷰와 방송 인터뷰로 나누어 각각의 요령과 주의사항을 알아보자.

## 6) 인터뷰 요령

◆ 인터뷰 전에 뉴스 맥락을 파악한다.

뉴스 방향과 아이템을 사전에 확인하고 부정적 뉴스라면 가능한 한 긍정적인 보도가 될 수 있도록 인터뷰를 리드하고 유도해야 한다.

◆ 인터뷰 전에 예상 질문을 요청하고 Q&A를 만든다.

사전에 준비되지 않았다면 인터뷰를 피하는 것이 좋으며 인터뷰 시에는 준비한 대로 답변한다.

◆ 일관된 메시지를 전달한다.

조직 내 관계자들과 공유하여 일관성 있는 답변을 할 수 있도록 연습해야 한다.


◆ 언급한 것은 기사로 돌아온다.

말 한마디가 조직의 운명을 바꾼다. 말을 최대한 아껴야 한다.


◆ 유도 심문에 넘어가서는 안 된다.

기자들은 가정법 질문을 통해 추측성 기사를 쓰는 것을 좋아한다.


◆ 성과나 실적은 데이터로 말해야 한다.

자랑할 만한 일은 객관적인 수치로 증명한다.


◆ 단답형 대답으로 기자의 흥미를 떨어뜨리지 말아야 한다.

준비된 자료만 가지고 이야기할 때 기자는 흥미를 잃는다. 따라서 자신의 의견을 분명히 밝히는 것도 중요하다.


◆ 상대방에 대한 비난은 의도적으로 피해야 한다.

기자는 상대의 갈등에 관심을 갖고 그 이유를 듣고 싶어 하며, 기사로 쓰길 원한다. 이는 논쟁과 분쟁을 일으킬 수 있으므로 주의해야 한다.

◆ 인터뷰 모니터링은 필수다.

모니터링은 홍보의 필수 과정이다. 의도와 다르게 기사화되지 않도록 담당 기자에게 보도 방향을 묻고 답변을 들어야 한다.

일 / 러 / 두 / 기

### 기자의 관심을 끌어내는 이메일 작성법

- 작성된 보도자료 송고 메일링은 보도자료 작성만큼 중요하다. 기자의 특성을 고려한 글쓰기는 원하는 목적 달성에 영향을 줄 수 있기 때문이다.

- 언론사 담당자, 즉 기자에게 보내는 메일은 단체 이메일 발송을 지양하고 개인별 이메일 지정을 원칙으로 한다.

- 이메일 제목은 사업명 또는 공연명을 단순히 적시하기보다는 현재 이슈, 트렌드에 부합한 내용을 고민해서 작성하는 것이 좋다.

- 가능하다면 기자 개인 또는 특정인을 대상으로 송고하는 것이 효과적이다.

- 메일 내용은 짧고 강력한 대화체 형식으로 작성하되, 누가 읽더라도 지루하지 않고 작성자의 마음이 읽힐 수 있도록 쓰자.

- 답장을 받겠다고 '현장 취재 요청 또는 궁금한 사항'을 묻도록 유도하고 있지만 하루에도 수십 개의 보도자료를 받는 기자가 답장을 해주는 경우는 흔치 않다. 따라서 공연 프로모션 티켓을 활용해 자연스럽게 초대하거나 프레스 리허설을 기획해 보는 것을 적극 추천한다.

- 현장 취재를 대비해 인터뷰 내용을 사전에 뽑아보고 예상 질문에 대한 답변(Q&A)도 작성해 보면 좋다.

- 기자가 보도자료를 받고 궁금한 것이 있으면 바로 문의할 수 있도록 보도자료에는 반드시 업무 담당자의 연락처를 기재해야 한다.

# 공공극장의 위기 관리

기업뿐만 아니라 최근 극장 운영 측면에서도 위기 관리의 필요성이 대두되고 있다. 특히 다중이용시설로 분류되고 있는 극장의 경우 위기로부터 자유롭지 못한 것이 사실이다. 그렇다면 극장이 처할 수 있는 위기 유형이 무엇인지를 점검해 보고 평상시에 위기를 어떻게 대처해 나갈 것인지를 고민해야 하겠다. 흔히 우리는 위기라고 하면 극복할 수 없는 단계, 또는 심각한 상태를 생각하는 경우가 많다. 물론 실제로 위기가 발생했을 때 이를 극복하기 위한 활동을 해야 하는 것도 맞지만 위기 관리를 통해 다양한 위험 요소를 사전에 점검하고 이를 제거하는 데 역점을 둘 필요가 있다. 위기는 감기와 같아서 언제나 우리에게 예고 없이 불쑥 나타나 평소 좋았던 평판에까지 영향을 미치기 때문이다.

공간적 특성과 여건을 들여다볼 때 위험이 늘 예측되는 공간이 바로 극장이다. 극장은 밀폐된 공간이면서도 공연 중에는 실내조명을 점등하다 보니 그 위험 요소는 더할 나위 없이 크다. 극장은 객석 규모에 따라 적게는 2~3백 명에서 많게는 3~4천 명이 넘는 인원을 일시적으로 수용하다 보니, 극장의 위기관리 필요성에는 무게가 실리게 된다. 우리는 뉴스 매체를 통해 극장에서 발생한 화재, 압사 사고 등의 위기 상황을 심심치 않게 접하고 있다. 국가적으로는 재난안전관리 체계 점검 및 제도 개선을 국정 과제로 내세우고 있지만 실제로는 아직 논의 단계에 머물고 있는 실정이다. 이는 공연 운영과 직결된 사안인 만큼 공연기획자는 공연 전후뿐만 아니라 평소에도 극장 내 위험 요소를 점검하고 사소한 점이라도 사전에 제거할 수 있도록 위기 관리 시스템 체계 마련에 대한 고민을 지속적으로 해나가야 한다.

위기는 예기치 않은 곳에서부터 출발하고, 일상적이기보다는 비일

| 구분 | 내용 |
|---|---|
| 메리어트 호텔<br>(Islamabad Marriott Hotel) | 2008년 파키스탄 수도 이슬라마바드에 위치한 메리어트 호텔 자살폭탄테러 대응책으로 15분 만에 메리어트 호텔의 공식 입장을 발표한 후 위기 관리 매뉴얼에 따라 전 직원이 짧은 시간 내 위기에 대응했다. |
| 영국 테스코<br>(TESCO) | 2013년 영국 테스코 슈퍼마켓 체인에서 말고기를 사용한 소고기 버거가 팔린다는 보도가 영국 BBC방송에 나가면서 위기를 맞게 됐으나 언론 인터뷰를 통해 제품 전량을 폐기하겠다 밝히고 식품 안전과 질의 중요성을 강조해 위기에 대응했다. |
| GS칼텍스 | 2014년 여수시에 위치한 GS칼텍스 원유 부두에서 유조선 접안 과정에서 송유관 충돌로 기름이 바다로 유출, 신속한 조치로 대량 유출은 막았지만, 지역민과 언론에 관심이 집중. GS칼텍스는 핵심 메시지를 내고 방제 작업에 노력, 피해 보상, 재발 방지 등 위기 지속 관리를 통해 대응했다. |
| 롯데마트 | 2010년 롯데마트 전국 지점이 치킨 1마리당 5천 원에 판매 선언, 당시 경쟁사의 반값 피자에 대응하는 전략이었다. 그러나 영세 치킨집의 피해 우려 여론으로 위기를 맞게 됨. 그러나 롯데마트는 사과와 함께 남은 치킨 전량을 기부하면서 위기를 관리했다. |
| 카카오톡 | 2022년 10월 판교 SK C&C 데이터센터 화재로 국민 메신저로 불리는 카카오톡 등을 비롯한 관련 서비스가 중단되었다. 카카오는 데이터 신속 복구 노력과 데이터 관리 방안 마련, 피해 대상 보상 처리안으로 위기를 관리했다. 예) 카카오 '먹통 보상' 카카오톡 이용자 전원에 이모티콘 3종 무료 배포-한국경제(2023.01.05.) |

〈표27〉 위기 관리 사례

상적인 사건에 가깝다. 불확실성이 큰 위험을 예방, 제거할 수 있는 위험 관리와 일상에서 벌어진 위험에 대한 사후 대응을 위기 관리라고 할 수 있다. 사후 관리 측면에서의 위기 관리는 사건 발생 후 후속 조치를 하려는 모든 활동을 말한다. 예를 들어 화재 발생 후 인명 피해 없이 후속 조치가 잘 마무리되었다 할지라도 신속하고 정확하게 현황을 보고하고 이해관계자와 빠른 커뮤니케이션을 하지 못한다면 위기 관리에 실패할 가능성이 높다. 위기관리는 한 직원 또는 극장의 이미지를 회복하기 위해 전개하는 모든 활동이라고 할 수 있다. 따라서 위기관리를 위해 이슈를 찾고 분석해 최대한 위기를 예방할 수 있길 바란다. 〈표27〉은 몇 가지 사례를 들어 위기관리의 중요성과 이해를 돕고자 작성된 것이다.

### 1) 언론 보도 대응

언론은 사회적으로 중요한 역할을 수행한다. 사건이나 사고를 보도하고 이를 주요 이슈로 끌어올리기 위한 정보 제공을 통해 국민의 안전과 이익 보호를 위한 사회적 공론화를 촉진한다.

따라서 언론은 신속성, 정확성, 공정성, 참신성 등의 기본 원칙을 준수하여 이슈를 보도하는 사회적 책임과 윤리 의식이 중요하다. 그러나 언론의 보도 방식에 따라 위기 상황에서는 적절한 대응이 되지 않는 경우도 있다. 그렇기 때문에 언론은 항상 사실과 원칙을 지키며, 고민과 심사숙고를 통해 보도해야 한다.

그런데도 오보가 발생했을 경우 즉각적으로 오보를 정정하고 사과

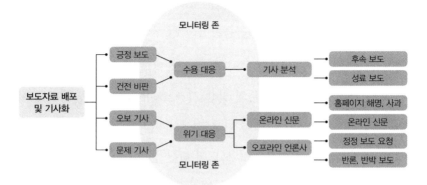

│ 〈그림5〉 보도 대응 체계

하는 것이 바람직하다. 또한, 오보가 발생한 원인을 파악하고, 해당 문제가 다시 발생하지 않도록 조처해야 한다. 〈그림4〉는 극장에서 보도자료 작성 배포 및 기사화 과정에서 오보 또는 위기가 발생했을 경우의 언론 보도 대응 체계를 보여준다. 극장 언론 담당자는 보도자료 배포만으로 역할을 마무리하지 말고 꾸준한 모니터링을 통해 기사 전후 점검을 이행하며, 위기 상황에 따라 적절한 후속 보도 조치도 시행해야 하겠다.

## 2) 부정기사 위기 대응

부정기사 또는 오보로 인해 문제가 생겼을 경우 현명하게 대처할 수 있도록 극장 언론 담당자를 지정해 전문성 있는 위기 관리를 할 필요가 있다. 미리 사전 점검을 통해 문제 보도가 발생하지 않도록 예방하는 것이 가장 좋겠지만, 예측하지 못한 문제가 발생할 수 있으므로 이에 대비하는 대처 방안도 마련해야 한다. 발생한 문제에 대해 신속하고 정확하게 파악한 후 해명 보도자료 및 반론자료를 세심하게 준비하여 관객의 이해를 얻을 수 있도록 노력해야 한다.

또한 조간신문, 석간신문의 발생 시간을 파악해 두고 발행 시간이 빠른 조간신문에 비판 보도가 나올 경우, 마감 시간(오전 10시 이전) 전에 해명 자료를 배포하여 해당 보도의 확산을 막아야 한다. 해명 자료를 작성할 때는 관련 사항에 대한 법률적 검토와 구체적인 근거를 바탕으로 신중히 대응해야 극장의 신뢰성을 유지하고 관리할 수 있다.

## 일/러/두/기

### 언론 조정 신청에 따른 청구권 종류

■ **손해 배상 청구**
언론 보도로 인하여 인격을 침해당한 피해자가 언론사 등을 상대로 금전적인 배상을 청구하는 것. 언론중재법 제30조는 "언론 등의 고의 또는 과실로 인한 위법 행위로 인하여 재산상 손해를 입거나 인격권침해 그 밖에 정신적 고통을 받은 자는 그 손해에 대한 배상을 언론사 등에 청구할 수 있다"고 규정했다.

■ **정정 보도 청구**
언론 보도 내용의 전부 또는 일부가 진실하지 않을 경우, 이를 진실에 부합되게 바로잡아 달라고 요구하는 권리(언론중재법 제14조). 손해 배상 청구와 달리 언론의 과실이 있는지 여부와 상관없이 보도가 진실하지 않으면 정정 보도를 해야 한다.

■ 반론 보도 청구

사실적 주장에 관한 언론 보도로 인한 피해자가 그 내용에 관한 자신의 입장을 반론 또는 반박문 형태로 보도해 달라고 요구할 수 있는 권리(언론중재법 제16조). 언론사 등의 고의·과실이나 위법함을 요하지 않으며 보도 내용의 진실 여부를 불문하고 신청할 수 있다.

■ 추후 보도 청구

언론 등에 의하여 범죄 혐의가 있다거나 형사상의 조치를 받았다고 보도 또는 공표된 자가 그에 대한 형사 절차가 무죄 판결 또는 이와 동등한 형태로 종결된 때, 이 사실에 관한 추후 보도의 게재를 청구하는 것을 말한다.

# 6장

# 재원 조성

# 재원 조성의 의의

극장은 운영 주체와 예산 염출에 따라 공공과 민간으로 구분할 수 있다. 말 그대로 공공극장은 광역시·도 자치단체에서 운영하는 공공 시설물을 시립·구립으로 운영하는 때도 있고 지자체의 여건에 따라 공익재단 또는 지방공기업을 출범시켜 전문적으로 경영을 위·수탁 계약을 통해 맡기기도 한다.

2010년 이후부터 지자체별 재정 여건에 따라 공익재단 설립이 가파르게 증가하고 있다. 서울시만 보더라도 2024년 현재 25개 자치구 가운데 23개 구에서 문화재단을 설립했고 나머지 자치구도 출범을 준비하고 있다. 문화재단이 만들어지고 난 뒤 이러한 재단의 설립이 구민 문화 향유 증대와 지역 문화 발전은 어느 정도 기여했는지는 아직 미지수다.

최근 문화재단으로 출범한 동대문문화재단과 도봉문화재단 사례를 보면 사무국 2~3명의 인원으로 극장조차 인수하지 못한 상태로 문화재단부터 설립했다. 그러다 보니, 문화 사업을 할 수 있는 공간도 없고 번듯한 공연 하나도 제대로 하지 못하는 현실이다. 동대문문화재단 모 주임은 "재단을 출범시킨 주요 목적은 구청에서 외부 공공지원금을 유치하기 위한 것이었다"라며 만날 때마다 한숨을 쉰다. 도봉문화재단의 경우도 마찬가지다. 사무국장, 팀장, 팀원 1명으로 출범해 한 사람이 재단 업무를 총괄하기도 한다. 시설관리공단이 애초에 구로부터 위탁받은 문화회관이 있고 아무리 문화예술 전문 조직이라고 할지라도 경쟁력이 없다면 극장을 넘겨받는 일이 쉽지 않다. 시대적 요구에 따라 공익재단이 급속히 증가하고 있으나 구체적인 운영 과정에서 지난 과거에 지역 문예회관 건립 가속화 당시 범했던 오류를 그대로 답습하고 있지는 않은지 생각해 볼 필요가 있다.

극장의 재원 조성에 앞서 중앙과 지자체 간 문화예술 분야에 지원되는 현황을 2019년 기준으로 살펴보고자 한다. 이전 통계를 활용하는 것은 국가 전반의 공공지원 현황을 참고로 하여 향후 극장 재원 조성 규모를 파악하는 데 도움을 받기 위해서다. 중앙정부와 지방자치단체에서 지원하는 공연예술 예산 규모는 총 1조 8,842억 원으로 이중 중앙정부의 문화예산 중 문화예술예산은 75.7%, 공연예술예산은 10.8%를 차지하고 있으며, 지방자치단체 문화예산 중 문화예술예산은 46.0%, 공연예술예산은 16.8%의 비중을 차지하고 있다.

| 구분 | 문화예산(억 원) | 문화예술예산(억 원) | 공연예술예산(억 원) |
|---|---|---|---|
| 전체 | 122,771 | 65,117 | 18,842 |
| 중앙정부 | 28,931 | 21,914 | 3,114 |
| 지방자치단체 | 93,840 | 43,203 | 15,728 |

| 〈표28〉 공연예술 분야 공공지원 현황　　　　　　　　출처: 2019 공연예술실태조사

# 재원 조성의 유형

2012년 서울시정개발연구원 정책 리포트에 따르면 서울시만 보더라도 공공극장의 수는 81개, 민간극장 225개이다. 지역 문화 균형 발전을 위해서 전문가로 구성된 기초문화재단이 속속들이 생겨나고 있는 가운데, 민간이 운영하는 극장보다 인력, 예산, 수준이 떨어지거나 별반 차이가 없는 공공극장도 있다. 조직을 자세히 따져보면 무늬만 재단으로 설립되어 양극화가 심화되고 있는 조짐이 보인다. 가장 큰 문제점은 매년 균일하지 못한 예산 편성과 1990년부터 2000년 초반까지 지어졌던 극장의 노후화이다. 더불어 열악한 시스템은 안전에도 문제가 되고 있다. 이러한 임시방편적인 정책으로는 시민의 문화 환경 만족도를 높일 수 없다. 기초문화재단뿐만 아니라 관리공단 체제의 극장들은 예산의 열악함은 물론 예산의 부재로 본연의 목적을 제대로 수행하지 못하는 경우가 많다. 따라서 공공극장 또는 지역문화재단을 목표하고 있는 취업 준비생에게 몇 가지 팁을 제시한다.

첫째, 문화예술 분야 공공지원 사업에 관심을 둬야 한다. 서두에 말한 대로 여러분이 취업을 준비하는 공익재단은 늘 예산이 부족하다. 특히 전문 인력으로 구성된 조직인 만큼 일할 능력에 비해 사업비가 부족하다. 따라서 한국문화예술위원회, 한국문화예술회관연합회, 서울문화재단을 비롯해 광역시·도 문화재단, 한국문화예술교육진흥원, 지역 생활문화진흥원 그리고 중앙정부 부처별 통합 지원 사업들을 알아봐야 하는데, 이에 대한 정보는 홈페이지나 예술자료원 도서관에 비치되어 있는 연도별 공모 사업 안내 자료에서 얻을 수 있다. 최소한 어느 주관 기관에서 특성별 공모 지원 사업을 시행하고 있는지 정도는 알아두는 것이 좋다. 정부 예산의 회계 연도는 대체로 1년을 기준으로 예산을 투입하고 정산 보고를 받는 프로세스로 움직인다. 1~3월까지 대부분의 공모 접수가 마감되고 4월쯤 최종 선정 지원을 발표하고 교부가 시작된 이후에는 본격적으로 사업을 시작할 수 있다.

둘째, 각 지원 기관의 홈페이지를 자주 들어다보자. 공지 사항 또는 공모 사업 카테고리를 찾아보면 지난 연도 공모사업계획서부터 교부 신청서, 결과 보고서까지 첨부 자료로 올라가 있는 경우가 대부분이다. 먼저 요구하는 표본은 무엇인지, 어떤 것들을 작성해서 제출해야 하는지를 꼼꼼히 살펴보자. 공공지원 사업은 경험이 없거나 처음 접하게 되면 일반 기획서 작성과 달라 애를 먹는 경우가 많다. 최근에는 문화예술단체뿐 아니라 공공극장, 문화재단에서도 재원 조성을 위해 심혈을 기울이고 있기에 갈수록 경쟁이 치열해지고 있다. 그럼에도 불구하고 잘 짜인 계획과 전략이 계획서에 녹아 있다면 사업비 유치에는 큰 어려움이 없을 것이다.

셋째, 공공지원금, 즉 사업 실행의 시드 머니가 될 보조금 사업을 유치하는 것은 말처럼 쉽지만은 않다. 예산을 따내기 위한 사업계획서 작성부터 사업 실행의 가능성과 지원에 대한 당위성을 검증하는 프레젠테이션 심사를 기본으로 시행하고 있다. 인터뷰 심사에서는 예술성, 예술단체 또는 극장의 역량, 실행 가능성, 운영의 안정성, 홍보 계획 및 관객 개발 노력 등 지원금을 제공했을 때 충분한 시너지가 예상

되는 곳을 선정해 예산을 지원하기 때문에 몇 번 고배를 마시더라도 실전에서 부딪쳐 보는 것이 가장 좋은 방법이다.

넷째, 공모 지원 사업 신청서를 제출하게 되면 서류 적격 심사, 즉 사업계획서 검토 선정 후 마지막으로 인터뷰 심사를 통과하면 15일 이내에 선정 공고를 한다. 대체로 사업계획 수립 당시 반영한 지원 금액에 사업의 타당성을 따져 심사 결과에 따라 지원금을 차등 지원하는 것이 원칙이다. 비록 1억 원의 사업비를 요청했다 하더라도 예산 계획의 진정성이 부족하다면 감액될 가능성이 크다. 이렇게 되면 예산 규모에 맞도록 교부 신청 시 조정이 필요하다. 여기서 주의할 점은 사업 신청 금액이 지원받은 금액보다 낮다 하더라도 사업 축소 비율이 50% 이상일 경우 교부 신청 승인을 받을 수 없다는 점을 꼭 기억하길 바란다. 예를 들어 총 4회의 사업을 진행하기로 했다면 50%인 2회는 필수적으로 진행하는 것이 원칙이다.

다섯째, 기획을 하는 사람일수록 계산이 빨라야 한다. 예산을 받아 쓰는 처지에서 회계 집행은 기본이다. 간혹 숫자에 둔감하거나 연산 능력이 떨어지는 사람을 본다. 이런 친구들은 기획자 생활에 어려움이 따르기 마련이다. 이런 경우에는 응용력을 키워 남들보다 시간이 오래 걸리더라도 목적을 달성할 수 있도록 해야 한다.

정산은 매년 사업이 종료되면 사업 성과와 함께 항목별로 정리해 보고서를 제출하는데 최종 정산서 검열이 끝나야 사업이 종료된다. 이때 예산 사용이 많으면 많을수록 지출 증빙 자료(입금증, 영수증, 세금계산서 등)가 많다 보니, 비교 검수하는 과정에서 고단함을 느낄 수 있다.

여섯째, 공공재원은 가볍게 쓰여서도 함부로 사용되어서도 안 된다. 나라에서는 지원금을 받는 주체들이 목적과 회계 원칙에 맞도록 쓰기 편리하도록 공공지원금 관리 시스템을 구축해 사용하도록 하고 있다. 'e-나라도움'은 대한민국 공공지원금 통합관리망으로, 전국 공모 지원 사업 현황을 한눈에 볼 수 있을 뿐만 아니라 보조 사업별 예산, 교부, 집행, 계약, 정산 현황을 들여다볼 수 있는 시스템이다. 지원을 받은 주관 기관에서 일자별로 사용한 예산 집행에 대한 품의를 하도록 하고 있다. 해당 시스템을 통해 예산 사용 금액뿐만 아니라 예산 잔액을 수시로 파악할 수 있어 쓰는 담당자도 관리 감독하는 기관도 업무 효율을 높여가고 있다. 한때는 'e-나라도움' 사용 방법이 까다롭고 어렵다는 말들을 많이 했는데 자주 사용하다 보면 큰 불편 없이 지원금 운용을 할 수 있다.

지금까지 공모 지원 사업을 준비하는 기본적인 방법을 요약해 보았다. 이 모든 내용은 실제 경험을 바탕으로 정리한 것이다. 만일 조직의 예산에 대한 어려움을 국가재정으로 수혈받을 수 있게 된다면 당신은 조직에 꼭 필요한 기획자로 평가받게 될 것이다.

## 재원 조성의 방법

재원 조성은 정부 지원, 민간기업, 재단, 개인 등으로부터 공연 제

| 프로세스 단계 | 작성 목록 | 작성 내용 |
|---|---|---|
| 문화예술<br>공공지원금<br>운영기관 | 문화체육관광부 | www.mcst.go.kr |
| | 한국문화예술위원회 | www.arko.or.kr |
| | 한국문화예술회관연합회 | www.kocaca.or.kr |
| | 한국문화예술교육진흥원 | www.arte.or.kr |
| | 한국문화콘텐츠진흥원 | www.kocca.kr |
| | 서울시자치구문화재단연합회 | www.acfsar.or.kr |
| | 예술경영지원센터 | www.gokams.or.kr |
| | 한국메세나협의회 | www.mecenat.or.kr |

❙ 〈표29〉 문화예술분야 지원(보조금)기관

작 및 기획 예산을 조달하는 일이다. 프로젝트 성격에 따라 지원하는 기관이 달라질 수도 있고, 재원 비중에 따라, 때로는 정책에 따라서 달라지는 경우도 있다. 무엇보다 중요한 것은 예술은 교육과 같아서 공공재의 성격을 갖고 있다는 것이다. 공적인 지원 없이는 수준 있는 활동을 펼쳐가기가 어렵다. 따라서 공공지원 사업 공모는 필수적이다. 아래에서 다양한 종류의 문화예술분야 지원 기관에 대해 살펴보고자 한다.

### 1) 문화체육관광부(문체부)

현재 문화체육관광부(2008)는 정부 국정 기조 변화에 따라 체육부(1990), 문화체육부(1993), 문화관광부(1998)로 기능 통합을 반복하면서 개칭되어 왔다. 문화체육관광부는 대한민국의 문화, 예술, 체육, 방송행정, 출판, 영상, 광고, 간행물 해외 문화 홍보, 관광, 종무, 청소년에 관한 사무를 맡아 보는 중앙 행정기관이다. 2008년 2월 29일 국정 홍보, 정부 발표 기능과 전 정보통신부의 디지털콘텐츠산업 기능이 문화체육관광부로 이관 통합되기도 했다. 당시 문화 정책의 '선진화'라는 국정 기조 아래 효율성 원칙에 따라 통합되었고 기능 중복에 대한 대대적인 조직 개편이 있었던 해로 기억한다. 문화체육관광부는 문화예술 전반에 대한 정책 수립 기능을 주로 담당하고 특수법인 한국문화예술위원회가 가지고 있던 예술 지원 주된 업무가 축소되고 한국 문화예술 발전과 관련된 '정책 개발'에 힘이 실리도록 조직을 개편하기도 했다. 실질적인 재정 지원은 문화예술진흥법에 따라 특수법인으로 설립된 전국문화예술회관연합회가 한국문화예술회관연합회로 승격되면서 현재까지 지원 주체 역할을 해오고 있다.

문화체육관광부 예산 편성 기준은 일반회계와 균특회계라는 2가지 측면으로 나뉘어 있다. 도서관 정책, 박물관, 미술관 진흥 지원을 통해 국민 문화 향유권 확대, 지역 문화 진흥, 국민 문화 활동 지원, 지역 문화 기반 시설 구축에 쓰이는 대부분의 예산은 일반회계에 속한다. 균특회계[5]는 국가균형발전 특별회계를 줄여 부르는 말로, 지역 간의 균형적 발전을 이루고 지역 간 격차를 줄이기 위해 정부가 별도로 지원하는 예산을 말한다. 건교부의 경우는 낙후 지역 개발, 도로, 항만 등 사회기반시설 확충에 지원한다면 문체부는 제주, 세종을 포함한 지역

---

5) 균특회계는 균형발전계획의 추진을 재정적으로 지원하고 지역개발 혁신 사업을 효율적으로 추진하기 위한 재원.

별 지원을 하고 있으며 지역 문화 행사 지원, 문화 시설 확충 및 운영
비 지원, 문화 재생 사업 등 문화예술 전반에 대한 지원을 하고 있다.

▶ 공고 방법: e-나라도움(www.gosims.go.kr) 신청 및 문체부 홈페이지
(www.mcst.go.kr)

### 2) 한국문화예술위원회(예술위)

예술위는 1973년 문화예술진흥법에 따라 설립된 문화체육관광부
특수법인이다. 위원회로 승격되기 이전에는 진흥원의 성격을 가지고
있다가 동일 기능의 유사 기관을 통폐합하는 과정에서 위원회로 조직
개편되었다. 한국문화예술위원회가 조성·관리·운영을 맡아오던 문예
진흥기금은 문화예술진흥법에 따라 설립되었다. 재원은 극장과 영화
관을 비롯한 미술관, 박물관의 관람료, 문화재 입장료에 일정액을 부
과하는 모금과 정부의 출연금 등으로 조성되었으며 개인이나 기업의
기부금, 당시 운영했던 골프장 수입으로 조성해 왔다. 2017년 기준 문
예 기금 적립금은 545억 원에 불과해서 2018년도 예산 편성조차 하지
못할 형편이었을 정도로 기금 고갈 문제가 심각하다. 현재 문예진흥
기금은 정부의 준조세 정비 방침에 따라 2001년 12월에 제정된 '부담
금관리 기본법'에 의거, 2004년 1월 1일부터 기금 모금이 중단되었다.

위원회는 문화, 미술, 음악, 연극, 무용, 전통예술, 어문, 출판 등
전반적인 예술 분야를 지원하고 있다. 구체적으로는 한국문화예술회
관연합회와는 지원 방향이 다른 문화 다양성 확산을 위한 무지개다리
사업, 국제예술 문화교류 사업, 예술가 국외 레지던스 지원, 문예진흥

기금 남북 문화교류 사업, ARKO 국제예술확산 지원, 공연예술 연습 공간 조성 및 운영 사업, 인문 360° 골목 콘서트 지원 사업, 작은 미술관 조성 운영지원 사업, 문학 나눔 도서 보급 사업, 창작뮤지컬 해외 유통 지원 사업, 공연예술창작 산실 창작오페라 발굴지원 사업을 통해 민간 예술단체와 개인 예술가를 지원하고 있다. 위원회 주관으로는 창작 지원, 문화 복지, 후원 활성화 사업, 교육 사업, 디지털 아카이빙, 인력 지원, 문화나눔 도서 보급 사업을 직영으로 하고 있다. 한국문화예술위원회는 국민의 참여 기회를 확대하기 위하여 공모 신청 공고를 위원회 홈페이지와 기획재정부 알리오시스템을 연계해서 진행하고 있으며, 또한 주요 일간지를 통해 공개 공모하고 있다.

▶ 공고 방법: e-나라도움(www.gosims.go.kr) 신청 및 예술위원회 홈페이지(www.arko.or.kr)

### 3) 한국문화예술회관연합회(한문연)

한국문화예술회관연합회(2010년 개칭)는 지역 문화예술회관의 균형 발전과 문예회관 상호 간의 협력 증진을 목적으로 문화예술진흥법 38조에 의해 설립된 법정 법인으로 문화체육관광부 산하 기관이다. 다양한 방식의 공연예술 유통을 통해 국민의 문화 활동을 지원해 오고 있다. 연합회는 1996년 문화예술 진흥을 위해 전국문화예술회관연합회로 설립되어 현재 219개 문예회관을 회원기관으로 두고 있다. 지원사업으로는 문예회관 아카데미 교육, 연수 지원, 문예회관 종합컨설팅 지원 등 전국 문화예술회관을 대상으로 공모 지원하고 있어 극장 또는 재단으로서는 실질적인 공공지원금 사업의 주요 창구가 되고 있다. 지원 신청 공고는 사업에 따라 약간씩 차이는 있지만, 매년 1~3월경 한국문화예술회관 홈페이지 및 기관별 공고문 공문 발송을 통해 전달하고 있다. 통상적 지원 예산 규모는 예술교육사업과 공연 지원사업 간에 차이는 있지만, 예술교육은 최소 1천만 원에서 최대 3천만 원 이내이며, 공연예술은 최소 1천만 원에서 최대 4천만 원까지이다. 지원 금액은 공모 신청 절차와 심사 결과에 따라 차등 지원하고 있다.

▶ 공고 방법: 알리오시스템(www.alio.go.kr), e-나라도움(www.gosims.go.kr) 신청, 한국문화예술회관연합회 홈페이지(www.kocaca.or.kr) 연동

### 4) 한국문화예술교육진흥원

진흥원은 문화예술교육 지원법에 의해 설립된 문화체육관광부 산하 공공기관이다. 일상적 삶 속에서 문화예술교육을 받을 수 있는 환경을 조성하고 지원하는 일을 하고 있다. 예술교육의 지원을 통해 국민의 문화 복지 실현은 물론 국가 경쟁력 강화를 위한 창의적 인재 양성을 위한 문화예술교육지원 사업을 수행한다.

진흥원에서는 학교 문화예술교육, 사회문화예술교육, 전문 인력 양성, 교육프로그램 개발 및 정책연구, 국제교류 사업을 진행하고 있다. 학교 문화예술교육 사업은 학교 예술 강사 지원, 예술 꽃 씨앗 학교 지원, 유아 문화예술교육 지원, 고3 수험생 문화예술교육 지원 '상상 만개' 사업을 주된 축으로 하고 있으며 문화예술 향유의 기회가 적은 지역과 소외계층을 대상으로 이루어지는 사회 문화예술교육 지원

사업으로는 복지기관, 노인 영상미디어, 군부대, 교정시설, 치료감호소, 소년원 학교 문화, 근로자 문화, 방과 후 청소년 등이 있다. 이것 외에도 예술인 및 공공시설을 대상으로 17개 사업을 계층별, 연령별로 지원하고 있다. 현재 문화예술교육 사업은 한국문화예술회관연합회, 서울문화재단, 교육진흥원이 사업의 효율과 당위성을 따져 지원하고 있기 때문에 극장이나 재단에서 눈여겨볼 만하다.

▶ 공고 방법: e-나라도움시스템(www.gosims.go.kr) 게시 및 진흥원 홈페이지 (www.arte.or.kr) 연동

### 5) 광역자치단체(시·도) 공익 문화재단 및 민간재단

예술단체와 문화기관들의 지원 일선에 있는 주체는 중앙정부보다는 지방정부가 되는 것이 적합하다. 또한, 지역에서 돌아보지 못하는 광의적 문화 활동에 대해서는 지방정부 예산으로 기본 정책이 마련되는 것이 바람직하다. 이에 광역시도 문화재단은 시, 군, 구 공공문화시설이 좀 더 안정화된 레퍼토리로 국민 문화 정서 개발에 핵심적인 역할을 할 수 있도록 재원 조성 기반이 마련되어야 한다. 문화재단은 두 가지 설립 근거를 가진다. 민간, 즉 기업이 직접적인 후원과 별도로 설립한 문화재단과 정부 지역문화예술진흥법에 따라 만들어진 공익 재단법인으로 볼 수 있다. 이 두 유형의 재단은 출자 또는 설립 근거가 다를 뿐 문화예술에 이바지한다는 공통점이 있다. 하지만 무엇보다 중요한 건 민간이든 지자체이든 기업 소유주 또는 지자체장의 의지에 의해 설립, 운영될 수밖에 없다는 것이다. 따라서 공공과 민간재

단은 설립 목적은 같아도 전략이 달라 이익 가치가 상이할 수밖에 없다. 정부가 출자하는 재단은 민간재단보다 공공성이 높고 그만큼 사회복지에 관한 관심이 높다. 그래서 문화예술이라는 공공적 이익에 대한 지원도 민간기업보다 훨씬 우호적이며 중요한 후원자 역할을 한다.

우리나라 기업문화재단 중 특히 공연예술 분야를 많이 지원하고 육성하는 곳은 금호문화재단과 대산문화재단, 연암문화재단, 삼성문화재단, 우리금융문화재단 등이 있다. 이들은 극장을 직접 운영하거나 공연물 제작을 지원하는 후원을 하고 있다. 예로 연암문화재단은 강남을 새로운 공연 명소로 탈바꿈시키고 있는 LG아트센터를 지원하고 있다. 이곳은 LG전자가 건립하고 운영함으로써 공연예술계의 지원자와 경영자 역할을 동시에 하고 있다. 중요한 것은 이 극장은 자체 수입보다 더 많은 운영비를 연암문화재단으로부터 지원받는다는 것이다.

광역시도 문화재단은 중앙정부뿐만 아니라 지방정부 예산 염출로 정책을 마련해 공모 사업을 통해 지원하게 된다. 지원하기 위해서는 '왜 지원해야 하는가?'에 대한 당위성을 따져 예술단체 또는 문화기관에 공평하게 지원할 수 있도록 해야 한다. 서울문화재단은 2004년 서울특별시가 출연해 설립한 공익법인이다. 서울 시민의 문화 향유를 위해 다양한 예술창작지원과 문화, 축제, 예술교육, 지역과 소통하는 창작 공간을 운영하고 있다. 서울문화재단을 통해 공공지원금을 받을 수 있는 분야는 예술지원 사업, 예술교육지원 사업, 시민문화 사업, 창작 공간 운영 사업으로 크게 4가지로 나눠 이야기해 볼 수 있다.

첫째, 예술지원 사업은 예술가의 창작 활동을 지원하고 시민의 자발적인 문화 활동 참여를 독려해 생활 속의 문화예술 활동을 실현한다. 매년 장르별 예술창작 지원, 서적발간 지원, 예술 축제 지원, 상주예술단체육성 지원 등이 포함된 정기 공모 지원과 신진 예술가를 찾는 유망예술 지원, 창작 공간 입주 작가 지원을 하고 있다. 정기 공모는 매년 12월에서 다음 해 1월까지 공고를 하고 연이어 접수가 진행된다. 3월 이전까지 공모 심사를 기쳐 장르별로 신청 금액 내에서 차등 지원을 한다.

둘째, 예술교육 사업은 시민 모두가 미적 체험 예술교육을 통해 삶의 가치를 재발견하고 행복한 삶을 누릴 수 있도록 어린이, 청소년, 노인, 일반 시민을 대상으로 다양한 공모 지원 사업을 통해 지원하고 있다. 서울창의예술학교, 서울시민예술대학, 서울창의예술교육아카데미, 꿈다락 토요문화 학교 등 학교, 사회, 지역 또는 대상별로 공모 지원을 하고 있다. 마찬가지로 공모 시기는 매년 12월부터 1월까지 공고를 통해 접수하고 있으며 심의를 통해 예산은 차등 지원된다.

셋째, 시민문화 사업은 일상 어느 곳에서나 미술 작품을 관람하고 구매할 수 있는 아트캠페인 '바람난 미술', '도시게릴라 프로젝트', '메모리인 서울 프로젝트', 도심 거리예술축제 '하이서울 페스티벌', 춤을 통해 일상의 해방감과 즐거움을 주는 '서울 댄스 프로젝트' 등 다양한 프로젝트를 운영하고 있다.

마지막으로 서울문화재단은 지역 곳곳의 사용하지 않는 공간 또는 운휴 공간을 발굴해 창작할 수 있는 공간으로 만들어 예술가뿐만 아니라 지역민들에게도 공유하고 있다. 금천예술공장, 신당창작아케이드, 연희문학창작촌, 서울무용센터(홍은무용예술창작센터), 잠실 창작스튜디오, 서교예술실험센터, 서울예술창작센터, 관악어린이창작놀이터, 시민청 등 총 10개 창작 공간을 운영하고 지역별 특성에 맞는 사업들을 지원하고 있다.

▶ 공고 방법: e-나라도움(www.gosims.go.kr) 신청 및 서울문화재단 홈페이지(www.sfac.or.kr)

## 6) 서울시자치구문화재단연합회(서문연)

서문연은 서울시 25개 자치구 문화예술회관을 문화 활동의 거점으로 해 2007년 설립된 사단법인이다. 설립 취지는 자치구 문화예술 활동 편차를 극복하고 서울 시민의 문화 향수 기회를 확대하려는 것이었다. 한문연이라는 전국 문예회관처럼 서울권 문예회관 소그룹 연합체로 만들어졌지만, 정부 또는 서울시 지원이 턱없이 부족한 실정이다. 그러나 매년 총 지원 예산 규모 3~5억 원가량을 서울문화재단으로부터 편성 받아 자치구 문화예술회관 지역 주민 밀착형 공연 및 예술교육 사업에 투입되고 있다.

최근 자치구별 문화재단 설립이 가속화되면서 그동안 운영 주체가 달랐던 문예회관 성격을 고려해 2019년 서울시 자치구 문화재단 연합회로 개칭되었다. 현재 자치구 대상 지역특성화콘텐츠 제작 지원, 청년문화기획자 양성 사업, 자치구문예회관 네트워크 사업을 주력으로 하고 있다.

▶ 공고 방법: 우리은행회계시스템(https://ssd.wooribank.com) 및 서울시

　자치구문화재단연합회 홈페이지(http://acfsar.or.kr/)

| 구분 | 사업명 | 신청 접수 | 선정 공고 | 지원 규모 | 지원 기관 |
|---|---|---|---|---|---|
| 공공 | 상주예술단체 육성 지원 사업 | 10월 (지역별 상이) | 3월 초 | 1개 예술단체당 6,000만 원 ~1억 5,000만 원 | (재)서울문화재단 |
| | 서울시 자치구 생활예술동아리 네트워크 사업 | 3월 | 2월 초 | 3~8,000만 원 | 서울시 |
| | 서울시 우리 동네 오케스트라 | 3월 | 4월 초 | 5,000만 원 이내 간접 지원 | |
| | 서울시 찾아가는 유랑극단 | 2월 | 3월 초 | 1,000만 원 이내 작품 지원 | |
| | 관객 개발 공연 작품 지원 사업 | 4월 | 6월 초 | 2,000만 원 이내 | 서울시자치구 문화재단엽합회 |
| | 문화 다양성 무지개다리 사업 | 1월 | 2월 중 | 4,000만 원~ 1억 5,000만 원 | 한국문화 예술위원회 |
| | 문화가 있는 날 문예회관 기획사업 공모 | 1월 | 2월 중 | 3,000만 원 이내 | 한국문화예술 회관연합회 |
| | 방방곡곡 문화 공감 사업 문예회관 공연기획프로그램 | 12.6.~ 1.3. | 1월 중 | 3,000만 원 이내 | |
| | 꿈다락 토요문화학교 예술감상교육 운영 사업 | 1월 | 3월 | 1,500만 원 이내 | |
| | 문예회관문화예술 교육지원 사업(문예인) | 1.25.~ 2.15. | 2월 말 | 1,500만 원 이내 | |
| 민간 | 린나이팝스오케스트라 오케스트라 공연 지원 | 2.14. | 지원 확정 | 1,500만 원 | 린나이코리아 |

❙ 〈표30〉 지역 공공극장의 시기별 공모사업 참여 현황

| 사업명 | 주관기관 | 지원 금액 |
|---|---|---|
| 극장단체 육성지원 사업 | (재)서울문화재단 | 165,000 |
| 꿈꾸는 청춘예술대학 | | 15,000 |
| 꿈다락 문화학교(그림자 세상으로 GO) | | 28,000 |
| 우리마을 소극장 사업 | 서울시 | 36,000 |
| 서울시 뉴딜일자리 사업<br>문예지기 인력지원 | | 12,000 |
| 서울시민 연극 교실 | | 66,920 |
| 꿈다락 문화학교<br>(신나는 청소년 스쿨밴드) | 한국문화예술회관연합회 | 30,000 |
| 문화예술 연수단원 지원 사업 | | 8,400 |
| 현대자동차 해피 문화나눔 티켓 사업 | | 1,500 |
| 서울시립국악관현악단 연계 공연 지원 | (재)세종문화회관 | 10,000 |
| 문화다양성 무지개다리 사업 | 문화체육관광부 | 30,000 |
| 소외계층 극장나눔 관객지원 사업 | 서울문화예술회관연합회 | 30,000 |
| 자치구 문예회관 우수공연지원 사업 | | 20,000 |
| 시민문화예술 활동 지원 사업<br>지역 주민과 예술인의 만남 "문화고리" | 한국문화의집협회 | 6,000 |
| 계 | | 452,820 |

❙〈표31〉서대문문화회관 외부공모 사업 선정 결과      (단위: 천 원)

## 일 / 러 / 두 / 기

### 재원 조성을 위한 또 하나의 Tip: 문화 접대비란?

기업과 문화예술이 만나 문화 접대를 기업 전반에 확산하고, 대중화하기 위해 2007년부터 시작된 제도이다. 공연, 스포츠 관람, 전시회 초청 등 문화비로 지출한 접대비에 대해서 추가로 접대비 한도액의 20%까지 세법상 비용으로 인정해 손금에 산입하도록 해주는 제도이다.

- 문화 접대비 제도를 활용한 재원 조성 연구 필요
- 문화 접대비 적용 범위: 공연, 전시 관람, 박물관, 미술관, 박람회, 문화재의 입장권, 영화, 음악, 간행물 등 비디오물 구입, 교육 활동, 문화체험의 관람을 위한 입장권 구입

# 스폰서십 제안

최근 문화산업에 대한 관심이 높아짐에 따라 공연예술 시장 또한 성장 곡선을 보일 무렵 곧바로 찾아든 팬데믹의 여파로 공연계는 위기를 맞게 됐다. 코로나 팬데믹 시절, 공연예술 발전과 도약을 기대하며 가장 활발하게 움직였던 때와는 달리 사회, 경제, 문화, 예술 등 어느 곳 하나 성한 데 없이 바이러스 직격탄을 맞았다. 공연계는 공연계대로 극장 자체 기획 사업이 축소 또는 취소되는가 하면, 공연예술 단체와 예술인들 역시 최대 위기를 맞았다. 현재 팬데믹은 지나갔지만, 공연예술계는 여전히 먹구름이 낀 상태로 고전하며 언젠가 뜰 해를 기다리고 있다. 그나마 지금은 예전의 모습으로 회복될 씨앗이 조금씩 보이고 있다.

팬데믹 당시, 막연하게 기다릴 수밖에 없는 현실 속에서 공연 시장은 파괴되고 예술인들은 자포자기 상태로 지내야 했다. 언제쯤 괜찮아질지 예측할 수 없는 상황에서 곧 원래대로 돌아가 공연을 할 수 있게 될 것이라는 희망을 잃지 않았다. 그러나 지금의 시점에서도, 완전한

회복까지는 꽤나 긴 시간이 필요해 보인다. 모든 시장 원리가 그러하듯 뭐든 경기가 활발해야 투자도 이루어지고 후원도 생각해 보기 때문이다. 마찬가지로 공연 현장이 제대로 가동되지 않고서는 스폰서십이 제대로 작동되기 어렵다.

스폰서는 재정적 후원자를 일컫는 말로써 현금, 협찬자 혹은 현물을 지원하는 후원자를 지칭한다. 공연계에서 스폰서십이란 공연 활동에 재정적, 인적, 물적 자원을 제공하여 이익을 얻기 위한 행위로 볼수 있다. 상업적으로는 수익적인 부분을 얻는 수단으로, 공익적으로는 기업의 이미지나 기업 가치를 높일 수 있는 수단으로 활용되는 경우가 대부분이다. 그래서 공연예술뿐만 아니라 사회복지, 교육, 스포츠, 지역 사회 행사에 대한 후원이 이루어지고 있으며 그 대표적인 분야가 스포츠 경기 또는 행사 후원이다. 우리가 잘 알고 있는 올림픽, 월드컵축구대회 등 각종 국제 스포츠 경기 대회에는 막대한 협찬 후원이 이루어지고 있음을 매체를 통해 접할 수 있다.

그렇다면 기업들이 앞다퉈 스포츠에 투자, 협찬하려는 이유는 뭘까? 아주 단순하다. 매체 노출 효과가 크기 때문이다. 기업 명칭과 상품 이미지를 세계적으로 알려 기업 가치를 높일 수 있기 때문이다. 만약 이와 같은 원리가 공연예술에도 적용된다고 가정한다면, 얼마나 큰 효과를 기대할 수 있을까? 물론 긍정적인 반응보다는 부정적인 의견이 다수가 될지도 모른다. 그러나 조금만 생각을 달리해 보자. 저자는 문화예술에 접목되는 스폰서는 스포츠 분야 스폰서와는 근본적으로 다르다고 본다. 이는 다른 의미의 '특별한 효과'가 있기 때문이다. 그

중 하나가 문화예술에 대한 투자는 스포츠처럼 많은 재원을 투입하지 않고도 생색을 낼 만한 특수성이 있다는 것이다. 이를 아는 똑똑한 기업은 문화예술에 투자하고 싶어 한다. 극장에서는 그 후원과 협찬을 받기 위해 제안을 해야 하고 그 제안이 의미 있기 위해서는 스폰서십 기술과 전략을 갖춰야 한다. 기업은 바보가 아닌 이상 준비 없는 극장에 맥없이 지원하지 않는다.

그렇다면 극장 스폰서십은 어떻게 준비하고 실행하면 될까?

첫째, 적게 받고 크게 줘라. 다시 말해 소규모 공연물이나 지역 축제에 처음부터 수익을 유치하겠다는 욕심보다는 저비용 후원이 가능하도록 기획해 얼마든지 후원할 수 있도록 해보자. 이때 기업 이미지 노출 자격을 공식화하고 문화 친화 기업으로 인식되도록 한다면 기업은 투자를 아까워하지 않을 것이다.

둘째, 현금이든 현물이든 가리지 말고 감사히 받자. 기업이 때로는 후원을 하고 싶은데 현금은 부담이 되고 기업의 생산품으로 후원하려 할 때가 있다. 이럴 때는 얼마든지 기꺼이 받자. 극장이 물품 후원을 받아 관객 대상 이벤트를 기획해 상품을 제공한다면 의외로 좋은 효과를 볼 수 있을 것이다.

셋째, 극장이 직접 후원받지 않더라도 문화소외계층을 돕도록 객석 기부 스폰서십 제안을 할 수 있다. 기업은 티켓을 다량 구입해서 소외계층 문화 활동을 돕게 되고 극장은 티켓 수입으로 후원 효과를 볼 수 있다.

넷째, 기업과 극장 간에 자매결연 내지는 협약을 체결하는 방법도 효과적이다. 즉 A&B Arts&Business 방식을 적용해 기업 가치를 높이고 예술 후원의 동기를 유발한다면 기업과 극장이 상생할 수 있을 것이다.

다섯째, 극장에는 관객 접점이 있기 마련이다. 즉 극장 객석, 라운지 등 관객이 주로 사용하는 시설을 활용해 보자. 기업 또는 후원자 명칭(이름)을 부여해 문화 후원자가 될 수 있도록 하는 제안은 특별함을 줄 뿐만 아니라 예술 후원자라는 자긍심을 높일 수 있다. 예술의전당과 몇몇 극장에서 이를 시행하고 있지만 지금은 후원 효과가 그리 크지 않은 실정이다. 그러나 극장에서 적용해 볼 만한 스폰서십 제안으로 떠오른다.

이처럼 기업을 대상으로 스폰서십 제안을 할 때는 처음부터 욕심을 내기보다는 기업의 참여 의지를 불러일으키고 인식을 전환하기 위한 적극적인 활동이 필요하다.

이와 같은 스폰서 방식은 극장 운영에 빼놓을 수 없는 중요한 도구이다. 특히 지금처럼 공연계가 힘들고 침체되어 있는 상황에서는 스폰서십이 가장 필요할 뿐만 아니라 절실하다. 공연기획자가 잊지 말아야 할 것이 있다. 공연예술은 떴다가 지는 해와 달리 지속 발전 가능성을 품고 있기 때문에 스폰서십의 핵심 목적을 제대로 이해하고 어느 한쪽의 이익보다는 상호가 목표를 달성할 수 있도록 협력 관계를 구축해야 한다는 것이다. 신뢰를 바탕으로 균형감 있는 스폰서십 과정이 추진되도록 노력해야겠다.

이를 위해 기획자는 스폰서십 제안서 작성 역량을 갖춰 나가는 것이 무엇보다 중요하다. 이때 무엇을 가지고 투자를 요구할 것인지, 투자하면 어떤 효과를 줄 수 있을지를 엄밀히 따져 설명해야 하며, 특히 현금 후원을 받아 제작된 공연 운영의 경우 반드시 정산과 성과 보고가 이루어져야 한다.

공연예술이 21세기 전략 산업으로 주목받다 보니 후원자에게 재원을 조달받을 수 있게 된 점은 다행이다. 하지만 궁극적으로는 지속적인 후원을 요구하기보다는 자립 시기를 앞당겨 후원사에게 보답을 할 수 있게끔 자생력을 키워야 한다. 또한 지속적인 파트너 관계를 유지해서 문화예술에 재투자를 요구해야 하는 만큼 스폰서의 이미지와 공연이 잘 연관되도록 해 기업 가치를 높일 수 있도록 해야 하겠다.

〈극장 스폰서십 유형〉
- 공연별 협찬 및 기업, 단체 판매
- 공식 후원사 선정 및 협약
- 문화 나눔·객석 기부
- 기업과 극장(예술단체)결연, A&B Arts&Business 사업
- 객석, 라운지, 관객 이용시설 명칭 부여

이제 극장 스폰서십의 구체적인 사례들을 살펴보면서 이에 대해 좀 더 자세히 알아보려 한다.

## 1) 금호아시아나문화재단

2017년 11월 베를린 필하모니 오케스트라 내한 공연이 서울 예술의

전당 콘서트홀에서 열렸는데, 금호아시아나문화재단이 주최하고 메르세데스 벤츠가 후원한 공연이었다. 당시 모든 언론에서는 티켓 가격이 최고 45만 원으로 결정됐다는 소식을 보도했다. 단연 문화계 최대 관심사였던 것으로 기억한다. 베를린 필하모니 오케스트라 이틀 공연에 들어가는 초청료 등 제작비는 24억 원 수준, 당시 예술의전당 콘서트홀 전석(2,527석)을 45만 원에 모두 팔아도 적자가 나는 구조였다. 같은 해 일본에서 공연된 베를린 필의 티켓은 최고가 4만 5,000엔(약 46만 원)으로 책정되었는데 예술의 전당 3회 공연에 일본 공연 5회를 비교해 봤을 때 별 차이가 없는 티켓 가격이었다. 그동안 국내 클래식 공연사들은 티켓 수익으로 모든 비용을 충당하지 못하는 만큼 부족분을 기업 협찬으로 메워왔다. 기업들은 후원금을 내고 일부를 티켓으로 받아 VIP 회원 또는 우수 고객을 초청하는 방식으로 기업 이미지 개선 사업에 사용해 왔다. 다만 당시는 2016년 11월 30일 김영란법(청탁금지법) 재정 직후라서 기업의 협찬도 점차 줄던 시기였다. 메르세데스 벤츠가 후원한 구체적인 금액은 공개되지 않았지만 기업 스폰서십의 역할이 얼마나 중요한지를 보여준 사례다.

이제는 기업을 경영하는 데 있어 문화 마케팅은 빼놓을 수 없는 사업 영역이 되었다. 또한 극장 또는 문화기관의 스폰서십 제안을 받아 후원을 해왔던 기업들이 공연 행사나 축제를 직접 기획, 운영하는 사례도 늘고 있다. 기업은 문화 활동을 통해 사회공헌 사업 시행, 제품 홍보, 기업 이미지 개선이라는 다양한 효과를 얻는 사례가 점차 늘어나고 있다.

| 지원목적 | 응답률 |
| --- | --- |
| 문화예술계 발전 | 20% |
| 지역사회공헌 | 25% |
| 기업 조직문화 공양 | 7% |
| 직원 창의력, 만족도 제고 | 1% |
| 타 기업 대비 차별성/우위 확보 | 6% |
| 기업 이미지 제고 | 34% |
| 실질적 마케팅, 홍보 효과 | 6% |
| 문화예술 관련 활동의 사업화 도모 | 1% |

❙ 〈표32〉 기업의 문화 활동 지원 목적                     출처: 한국메세나협의회 연차보고서

이와 같은 문화 마케팅 전략은 예술가와 예술단체의 후원, 협찬은
물론이고 상품, 유통, 서비스 등 기업 마케팅 활동에 예술을 매개로 일
정한 경영 성과를 내는 경영 활동의 일부로 자리매김하고 있다.

## 2) LG전자

LG전자는 문화 활동을 통해 세계적 기업이라는 이미지를 전략적
으로 구축 및 관리하고 있다. 여느 기업과는 다르게 국내뿐만 아니라
국외까지 문화 활동을 경영의 한 연장선으로 보고 적극적인 지원을 아
끼지 않고 있는데, 문화야말로 기업을 적극 알릴 수 있는 중요한 수단
으로 인식하고 있다.

지난 2003년부터 시작한 미국 로스앤젤레스 윌턴 극장Wiltern Thea-
tre 후원 사업은 그 대표적 사례다. 윌턴 극장은 1931년 설립돼 미국 국
가문화 유산으로 지정된 유서 깊은 대중문화 극장으로, 연간 30만여

명이 찾는 명소이지만 재정적 문제 때문에 운영에 어려움을 겪었다. 그런데 이러한 월턴 극장의 상황은 LG전자의 후원 이후 아주 많이 달라졌다. 고질적인 재정 문제가 해소됐을 뿐만 아니라 낙후됐던 시설도 전면적으로 개선됐다. LG전자는 명칭 사용권 계약 체결을 맺어 극장 간판이 '월턴 LG 극장'으로 개명되었고 계약 기간 동안 극장 내부를 LG 제품 전시·시연장으로도 활용할 수 있어 주력 제품과 기업 이미지 홍보 효과를 극대화할 수 있었다. 또한 LG전자는 러시아, 중국 등 상대적으로 문화체험 기회가 적은 국가의 중·소도시들을 순회하며 'LG 페스티벌'이라는 이름으로 문화 이벤트를 벌였다. 지난 1997년부터 러시아 28개 주요 거점 도시에서 '어린이 LG 사생대회', '미스 LG 선발대회', 'LG 가라오케 경연대회', '러시아 LG 바둑대회', 'LG 케이팝 경연대회' 등을 개최하면서 현지인들로부터 큰 호응을 얻었다.

### 3) 현대카드

현대카드는 카드 업계에 후발 주자로 진입하면서 고전을 면치 못했던 기업이다. 그러다 '슈퍼매치', '슈퍼콘서트' 등 슈퍼 시리즈를 선보이면서 현대카드는 대중들에게 카드사 이미지 가치를 높인 대표적인 사례가 되었다. 이와 비슷한 사례로 등장하는 기업이 르노 삼성자동차다. 자동차 업계 후발 주자로 라운드에 등판했지만, 문화 마케팅을 통해 시장에서 살아남을 수 있었다.

현대카드는 세계적인 테니스 선수 마리야 샤라포바와 비너스 윌리엄스의 경기를 한국에서 볼 수 있도록 한 '슈퍼매치'를 시작으로 폴

매카트니, 비욘세, 레이디 가가, 스티비 원더, 콜드플레이 등이 참여한 '슈퍼콘서트' 등으로 소비자들에게 다가갔다. 현대카드가 처음 '슈퍼매치'와 '슈퍼콘서트'를 선보일 때만 해도 '카드사가 웬 스포츠 경기며 콘서트를 여느냐'는 냉소적인 반응이 대부분이었다. 하지만 이 같은 슈퍼 시리즈를 통해 현대카드는 다수의 충성 고객을 확보하는 데 성공했다. 이제는 누구나 현대카드의 성공 비결로 슈퍼 시리즈를 첫손가락에 꼽는다.

### 4) 엔씨소프트

게임 기업에서 음악 축제를 개최하는 데는 어떤 이유가 있을까? 엔씨소프트가 음악 축제를 연이어 개최해 눈길을 끈 적이 있었다. 지난 8월과 9월에 이어 부산 해운대와 서울 광장에서 엔씨소프트는 싸이, 하이라이트, 워너원, 레드벨벳, 도끼&더콰이엇, 넉살, 볼빨간사춘기 등 국내 최정상급 아티스트들과 함께 '피버 페스티벌Fever Festival'을 개최했다.

'피버 페스티벌'을 국내 대표 음악 축제로 키우겠다는 엔씨소프트의 전략이었다. 엔씨소프트는 '리니지' 시리즈로 잘 알려진 게임 기업이지만 게임 역시 엔터테인먼트의 한 분야로 보고 공연을 통해 대중문화 영역에서 이용자들과의 접점을 찾는 시도를 한 것이다. 공연 사업을 통해 수익뿐만 아니라 기업 이미지, 고객층을 다양한 분야로 확대할 수 있을 것으로 기대하고 있다.

엔씨소프트는 현재 주력 가치를 높이는 것보다 잠재적 가치, 즉 미

| 유형 | 목적 | 국내기업 | 해외기업 |
|---|---|---|---|
| 사회<br>공헌<br>전략 | 기업 이미지 제고 | 금호아시아나그룹 | 알트리아그룹 |
| | | 경남스틸 | 도요타 |
| | | 삼성문화재단 | 메트라이프재단 |
| | | 삼성테스코홈플러스 | 비피 |
| | | 신한은행 | 아이비엠 |
| | | 이건산업 | |
| | | 코리아나화장품 | |
| | | 파라다이스그룹 | |
| | | 포스코 | |
| | | 한국전력공사 | |
| | | 한국토지공사 | |
| | | 한화그룹 | |
| | | 현대중공업 | |
| | | CJ그룹 | |
| | | LG연암문화재단 | |
| | | SK텔레콤 | |
| 마케팅<br>전략 | 문화예술 차용,<br>접목을 통한 기업,<br>제품,<br>브랜드 가치 창출 | 쌈지 | 도요타 |
| | | 르노삼성자동차 | 도바도 |
| | | 제일화재 | 솜포보험 |
| | | 하나은행 | 에르메스 |
| | | 현대백화점 | |
| | | LG패션 | |
| | | LG전자 | |
| 경영<br>전략 | 문화예술의 창의성,<br>미래지향적 속성을 자기계발,<br>직무교육 등에 활용하여<br>경영자원으로서의<br>기업문화 구축 | 우림건설 | 화이자 |
| | | 성도GL | 대일본인쇄 |
| | | LG생활건강 | |
| | | | 재규어&랜드로버 |

❙〈표33〉 기업 문화 마케팅 및 스폰서십의 유형별 사례

래 이용자 확장을 위한 전략을 펼치고 있다. 당장 실익을 따지기보다는 5년, 10년 후를 내다보는 장기적인 안목을 가지고 있는 사례로 알려져 있다.

공연예술 스폰서십에 참여한 기업들은 다양한 효과를 기대할 수 있는데 이는 기업 이익과 연관 지어 살펴볼 필요가 있다. 기업은 공연, 축제 스폰서십을 통해 기업 PR 측면에서 이미지 향상을 도모할 수 있어야 한다. 기업의 스폰서십 마케팅은 자사에 대한 인식과 이미지를 향상하는 두 가지 기본 요소를 주목적으로 한다. 관객들이 기업 브랜드를 기억할 수 있도록 공식 후원사의 브랜드를 지속 노출하고 관련 상품을 시음, 시연, 현장 판매하는 의미도 있지만, 앞으로의 판매 촉진 효과를 위해서 진행하는 때도 있다. 이러한 움직임은 이미지 광고를 중점으로 해 긍정적인 기업 브랜드의 가시성을 높일 수 있는 수단으로도 작용한다.

이때 제안자는 공연물이 기업 이미지에 적합한지 사전에 충분히 검토해서 경쟁사 차별화 전략을 제시할 수 있어야 한다. 특히 음악 페스티벌과 같은 대형 콘서트는 공연 이벤트나 부대 행사를 진행함으로써 제품이나 기업에 관해 차별화된 이미지를 줄 수 있고 수익을 증대시킬 수도 있다. 이 경우 한 기업과 독점 스폰서십을 맺었을 때 그 효과가 클 것이다.

## 5) 파라다이스그룹

파라다이스그룹은 '한국 문화예술의 미래를 위해 투자하는 기업'으로 알려져 있다. 파라다이스그룹은 1972년 설립 이후 호텔, 레저, 카지노를 비롯한 관광 서비스 사업을 중심으로 하는 중견 우량 기업이었다. 그러나 카지노 사업으로 인해 부정적인 이미지가 강했다. 파라다이스그룹은 이를 극복하기 위해 교육 사업과 문화재단을 설립하고 장애인 복지 증진을 위해 복지재단까지 설립, 지원하는 등 기업 이미지 제고를 위한 다양한 노력을 해왔다.

파라다이스그룹은 파라다이스문화재단을 통해 문학 및 미술작가 지원 사업을 집중적으로 전개하고 있다. 1993년부터 매년 가을 부산 해운대 파라다이스 호텔에서 '시와 음악 축제'를 개최하고, 국내 미술작가를 공모해 매년 뉴욕 근교에서 진행하는 '아트 오마이 인터내셔널 아티스트 레지던시Art Omi International Artists Residency'에서 여러 국가 작가와 공동 작업 기회를 제공하는 '뉴욕 아트 오마이 레지던시 사업' 참가 접수를 받아 지원하고 있다. 파라다이스그룹이 아직 국내 일반인들에게 많이 인식되지는 못했지만, 계원예술고등학교와 계원조형예술대학을 설립, 운영함으로써 재능 있는 문화예술 인재 배출을 위한 육성 사업을 해오고 있다. 특히 파라다이스문화재단은 문화기관은 물론 공연 및 문화 행사가 이루어지는 곳과 다양한 스폰서십을 맺어 후원자로서의 역할을 하면서 기업 이미지를 개선하고 있다.


## 6) 알트리아 그룹

미국의 알트리아 그룹은 국민에게 비난을 받아온 기업이다. 주로 밀러 맥주와 필립모리스 담배를 생산 판매하는 회사이다 보니 1950년

| 목적 | 기업명 | 전략 내용 |
|---|---|---|
| 사회공헌 전략 | 린나이 코리아 | **린나이팝스오케스트라 운영을 통해 문화기관 재능 기부 음악회 지원**<br>• 의미가 있는 부분은 오케스트라 단원 대부분이 린나이 생산 라인 직원으로 구성되어 있어 회사 측면에서 공연의뢰가 있을 경우 전적으로 지원을 함<br>• 지역 문예회관 및 사회복지 단체 무료 초청 공연 지원 |
| | LG 손해보험 | **역량 있는 신진 예술가 및 축제 스폰서 활동**<br>• 2004년부터 국내 재즈 수준을 세계에 알리는 '자라섬 국제 재즈 페스티벌' 후원 |
| | 포스코 | **포항의 효자아트홀, 광양의 백운아트홀 등 지역 내 문화공연 인프라 구축, 공연 지원**<br>• 음악회, 연극, 뮤지컬, 무용, 국악 등의 공연을 연간 40회 이상 무료 제공<br>• 포스코센터 열린음악회, 캠퍼스 음악회, 서울시 청소년 교향악단 지원 등 |
| 마케팅 전략 | 국민 은행 | **국립극장 야외극장 리노베이션 사업 지원**<br>• 사업비 25억 원 지원, 국내 최초 민간기업명 사용한 KB하늘극장<br>• 장애인과 비장애인 극단 '어우름' 후원 |
| | 대한생명 보험 | **클래식 음악의 대중화 지원을 통한 고객 마케팅**<br>• 예술의전당 '김용배의 11시 콘서트' 공연 후원<br>• 유라시안필하모닉오케스트라 후원으로 독거노인, 장애인, 복지시설, 보육시설, 아동 등 찾아가는 음악회 개최 |
| | 티파니 코리아 | **예술지원을 통한 제품의 고급 브랜드 이미지 구축**<br>• 세계적 음악가의 국내 공연 후원<br>• 유키 구라모토, 빈 필하모니 오케스트라 공연지원 및 무료 초청 |
| 경영 전략 | 현대, 기아자동차 | **예술을 통한 기업 구성원의 화합 증진**<br>• 사내 순회 음악회 '행복 엔진 콘서트' 진행<br>• 사옥 문화나눔 콘서트 등 |
| | KT | **문화를 통해 임직원 감성 개발, 창조 경영 원동력으로 활용**<br>• 원더 경영: 내, 외부 고객에게 감동을 주자는 취지에서 문화예술에 대한 붐 조성, 감성 경영 기반 구축 |

| 〈표34〉 전략적 측면의 기업 문화 활동 사례

대 알트리아 그룹은 건강을 해치는 술, 담배 회사로 지역 사회의 거부

대상으로 여겨져 중대한 위기에 처하게 되었다. 알트리아 그룹은 이런

점을 개선하고자 메세나를 통해 사회 공헌을 시작했으나 부정적인 이미지가 쉽게 바뀌지는 않았다.

알트리아 그룹은 1958년 켄터키주 아트페스티벌 후원자 활동을 50여 년이 지난 지금까지도 하고 있다. 무엇보다 뉴욕시립오페라단의 공식 스폰서로 활동하면서 그룹 계열사별로 특징에 맞는 분야에 대규모 지원을 하고 있다. 물론 초창기에는 지원 활동에 많은 어려움을 겪었다. 심지어는 스폰서를 받는 곳에서조차 기업의 부정적 이미지 때문에 알트리아 후원 노출을 꺼리는 정도였다. 그러나 지금은 뉴욕시와 협력해 뉴욕 관광과 문화산업을 지탱할 만큼 큰 역할을 하고 있을 뿐만 아니라 지역사회에 없어서는 안 될 훌륭한 기업으로 평가받고 있다.

국내외 문화 활동을 통한 문화 마케팅 사례를 볼 때 많은 우수 기업이 사회 공헌에 참여하고 있다. 기업들의 문화 활동 스폰서십 유형과 내용을 보면 크게 문화예술, 사회복지, 교육(공교육과 예술교육) 등으로 나눠 볼 수 있다. 특히 기업들은 총체적인 경영 일선에 일부 문화 활동을 포함해 추진하고 있는데 이는 사회공헌 전략, 마케팅 전략, 경영 전략 측면으로 활용되고 있다.

## 설득과 협상

공연기획자는 공연을 성공적으로 기획하고 운영하기 위해 다양한 이해관계자들과 협력해야 한다. 이 과정에서 예술가나 연출자, 창작자들뿐만 아니라 다양한 이해관계자들과의 소통이 필요한데, 이때 상호 협력과 의사소통 능력이 중요하다. 이를 통해 공연기획자는 이해관계자들의 욕구와 관심사를 파악하고 공연에 대한 의견을 수렴하여 최종적으로 공연을 기획하게 된다. 공연을 기획하다 보면 다양한 문제가 발생하는 경우가 많은데 이때 공정하고 상호 이익을 고려한 타협과 해결책을 찾는 것이 무엇보다 중요하다.

또한 관객과의 의사소통은 극장 운영에 지대한 영향을 끼칠 수 있기 때문에 다양한 이해관계자들의 욕구와 관심사를 이해하고 수용하는 능력을 갖추는 것은 매우 중요하다. 이렇듯 상호 협력과 의사소통은 긍정적인 관계를 유지하고, 문제가 발생할 경우라도 공연을 성공적으로 운영할 수 있게 하는 도구가 된다.

설득과 협상의 기술은 원활한 의사소통에서 출발한다는 전제하에 상대를 설득하고 원만한 협상 타결을 하는 데 있어 '언어'가 얼마나 중요한지를 강조하고 싶다. 시간을 아끼고 비용을 줄이기 위한 협상을 하기 위해서는 마음의 언어로 표현하고 진정성 있는 대화로 협상 테이블에 나아가야 한다. 누군가는 '눈빛과 제스처'를 일컬어 마음을 움직이는 제2의 언어라고 했다. 흔히 사람들은 입으로 목소리만 내면 상대방에게 자신의 의사를 전달했다고 생각하겠지만 말의 성취가 없으면 올바른 커뮤니케이션을 했다고 볼 수 없다. 평소 일상에서 소통하는 모든 말에는 힘이 있어야 한다. 여기서 힘이란, 신뢰감과 전달력, 영향력이 있어야 한다는 뜻이다.

일상에서든 업무에서든 합리적인 사람의 입에서 나오는 말에는 믿음이 실리고 강한 호소력이 있으며 실행으로 이어지는 영향력이 발휘되기 마련이다.

말은 아주 일상적인 만큼 책임감 있게 다뤄져야 한다. 단순히 말해서 의사를 전달하는 그 이상의 힘을 가지고 있기 때문이다. 한 번 입밖을 나온 말은 주워 담기가 어렵다는 것을 모르는 사람은 없다. 그러므로 정보 전달의 목적이 있는 말은 상대방에게 올바른 정보가 전달될 수 있도록 더욱 노력해야 한다. 특히나 설득하거나 협상을 위해 하는 말에도 전략이 필요하다.

말이라는 건 듣는 사람이 있어야 소통이 성립된다. 그리고 말을 잘한다, 말에 힘이 있다는 것을 결정짓는 주체는 상대방이다. 즉, 협상 대상자이다. 상대방을 나의 목적지로 유도하기 위해서는 결코 독단이란 있을 수 없다. 분명한 합의와 타협이 이루어졌을 때 목적한 사업을 순조롭게 진행할 수 있다. 설득과 협상은 내부 조직에서도 이루어진다. 기획안을 관철하거나 공연해야 하는 경우 팀장 내지는 CEO를 설득해야 할 때가 있다. 이때는 상황과 여건에 맞는 말, 상대의 입장을 생각하고 배려하는 자세로 쓰는 말을 해야 긍정적인 결과를 끌어낼 수 있다. 이와 반대로 불신과 화를 키울 수 있는 것도 말의 위력이라는 것을 잊지 말고 설득과 협상을 위한 논리적 사고 함양과 상대방의 입장을 먼저 생각하는 배려심은 길러야 한다. 이는 공연기획자가 지녀야 할 기본이다.

설득은 심리전이다. 따라서 상대방의 말을 들어주는 것에도 훈련이 필요하다. 고객이 더 많은 말을 하도록 시간을 준다는 것은 결코 손해 볼 일이 없고 상대방을 파악하는 데 많은 도움이 되기 때문이다. 극장에 있는 대부분의 기획자는 관객이 클레임Claim을 제기할 내용을 전혀 알지 못한 채 접하는 경우가 대부분이기 때문에 더욱 잘 듣는 자세가 필요하다. 그렇다고 듣고만 있어서는 안 된다. 고객에게 시선을 고정한다든지, 머리를 끄덕이는 제스처로 공감을 보이는 행동은 고객의 말을 경청하겠다는 시그널을 전달하는 인상을 주기 때문에 설득에 아주 효과적일 수 있다.

이때 절대 잊지 말아야 할 것은 진정성이다. 동의와 이해의 추임새는 매우 중요한 반응을 전달한다. 제스처와 공감은 신비로운 제2의 언어다. 특히 고객이 말하는 내용을 노트에 기록하는 성실함은 좀 더 적극적으로 문제를 해결해 보겠다는 의지로 전달되기도 한다. 이러한 모습을 보인 뒤에 의견을 말하거나 질문을 한다면 문제를 해결해 가는 과정 중에 7부 능선은 넘었다고 볼 수 있다.

이처럼 극장 일을 하다 보면 사소한 일부터 중대한 일까지 설득해야 할 일이 참 많다. 현장에서 광고지를 들고 홍보하는 것도 설득의 과정이고, 어찌 보면 공연기획 자체가 관객들을 설득하는 과정이 아닐까 싶다. 그렇기에 매일이 새롭고 때론 돌발적인 상황도 많이 일어난다. 하지만 나 자신을 설득하고, 동료를 설득하고, 더 나아가 관객을 설득했을 때의 짜릿함은 공연기획자만이 알 수 있는 이 일의 매력이 아닐까 싶다.

# 재원 조성의 발전과 현황

"문화예술도 기승전 '돈', 재원 조성 필수적" <예술의전당 다양한 후원처 발굴도 적극 추진>, 2019.04.30. 서울경제

"GS칼텍스, 아동, 청소년 1만여 명" <마음 톡톡' 예술치료 지원>, 2017.09.21. 한국경제

"문화사업에 투자하세요..." <예술분야 투자형 크라우드 펀딩>, 2019.09.30. 파이낸셜뉴스


예전이나 지금이나 문화예술 시장 전반에 걸친 재원에 대한 갈증은 쉽게 해소되지 않는다. 극장들은 저마다 기업 협찬 내지는 소액이라도 후원을 늘려보겠다는 각오다.

이런 갈증을 해소할 수 있는 또 다른 가능성을 엿볼 수 있는 곳이 있다. 바로, 기업들의 문화예술 후원 참여다. 최근 기업들이 문화예술 후원자로 나서 문화예술계에 오아시스 역할을 하고 있다. 본지를 통해 몇몇 기업의 사례를 소개하기에 앞서, 기업의 문화예술 후원을 문화예술의 외연 확대로 볼 것인지, 극장 성장 기반의 버팀목으로 볼 수 있을 것인지는 독자의 판단에 맡긴다.

현대오일뱅크는 청소년과 소외 계층을 위한 콘서트, 장애인 관련 영화 사업을 통해 지속적으로 문화예술 후원을 해오고 있다. 특히 10여 년 이상 드림 콘서트를 후원하며 임직원들에게도 공연 관람 기회를 부여함으로써 기업 문화 이미지 개선과 사내 복지 혜택을 지원하고 있

다. 특히 강릉문화재단은 현대오일뱅크가 씨 마크 페스티벌을 후원하면서 재단 임직원들은 다양한 교육 혜택을 지원받기도 한다.

크라운해태 홀딩스는 과자 모양도 일종의 조각 예술임을 강조하며, 국악과 조각 미술에 지원 및 투자를 하고 있다. 대표적으로 서울 아리랑 페스티벌과 창신제, 한여름 밤의 눈 조각전 등 지역 축제 지원을 하고 있다.

한미약품은 가현문화재단을 통해 의사들의 신춘문에 활동을 돕고 장애인 대상 문화예술교육 및 각종 공연 사업을 지원하는 등 다년간 지속 후원하고 있다. 한국예탁결제원은 KSD나눔재단을 설립해 다양한 문화 사업을 펼쳐가고 있으며 부산 꿈의 오케스트라 후원으로 운영을 돕는가 하면, 문화소외계층에 공연 관람을 지원하고 있다.

이처럼 기업들의 문화예술 후원 참여는 대한민국 문화예술 시장의 규모를 키워갈 뿐만 아니라 문화예술과 기업이 상생할 수 있는 환경을 만들어 가고 있다. 재원이 직접적으로 극장에 유입되지 않더라도 문화예술 발전에 진정성을 둔다면 분명한 변화와 바람직한 문화의 발전을 앞당길 수 있을 것이다.

한국메세나협회는 기업 문화예술지원을 위한 역할을 하는 곳이다. 2013년 기업 문화예술지원 현황 조사에 따르면 기업 인프라를 활용한 투자, 기부금 규모가 매년 증가하는 추세다. 하지만 기업 자체 투자에 비해 직접적인 예술후원 활동에 대한 실제 예술계의 체감치는 낮은 것으로 분석됐다.

2013년 조사 내용을 토대로 나누어 보면 인프라 972억 원(▲13.5%),

서양음악 206억 원(▲36.8%), 문화예술교육 198억 원(▼15.7%), 미술·전시 95억 원(▲17.5%), 뮤지컬 44억 원(▲23.3%), 국악 53억 원(▲108.3%), 연극 37억 원(▲81.9%) 등이다.

이렇듯 기업에서는 문화예술 분야 투자를 수행하고 있는데 문화예술계 및 극장에서는 정작 별 감흥이 없는 이유는 무엇일까? 답은 간단하다. 문화예술 시장에 분명히 인프라와 예산은 투입되고 있으나 기업과 예술기관, 극장이 잘 이어지지 못하고 있기 때문이다. 현재는 기업이 직접적인 형태로 문화 사업을 주최하거나 자체 문화재단을 설립해 두 마리 토끼를 다 잡겠다는 의지를 강하게 보이고 있는 상황이다. 그러나 이제는 국민 정서와 신뢰도가 높은 공익법인 극장으로 예산 연계와 투자가 이루어지길 바란다.

일/러/두/기

**한국메세나협회**

■ 메세나(MECENAT)란 고대 로마제국의 정치가로 문예 보호에 크게 공헌한 마에케나스의 이름에서 유래된 '문화예술에 대한 지원 활동이나 지원자'란 의미의 프랑스어다. 기업이 문화예술지원을 통해 사회에 공헌하고 국가 경쟁력에 이바지하는 것을 지칭한다. 우리나라에서는 1994년, 한국메세나협회가 설립되어 현재 200여 개의 기업을 회원사로 두고 있으며 상호 간 긴밀한 네트워크를 구축하여 다양한 영역에 걸쳐 기업과 문화예술 부문과의 교류 활동을 지원하고 있다.
www.mecenat.or.kr

# 7장

## 공연 계약

# 공연 계약의 이해

공연 준비에 있어 가장 먼저, 계약 관계가 성립되어야 한다. 계약은 서로 대립하는 관계에 있는 둘 이상 법률 주체 사이에 합의된 내용을 성립하게 하는 법률 행위를 말한다. 계약은 예술 활동의 권익 보호와 사회적 인식의 변화 아래 불공정한 거래가 이루어지지 않도록 예방하는 준거로 기능할 뿐 아니라 법적 효력을 가진다. 계약을 맺는 것은 양자 모두에게 필수적인 절차이다. 계약은 분쟁이 발생했을 때 합리적인 기준을 제시함으로써 문제를 공정하게 해결할 수 있는 안전 장치로 작용한다. 과거에는 공연제작자 또는 공연 매니지먼트 회사가 우월적 지위를 악용해 예술인들에게 비용을 제대로 지급하지 않는 등의 손해를 끼치는 경우가 많았다. 무계약 또는 구두 계약 관행, 계약 관련 전문 지식의 부족으로 손해를 입는 경우도 다반사였다. 계약은 매니저와 예술인, 예술단체와 극장 간에 필수적으로 이루어져야 할 중요 항목이다.

계약과 관련해 공연 시장에서 한 번쯤 눈여겨봐야 할 지점이 있다. 국내 공연물이 다뤄질 때와 국외 작품을 국내로 반입해서 공연하는 경우, 또 하나는 국내 공연을 해외로 파는 경우의 계약이다. 로마에 가면 로마법을 따르라는 속담처럼, 국제 공연 계약을 다룰 때는 국가가 다르다는 점보다는 준거하는 각국의 법체계가 다르다는 점에 주목해야 한다.

계약의 목적은 공연 준비 진행부터 공연을 마치고 공연료를 지불받기까지 당사자의 권리를 보호받기 위함이다. 따라서 분쟁이 생겼을 경우를 대비하자. 서로 다른 법체계 간에 계약을 맺을 경우, 어느 국가 및 어느 법체계를 기준으로 계약을 체결하고, 혹시나 분쟁이 생겼을 때 어디에서 소송 및 중재를 할 것인지를 정하는 것은 매우 중요한 일이다.


## 공연 계약의 종류와 특수성

공연은 단순 물품 구매와 달리 예술인의 특정 기술이 필요한 영역이기 때문에 공연예술의 특수성과 분야의 전문성을 특례로 볼 수 있다. 최근 들어 예술 활동을 문화산업으로 보는 경향이 있지만, 타인이 모방할 수 없는 예술적 가치를 소유한 경우가 그렇듯 사람(예술가)에 대한 부분이 크기 때문에 특수한 경우로 볼 수 있다.

공연예술계 종사자 대부분이 문화예술 전공자로서 전문 분야에 대한 자긍심이 높고 예술가라는 직업의식이 강하다. 따라서 장르별로 언어 내지는 계약 문구의 해석이 다를 수 있다. 그러다 보니 공연을 성사하기 위한 계약 과정과 조건이 비교적 까다로울 수 있다. 그러나 계약이란 무엇보다 대립 관계에서 양측이 만족할 수 있는 조건을 끌어내 성립하는 법률 행위라는 점을 잊지 말자.

특히 최근에는 국내외 할 것 없이 콘텐츠 유치 목적에 따라 국제 계약을 체결할 일이 생기곤 한다. 국제 계약은 국제 거래가 성립될 수 있도록 체결하는 계약이다. 국제 계약의 경우도 분쟁이 발생했을 경우를 전제로 작성되며 그렇기에 소송 및 중재와 관련된 부분을 명확히 하는 것이 중요하다. 이는 공연 사업의 원활한 수행에 있어서도 안전장치가 되기 때문에 그 중요성이 매우 크다. 특히 이 영역에서는 서로 다른 국가, 법체계 간의 계약 시 어느 국가 법체계로 계약할 것인지를 결정지어야 하는데 계약을 체결했더라도 문제 또는 분쟁이 생겼을 때 어디에서 소송을 할 것인지를 미리 정하는 것은 손실을 줄이고 사건을 풀어가는 데 있어 유리할 수 있다. 예컨대 미국만 보더라도 주마다 법이 다르기 때문에 계약 전 이를 반드시 학습하고 체크하는 과정이 필요하다. 미국 내에서도 엔터테인먼트 산업이 왕성한 '뉴욕 법'을 따르게 된다면 문화예술 산업의 중심지라는 특성 때문에 다른 지역보다는 분쟁을 해결하기 위한 장치들이 잘 갖추어져 있어 수월하게 소송과 중재를 신청할 수 있다.

■ 출연 및 공연제작 참여자 계약의 종류
• 출연진: 주역, 조연, 앙상블(합창 및 무용) 등
• 지휘자, 연주자Conductor

- 연출Director

- 작가Book, 가사Lyrics, 번역Translation

- 작곡Music, 편곡Arrange, Danoe Suervisor

- 안무Choreographer, 무용감독Dance Supervisor

- 드라마터그, 총감독, 연출, 조연출

- 무대 디자인Soenin Design(제작 및 설치업체)

- 조명 디자인Lighing Design(장비렌탈 및 조명오퍼)

- 음향 디자인Sound Design(장비렌탈 및 음향오퍼)

- 의상 디자인, 분장·헤어 디자인

- 제작 감독Production Supervisor, 기술 감독Technical Supervisor

- 무대 감독Production Stage Manager, 무대 크루Stage Crew

- 홍보, 마케팅(에이전시), 캐스팅 매니저, 특수효과 등

계약은 공연 유형과 운영 방식에 따라 그 방식이 조금씩 달라지기도 하고 분야별로는 영화, 대중문화, 공연예술, 만화, 출판, 방송, 미술로 크게 나눠볼 수 있다. 분야별 계약서 종류는 〈표35〉와 같다.

| 분야 | 계약서 종류 | 관련 근거 |
|------|-----------|----------|
| 공연예술 | 1. 창작 계약서<br>2. 출연 계약서<br>3. 기술지원 계약서 | 문화체육관광부<br>한국예술인복지재단 |
| 대중문화 | 1. 대중문화예술인(가수, 배우) 방송 출연 계약서<br>2. 대중문화예술인(가수·연기자) 전속 계약서 | 콘텐츠산업진흥법<br>제25조 |

| 만화 | 1. 출판 계약서<br>2. 전자책(E-book) 발행 계약서<br>3. 웹툰 연재 계약서<br>4. 매니지먼트 위임 계약서(저작재산권 위임계약서)<br>5. 공동 저작 계약서<br>6. 기획만화 계약서 | 콘텐츠산업진흥법 |
|---|---|---|
| 출판 | 1. 단순 출판허락 계약서<br>2. 독점 출판허락 계약서<br>3. 출판권 설정 계약서<br>4. 출판권 및 배타적 발행권 설정 계약서<br>5. 저작재산권 양도 계약서<br>6. 저작물 이용허락 계약서(해외용)<br>7. 저작권 양도 및 이용허락 계약서 | 한국저작권위원회 |
| 방송 | 1. 방송영상프로그램 제작 스태프 근로 계약<br>2. 방송영상프로그램 제작 스태프 하도급계약서<br>3. 방송영상프로그램 제작 스태프 업무 위탁 계약서<br>4. 방송작가 집필 계약서<br>5. 방송프로그램 제작 계약서<br>6. 방송프로그램 방영권 계약서 | 콘텐츠산업진흥법 |
| 영화 | 1. 상영 계약서<br>2. 시나리오 계약서<br>3. 영화화 권리 이용허락(양도) 계약서<br>4. 각본, 각색 계약서<br>5. 근로 예약서<br>6. 영화투자 계약서 | 영화진흥위원회<br>2011 표준계약 권고안 |
| 미술 | 1. 작가와 화랑 간의 전시 및 판매위탁 계약서<br>2. 작가와 화랑 간의 전속 계약서(매니지먼트 계약서)<br>3. 작가와 화랑 등 간의 판매위탁 계약서<br>4. 소장자와 화랑 등 간의 판매위탁 계약서<br>5. 매수인과 화랑 등 간의 매매 계약서<br>6. 매수인과 작가 간의 매매 계약서<br>7. 작가와 미술관 등 간의 전시 계약서<br>8. 독립 전시기획자와 미술관 등 간의 전시기획 계약서<br>9. 대관 계약서<br>10. 작가와 모델 간의 모델 계약서<br>11. 건축물 미술작품 제작 계약서 | 문화체육관광부<br>고시제2019-11호 |

┃ 〈표35〉 문화예술 분야별 계약서 종류

| 구분 | 항목 | 세부사항 | 주요 내용 |
|---|---|---|---|
| 서두 | 표지 제목 | • 계약서 제목(계약명) | • 작품명 계약 |
| | 취지, 목적문 | • 계약의 기본사항 | • 계약의 당사자(아티스트or예술단체)<br>• 계약 기간, 계약 개요 |
| | 계약 설명문 | • 계약조항 | • 전문(조항 설명) |
| 본문 | 주요규정<br>(실질사항) | • 계약의 목적 | • 예술단체 or 출연자 확정<br>• 프로그램, 일시, 장소, 운영 내용 |
| | | • 계약의 재정 | • 공연료(출연료)<br>• 항공, 운송, 숙박료 등(지급방식) |
| | | • 당사자 의무(초청자) | • 극장소 제공(섭외), 악기운반, 교통, 통역 제공 등 |
| | | • 당사자 의무<br>(출연자, 단체) | • 공연 자료(사진, 영상) 제공<br>• 출연자(악기, 기자재) 안전보험 가입 등 |
| | 일반규정<br>(관리규정) | • 고용규정 | • 출연자 고용 계약(확정) |
| | | • 불가항력 | • 계약 후 이행 조치, 이행 연기, 손해 배상, 반환 장치 필요 |
| | | • 준거법 | • 초청(내한): 유리한 내국법 적용<br>• 출장(외국): 국가별 상의(전문가 자문) |
| | | • 관할법원 | • 가능한 유리하게 내국법 적용<br>• 재판관할 소재지 |
| | | • 최종 합의 조항 | • 계약의 법적 효력, 합의 내용 완결 |
| | | • 책임보험 | • 공연 기간 내 사고, 대인대물 피행의 보상(통상 초청자 측 책임) |
| 말미 | 종결문 | • 종결 문언 | |
| | 당사자 서명<br>(날인) | • 서명 날인의 효력 발생 | |
| | 사실 증명<br>(공증) | • 상호 각 1부씩 보관 | |

| 〈표36〉 공연 계약 주요사항

계약서는 자체 기획공연, 공동 기획공연, 대관공연, 해외 초청공연 또는 라이선스 공연 등 공연 종류 및 내용에 따라 달라진다. 계약서의 기본 구조는 〈표36〉과 같이 제목, 개시문, 전문을 포함하는 서두를 시작으로 계약의 주된 내용을 담은 본문, 말미 문언과 서명 날인이 들어가는 최종 부로 구성된다.

행정은 문서로 시작해서 문서로 끝난다. 한편, 예술 활동은 계약으로 시작하여 계약으로 종료된다고 봐도 과언이 아니다. 그만큼 계약이 중요하다는 의미이다. 지방자치단체 계약 법령상 공연 계약은 수의 계약과 일반입찰로 진행하는데, 공연 제작과 공연 작품 실행을 위한 계약은 원칙적으로 전자 입찰에 부쳐야 하는 경우가 많지만 목적, 계약 금액, 극장 계약 규정, 예술작품 특수성 등에 비추어 필요하다고 인정될 때는 지명하여 입찰에 부치거나 수의 계약으로 진행할 수 있다.

예를 들어 특정 예술인이 주역으로 포함된 경우 특정 예술인은 고유한 1인 역을 가지고 있기 때문에 비교 대상이 없다. 이 같은 경우에는 지방자치단체 계약 법령 '자'목을 근거로 수의 계약이 가능하다. 계약 법령은 공사, 물품 구매, 용역 등에 따라 계약 방식 규정이 다를 수 있으므로 법령을 꼼꼼하게 살펴 진행할 수 있기를 바란다.

또한 국제 공연 계약은 한 나라에서 다른 나라로 이동하여 공연을 진행하기 위한 계약인 만큼 해외 아티스트를 초정하거나 역으로 해외로 나가서 공연하기 위한 협상을 진행하고, 공연 일시, 장소, 수익 분배, 규제와 요청 사항 등을 포함하는 계약서를 작성하여 상호 합의해야 한다. 이러한 국제 공연 계약에서는 다양한 사항들이 포함되며, 출연자와 공연제작사의 권리와 책임, 티켓 단가, 판매, 기술 지원, 홍보 마케팅 등을 효과적으로 수행할 수 있도록 해야 한다.

더불어 국제 공연 계약에서는 다양한 법적 문제들을 고려해야 한다. 예를 들어, 각 나라의 법과 규제, 세금, 지급 방법 등이 사전에 파악되어야 하겠다. 따라서 이러한 법적 문제를 처리할 때는 법률, 세법 전문가의 도움을 받길 바란다. 국제 공연 계약 체결은 국내 공연 계약에 비해 더욱 그 중요도가 높으며 올바른 작성과 법적인 검토가 선행될 때 성공적인 공연을 보장할 수 있다.

## 일 / 러 / 두 / 기

- 지방자치단체를 당사자로 하는 계약에 관한 법률 시행령 제25조 제1항 4호 '자'목
- 수의 계약 사유: 공연의 특성상 타 예술단체에서 모방할 수 없는 위 단체만의 공연 기술과 인력 구성(출연진) 및 경험이 요구되므로 상기 단체와 수의 계약 체결
- 공연 계약의 특수성
  - 계약 목적의 공공재적 성격
  - 과점적 시장구조 / 계약당사자 지위의 비대칭성
  - 채무 불이행 해석의 원화와 불가항력 조항의 발달
  - 직종별 조합의 단체 협약에 의한 제약
  - 기술적 용어와 관련 부가 조항의 발달

# 공연 계약 실무

## 1) 자체 기획공연 계약

기획공연은 공간, 인력, 예산을 자체적으로 투입해 운영을 총괄하는 공연 사업을 말한다. 예측할 수 없는 공연 시장에서 흥행을 목표로 자체 재원으로 진행하는 공연인 만큼 위험 부담이 클 수밖에 없다. 그러나 공연기획자의 역량이 발휘된다면 해볼 만한 일이다. 아직까지 우리나라는 자체 제작 방식으로 공연을 만들고 무대에 직접 올릴 수 있는 수준의 극장이 그리 많지 않은 것이 현실이다. 그나마 자체 기획공연이라고 해봤자 제작된 공연을 극장으로 들여 기획 과정을 거쳐 홍보를 시작으로 티켓을 판매하고 공연을 진행하는 과정을 기획공연으로 총칭하는 경우다. 예컨대 세종문화회관의 경우 9개 전속 예술단을 운영하고 있기 때문에 1년에 한두 차례 자체 정기 공연을 제작 운영하는 역량을 가졌을 뿐 직업 예술인을 상주시켜 작품을 직접 생산하는 극장은 몇 안 된다. 종전과 달리 국립예술단체도 법인화되면서 극장에 소속되지 않고 독립적인 예술 기관으로 사업을 펼쳐가고 있다. 지자체마다 도립, 시립, 구립 예술단체를 운영하고는 있지만, 현실적으로 창작 여건 확보가 어려운 데다 제작 예산이 천차만별이라서 현실적으로 제작 극장으로 소개하기는 어려운 점이 많다.

따라서 지역 극장에서 운영하는 기획공연이란 완성된 콘텐츠를 그대로 들여와 극장 인프라와 매니지먼트 결합으로 운영하는 방식이다. 다행히 지금은 순수예술 육성 차원에서 이뤄지는 상주 예술단체육성 지원 사업이 있는데, 이 사업에 참여하기 위해서는 창작물을 극장과 협의해 제작해야 하는 의무가 있다. 이와 같은 공연을 제작하기 위해서는 수많은 계약의 절차를 거쳐야 하는데 그중 대표적인 계약이 기획공연 계약이다. 앞서 설명한 대로 이미 만들어진 작품을 선정하고 작품 가치를 사용하기 위해 체결하는 계약으로 이해해도 좋겠다.

서대문문화회관은 자체 기획공연을 진행하기 위해 먼저 공연 계약을 시행한다. 계약 방식은 2천만 원 이하의 공연비일 경우 수의 계약으로 추진하고, 2천만 원이 넘는 경우에는 전자 입찰 방식으로 체결한다. 이와 같은 공연 계약 과정에는 함정과 딜레마가 존재한다. 극장마다 조금씩 다를 수는 있지만 계약 규정과 절차에 의한 계약을 시행하다 보면 문화예술에 적합하지 않은 규정에 맞춰야 하는 어려움이 있다.

예컨대 지자체에 예속된 극장은 지방자치단체 계약법에 따라 계약하고 있는데, 예술 사업을 공사 계약과 마찬가지로 처리하다 보니 예술의 가치와 특수성이 인정될 리 없다. 그러다 보니 계약 담당자와의 사투를 벌이면서 계약을 안 할 수도 없고 하자니 모든 것이 공연예술과는 안 맞는 것 때문에 늘 딜레마에 빠지게 된다. 그러나 계약은 죽이 되든 밥이 되든 빼놓을 수 없는 자체 기획공연의 첫 번째 행위이자 중요한 절차이기 때문에 반드시 시행되어야 한다.

2017년 12월 JTBC 오디션 프로그램 팬텀싱어 출신의 듀에토Duetto와 트로트 가수 주현미 주역으로 콘서트를 기획한 적이 있다. 20인조 체임버 오케스트라 라이브 연주가 포함되어 있던 만큼 나름 야심 차게 준비했다. 티켓 오픈 4일 만에 전석 매진이 되었고 취소 티켓을 사겠다는 문의가 있을 정도로 인기몰이를 했다. 극장에서는 티켓도 다 팔았으니 공연 운영에만 신경을 쓰면 되는 상황이었다. 오케스트라는 편곡 연습이 한창이었고 연출 회의는 일주일에 두 번씩 순조롭게 진행됐다. 무엇보다 공연은 자체 예산만으로는 부족했기 때문에 공모 지원을 받아 예산도 충당할 수 있었고 덕분에 출연자 섭외도 미리 해둘 수 있었던 좋은 여건이었다.

이렇게 모든 일이 순조롭게 진행되던 순간, 뜻밖의 일이 생겼다. 매니지먼트사와 여러 차례 일해왔던 터라 구두 계약으로만 일정을 잡아놓았던 것이 화근이 되었다. 12월 연말이면 인기가 좀 있다고 하는 뮤지션들의 호황기다. 다른 곳에서 돈을 더 주겠다고 하면 파기될 수 있는 게 구두 계약이다 보니, 서면 계약이 확실히 되지 않았다면 언제든지 돌아설 수 있었다. 6개월 전 구두 계약을 했지만, 서면 계약을 하지 않았던 상황에서 같은 날 공연이 이중으로 잡힌 것이다. 미리 계약서에 도장을 찍었더라면 서로가 불편해질 일이 전혀 없었다. 극장에서는 공연 티켓을 모두 다 판매한 상황에서 전량 환불을 할 수도 없고 공연을 취소할 수도 없는 진퇴양난을 맞으면서 회사 분위기는 어수선해졌다. 결국 밤낮으로 출연자를 직접 만나 간절하게 출연을 부탁해야 했고 설득과 협상 끝에 다행히 공연 3일 전 출연 의사를 어렵게 확답받을 수 있었다. 공연기획 과정에서 서면 계약이 얼마나 중요한지를 고스란히 보여주는 사례다.

어렵게 진행되었던 공연이었지만 쥐구멍에도 볕 들 날이 있다는

# 자체 기획공연 계약서

제작자 ＿＿＿＿＿＿＿와 극장 ＿＿＿＿＿＿＿＿은 ＿＿＿＿＿＿＿＿＿＿＿공연(이하 '본 공연'이라함)과 관련하여 다음과 같이 계약한다.

## ◦ 제1조 (계약의 목적)

이 계약은 본 공연과 관련하여 제작자와 극장 사이의 권리와 의무를 명확히 하는 것을 목적으로 한다.

## ◦ 제2조 (공연개요)

① 본 공연의 개요는 다음과 같다

   1. 공연명:

   2. 공연일정: ＿＿＿＿＿년 ＿＿＿월 ＿＿＿일부터 ＿＿＿＿＿년 ＿＿＿월 ＿＿＿일까지

   3. 공연횟수:

   4. 연습일정: ＿＿＿＿＿년 ＿＿＿월 ＿＿＿일부터 ＿＿＿＿＿년 ＿＿＿월 ＿＿＿일까지

   5. 극장소:

② 제작단체는 본 공연의 ＿＿＿＿＿＿＿＿＿＿＿ 책임을 한다.

## ◦ 제3조 (계약기간)

본 계약 기간은 ＿＿＿＿＿년 ＿＿＿월 ＿＿＿일부터 ＿＿＿＿＿년 ＿＿＿월 ＿＿＿일까지로 한다.

## ◦ 제4조 (공연료)

① ＿＿＿＿＿＿＿극장은 제작 예술단체에게 제2조 제1항 제3호 ＿＿＿＿＿회 공연료를 다음과 같이 지급한다. 계약금과 잔금의 비율은 양 당사자가 상호 협의하여 아래 표기한 방식으로 정한다.

| (　　)회 분할 지급 □ | 공연 회차별 분할 지급 □ |
|---|---|
| 1. 계약금 ＿＿＿＿＿원 (계약 체결 후 ＿＿＿일 이내)<br><br>2. 잔금 ＿＿＿＿＿원 (공연 종료 후 ＿＿＿일 이내) | 1. 계약금 ＿＿＿＿＿원 (계약 체결 후 ＿＿＿일 이내)<br>2. 공연 ＿＿＿회 ＿＿＿＿＿원 지급<br>  (＿＿＿회 공연 종료 후 ＿＿＿일 이내)<br>3. 잔금 ＿＿＿＿＿원 (공연 종료 후 ＿＿＿일 이내) |

② 공연 일정이 위 제1항의 횟수를 초과하거나, 예술단체 제2조 제2항의 역할 이외에 추가 역할을 담당하는 경우 극장은 예술단체에게 상응하는 공연료를 지급하여야 한다.

③ 제1항 및 제2항에 해당하는 금액은 아래 실연자의 계좌로 입금한다.

   1. 은행명 :

   2. 계좌번호 :

   3. 예금주 :

―이하 생략―

# 공연예술 기술지원 표준계약서

공연기획·제작사 _____(이하 '사용자'라 함)와 _____(이하 '근로자'라 함)는 _____공연 (이하 '공연'이라 함)에 대한 기술지원 등 업무를 위하여 다음과 같은 내용으로 근로계약을 체결한다.

## o 제1조(목적)

이 계약은 근로 조건 및 양 당사자 간의 권리와 의무를 명확히 정함으로써 분쟁을 사전에 예방하고 당사자의 상호 이익과 발전을 도모함을 목적으로 한다.

## o 제2조(계약의 내용)

계약의 주요 내용은 다음과 같다.

| | | | |
|---|---|---|---|
| 공연물 | 공연명 | | |
| | 공연횟수 | | |
| | 공연일정 | 20 년 월 일 ~ 20 년 월 일 | |
| 계약 업무 | 계약 기간 | 20 년 월 일 ~ 20 년 월 일 ( 개월 일) | |
| | 업무<br>(*업무에 해당하는 부분만 명확히 적고, 업무 내용이 많은 경우 별지 사용) | 연습실 내 | |
| | | 무대설치 관련 | |
| | | 리허설 관련 | |
| | | 공연시 관련 | |
| | | 철거 관련 | |
| | | 기타 | |
| | 업무 장소 및 부서 | | |
| | 근로시간 | | |
| | 휴게시간 | | |
| | 업무 담당자 | *성명과 긴급연락처를 명확하게 적음 | |
| 임금 지급 | 구분 | 금액 | 지급 기한 |
| | 인건비 | 금액 원<br>(기준시급 원) | 월 일까지 |
| | 계좌정보 | 은 행 :<br>예금주 :<br>계좌번호 : | |

## o 제3조(계약 기간)

① 사업자의 계약 연장 또는 갱신의 통지가 없는 한 계약 기간의 만료로 이 계약에 의한 근로관계는 종료된 것으로 본다.

② 계약 연장 또는 갱신하기 위해서 사용자는 근로조건을 명확히 하여 계약 기간 만료 ( )일 전에 통지하여야 하며 근로자가 이의를 제기하지 않는 한 근로자는 이에 동의하고 계약은 연장된 것으로 본다.

③ 계약 기간이 만료되었음에도 불구하고 근로자의 근로제공에 관하여 사용자가 이의를 제기하지 않은 경우, 근로 기간을 제외하고 종전과 동일한 근로조건으로 계약이 갱신된 것으로 본다.

④ 제3항에 의해 갱신된 계약은 기간의 정함이 없는 계약으로 하며 양 당사자는 언제든지 계약을 해지할 수 있다.

-이하 생략-

속담처럼 전화위복이 되었다. 공연 당일 무대에서 출연 과정에서 있었던 일이 소개되었고 관객들로부터 공감을 받았다. 이는 출연료보다 지역 관객을 먼저 생각했던 한 뮤지션의 미담으로 언론에 소개되면서 관객은 물론 지역민에게까지 감동을 줄 수 있었다. 기획자는 좋은 공연을 제작하기 위해 늘 고민하게 되는데, '티켓은 잘 팔릴까? 관객은 얼마나 올까?'를 고민하기보다는 관객에게 얼마나 감동을 줄 수 있을지를 먼저 생각하다 보면 티켓은 저절로 팔린다. 무엇보다 공연은 실시간 현장 상황에 따라 예측할 수 없는 일들이 많이 발생한다. 따라서 계약 단계에서부터 돌다리도 두드려 보고 건넌다는 태도로 임해야 함을 잊지 않길 바란다.

## 2) 공동 기획공연 계약

공동 기획공연은 말 그대로 예술단체와 극장이 상생 협업과 협상을 통해 운영하는 공연이다. 극장 특성과 무대, 객석 규모에 따라 수지를 분석하고 작품의 질을 따져 조율해 매칭하는 공연 방식이다. 이와 같은 공연 방식은 서로가 초기 비용을 줄일 수 있을뿐더러 수익 배분을 할 수 있다는 원칙과 장점이 있다.

그런데 공동 기획공연 계약 또한 극장별로 운영 정책에 따라 조금씩 다를 수도 있다. 선정 방식으로는 상·하반기 공동 기획공연 공모를 해서 극장 자체 일정에 맞춰 심사를 통해 작품을 결정하고 기간을 잡는 것이 통상적이다. 공동 기획공연의 또 하나의 장점은 극장 내 연습실과 부대 시설을 충분히 활용할 수 있다는 점인데 혜택이 있을 때도 있지만 아닌 경우도 있기 때문에 극장과의 긴밀한 조율이 필요하다.

다만 작품 제작을 책임지게 될 예술단체는 안정적으로 공연 제작에만 집중할 수 있기 때문에 공동 기획 방식을 선호한다. 무엇보다 극장은 무료 대관을 해주고 무대 장비와 시스템 사용 혜택을 줄 뿐만 아니라 공연 티켓 판매, 공연 운영 등 매니지먼트를 총괄하며 예술단체를 지원한다.

그런데 공동 기획공연 계약서를 작성할 때는 꼭 챙겨 봐야 할 지점이 한두 개가 아니다. 이때 공연기획자는 계약 내용을 면밀히 검토하고 불합리한 계약 내용이 없는지를 꼼꼼하게 체크해 상호가 만족할 수 있는 계약 내용을 확정 짓는 것이 무엇보다 중요하다.

과거에는 예술단체 또는 기획사가 손해를 보거나 밑지는 장사를 하며 이를 울며 겨자 먹기식으로 당연시 받아들일 때도 있었다. 하지만 이제는 이에 대한 제재와 페널티가 엄연히 존재한다. 따라서 공연기획자는 이 영역에 대해 잘 숙지하고 있을 필요가 있다.

또한 공동 기획공연을 진행하는 데 있어서 공연기획 담당자의 선견지명과 센스는 무엇보다 중요하다. 누가 공연의 결과를 섣불리 예측할 수 있겠느냐만 긍정적인 예상치 정도는 직접 판단하고 결정짓는 안목이 무엇보다 중요하다. 작품을 선정하기 이전에 자체 기획공연 수량을 보고 수용되는 공연의 내용과 겹치지는 않는지, 장르별 고른 안배가 되고 있는지를 먼저 파악한 후에 기획공연과 공동 기획공연, 대관 공연의 비율을 따져볼 필요가 있다. 예술단체는 수지 분석을 해서 출연료 보존과 작품 제작비를 거둘 수 있을지 서로 협의할 필요가 있다. 이 점은 공연이 끝나고 정산 시점에 상호가 불편해지는 일이 없도록 하기 위한 최소한의 액션이다. 이를 위해서 공연기획자는 〈표39〉와 같이 예상 관객 수, 판매 수입 목표를 세워 판매 비율별로 예측해 볼 수 있다.

| 구분 | 판매 객석 수 | 권종 | 단가(원) | 판매 비율 | 판매 금액(원) |
|---|---|---|---|---|---|
| 1회<br>(1,000석) | 100석 | VIP | 50,000 | 10% | 5,000,000 |
| | 300석 | R | 30,000 | 30% | 9,000,000 |
| | 400석 | S | 20,000 | 40% | 8,000,000 |
| | 200석 | A | 10,000 | 20% | 2,000,000 |

▎〈표39〉 뮤지컬 티켓 판매 예상 수입(예시)

### 3) 대관 공연 계약

대관 공연은 극장에서 큰 부담 없이 프로그램을 확보할 수 있으면서 동시에 프로그램 다각화를 기할 수 있는 공연 방식이다. 극장 컨디션에 따라 흥행 작품이 대관으로 들어오게 되면 극장 인지도와 이미지 향상에 도움이 된다. 중구 충무아트홀은 기초문화재단 직영으로 운영되고 있는 소규모 극장임에도 불구하고 뮤지컬 공연 대관이 잘 되다 보니 은연중에 뮤지컬 전용 극장이라는 인식과 타이틀을 얻게 된 대표적인 극장이다. 오래된 열악한 극장이더라도 대관료가 저렴하다면 외부 예술단체 공연을 연중 공연으로 기획해 극장이 자체 기획으로 채우지 못하는 부분을 보충할 수 있는 좋은 기회가 된다. 따라서 대

# 공동 기획공연 계약서

〔저작물의 표시〕

　제목:

　장르: 연극(뮤지컬)

〔저작자의 표시〕

　성명: ○ ○ ○ (대표)

　주소: 서울특별시 서대문구○○

　사업장: 서울특별시 서대문구○○　(사업자등록번호 : ○○○○)

　전화번호:

_____(이하'갑'이라 한다)과 공연제작자 _____(대표 _____)
(이하 '을'이라 한다)는 「○○○○○」을 지정 공연 운영함에 있어'갑'과 '을'은 다음과 같이 위 표시 저작
물 ○○○○○(이하'공연'이라 한다)을 지원 공동주관함에 있어 다음과 같이 계약을 체결한다.

**○ 제 1조 (계약의 목적)**

　본 계약의 목적은 '갑'과 '을'이 상호 협력하여 각각의 의무와 권한을 명백히 하여 신의와 성실의 원칙
에 따라 성공적인 '공연'을 개최하는데 있다.

**○ 2조 (공연의 개요)**

　가. 공연개요

| 공연명 | 공연단체 | 공연횟수 | 공연준비 | 공연일자 |
|---|---|---|---|---|
| | | | | |

　나. 극장소:

　다. 주최:

　라. 출연:

　　역할:

　마. 티켓가격:

**○ 제 3조 (계약의 내용)**

　**가. 공동의 의무**

　1) 본 '공연'의 성공을 위하여 '갑'과 '을'은 공동주관함에 있어 상호 긴밀한 협의 하에 본연의 의무를
　　다한다.

　2) 공연저작권과 관련된 법적, 도의적, 사회적 문제가 발생하지 않도록 최선을 다한다.

　3) 본 약정을 기준으로 공연 완료 후 수입 집행내역의 자료와 증빙은 상호확인 및 점검하여 투명하
　　고 공정한 정산이 되도록 한다.

　　　　　　　　　　　　　　　　　　　　　　　　　　　　　　　　-이하 생략-

관을 통해 이루어지는 공연은 대관 공연 작품 심의를 통해 엄선해 진행해야 하겠다.

만일 작품 선정이 잘못되면 아무리 극장 매니지먼트 기술이 좋다 할지라도 관객의 선택을 받기 어렵다. 대관 공연이라고 죽을 쓰든 뭘 하든 내버려 두며 대관 공연을 등한시했다가는 극장 이미지에도 좋을 게 없다. 관객은 대관 공연이든 극장 자체 기획공연이든 상관하지 않고 오로지 극장을 신뢰하고 예약하는 경우가 많다. 따라서 대관 공연 기획사들이 극장 이미지를 흐리는 경우도 종종 생긴다. 대관 수입만을 보고 대관 심사를 소홀하게 여겨 작품성, 대중성, 흥행성을 고려하지 않았다가는 오히려 안 한 것만 못하게 될 수 있다. 그렇다고 흥행성과 대중성이 없는 공연을 대관해서는 안 된다는 말은 아니다. 다만 좀 더 섬세하게 주의해 볼 필요가 있다는 것이다.

서대문문화회관은 주로 기획 대관과 일반 대관으로 나눠 극장을 운영하고 있다. 기획 대관은 극장 자체 홍보 툴을 활용할 수 있도록 해 지역 홍보에 도움을 주고 있다. 예를 들어 극장 홈페이지, 온·오프라인 홍보 채널인 마을버스 홍보물 부착, 유관 기관 홍보 게시판을 활용할 수 있도록 해 지역 관객몰이에 도움을 준다. 이외에도 극장 회원 대상으로 문자 서비스를 제공하는 등 지역의 특성과 여건을 잘 아는 극장이 줄 수 있는 이점을 제공하고 있다.

대신 기획 대관은 좀 더 좋은 작품을 선정해 일반 대관과 차별화시켜 운영하고 있다. 일반 대관은 말 그대로 대관 심사 과정을 거쳐 극장과 별개로 극장만 대관하는 방식이다. 그렇기 때문에 극장의 홍보 매

∞∞∞∞∞∞∞∞∞∞∞∞∞∞∞∞∞∞∞∞∞∞∞∞∞∞
## 대관 공연 계약서
∞∞∞∞∞∞∞∞∞∞∞∞∞∞∞∞∞∞∞∞∞∞∞∞∞∞

서대문구도시관리공단 북아현아트홀(이하 "아트홀")과 ○○○(이하 "○○○")는 북아현아트홀 극장 대관공연 사용과 관련하여 다음과 같은 조건으로 계약을 체결한다.

### ○ 제1조(대관개요)
① 공연(행사)명:
② 공연기간:
③ 공연일자:
④ 촬영시간:
⑤ 공연회차:
⑥ 티켓가격:

### ○ 제2조(사용료)
① 기본사용료는 부가세를 포함하여 총_____원 입니다.

| 구분 | 사용시간 | 사용내역 | 사용일수(일) | 사용료(원) |
|------|----------|----------|--------------|------------|
|  |  |  |  |  |
| 합계 | | | | (VAT별도) |

② "사용자"는 대관계약 체결 후 3일 내로 대관료를 "아트홀"이 지정하는 계좌로 납부한다.

③ 단, 대관 사용일수가 10일 이상인 장기대관의 경우는 대관계약 체결 후 7일 내로 대관료의 30%에 해당하는 계약금을 "아트홀"이 지정하는 계좌로 납부해야 하며, 잔금은 사용예정일 30일 전까지 완납한다.(※수시대관은 사용예정일 10일 이내 계약을 체결한 경우에는 계약 체결 후 3일 내로 사용료 전액 납부하여야 한다.)

④ 기한 내에 계약금 또는 잔금을 납부하지 않거나 타인에게 양도 또는 전대한 경우 "아트홀"은 대관승인을 취소할 수 있다.

⑤ 부대설비 및 장비임차료는 사용예정일 2주전까지 신청해야 하며, 부대설비 및 장비임차   료와 공연진행 중 추가로 발생하는 비용은 공연 종료 후 별도 청구하며 대관 종료일로   부터 7일 내로 납부해야 한다.

⑥ "아트홀"과 공동주최 또는 공동기획으로 운영하는 프로그램의 사용료는 면제할 수 있다.

### ○ 제3조(대관의 변경과 취소)
① "사용자"는 대관 계약 후 대관 사용권을 타인에게 양도 또는 전대할 수 없다.

② "사용자"의 사정에 따라 대관신청 내용의 변경사항이 발생한 경우,'대관 변경/취소 신청서'(별지서식 5)를 제출하여 계약된 내용의 일부 또는 전체를 변경할 수 있다. 단, 행사의 성격이 현격히 바뀌는 경우 "아트홀"은 대관 승인을 재심의 할 수 있다.

-이하 생략-

▌〈표41〉 대관 공연 계약서

체 사용 없이 예술단체 역량만으로 자체적으로 진행하기도 하고 요즘은 외주 홍보 마케팅 위탁을 해서 운영하는 경우도 볼 수 있다.

대관 공연 계약서는 일반 공연 계약서와 다르게 간단한 계약서 양식으로 작성되고 그 절차 또한 간단하다. 공연 계약 방식 형태의 이해를 돕기 위해 대관 공연 계약을 언급했을 뿐, 이 방식은 공연기획자 업무와는 크게 연관성이 없다. 만일 예술단체 또는 공연기획사가 대관 공연을 하고자 한다면 기획 대관을 추천하고 싶다. 서두에서 이야기했던 것처럼 지역 환경, 여건을 잘 아는 공연기획 담당자가 지역 홍보에 도움을 주고자 기다리고 있을 것이다.

### 4) 국제 공연 계약

21세기에 들어 중앙에 자리 잡고 있는 대형 극장뿐만 아니라 지역 중소 규모 극장들도 외연이 확대되면서 해외 공연을 손쉽게 접할 수 있게 되었다. 그만큼 문화예술 시장이 거대 콘텐츠 중심 산업으로 발전했다는 방증이다. 해외 작품이 들어오고 국내 작품이 팔리는 세계 공연시장 흐름에 많은 공연기획자들이 중요한 역할을 하고 있다.

해외 공연 작품을 기획하면서 알게 된 것은 공연 계약이 단순히 언어 소통만으로 이루어지지 않는다는 점이었다. 무대와 현장에서는 같이 보고 공유하는 것만으로도 소통이 가능했다면 국제(해외)공연 계약은 상당히 달랐다. 사용되는 언어며 분쟁 해석, 관련 당사자(국가별) 법이 다른 국제 계약에서는 그 어느 때보다도 공연기획자의 계약 및 저작권에 대한 기본적인 이해가 많이 요구된다.

# AGREEMENT

This Agreement is entered into on this *th day of December 200* by and between 주최사 OOO, Korea, represented by OOO, President(hereinafter called "the PRESENTER") and 해외아티스트 XXX, represented by XXX(hereinafter called "the ARTIST").

WHEREIN both parties have agreed to the following terms and conditions hereunder

## A. ENGAGEMENT DETAILS

The PRESENTER agrees to engage the ARTIST to provide a service for the following.

1) Production Details

   Productions: <ABC>(hereinafter called "the PRODUCTION")

   Venue: △△△극장(hereinafter called "the VENUE")

   Date: April **, **, **, 200*

   (4 performances - hereinafter referred to as "the PERFORMANCES")

2) Rehearsals

   Date: March ** - April **, 200*

   Venue: rehearsal studio

3) Engagement Details

   Date: April ** - April **, 200* (Rehearsals)

   April **, **, 200* (2 performances)

   Role: 역할명

## B. THE PRESENTER'S COVENANTS

4)  The PRESENTER will pay the ARTIST a net fee of **,*** Euros (**,*** EURO). This fee will be paid to the ARTIST as follows:

   – The ARTIST:

   (passport number: )

   (nationality: )

   (birthday: )

   (date of issue / place of issue: )

   (expiry date: )

   (personal address

   —이하 생략—

▎〈표42〉 해외 출연자 계약서                    ⓒ문화체육관광부(예술경영지원센터)

# PERFORMANCE LICENSE AGREEMENT

When signed in the spaces indicated below by all parties, this contract, dated **, 200*, will constitute an agreement between 에이전트OOO ("AGENT") and 제작사XXX, 제작사주소. (The "Producer") whereby <ABC> licenses to Producer the right to produce and present the dramatico-musical work entitled <ABC> by 작가, 작사가, and 작곡가이름(the "Authors") for a production upon the following terms and conditions:

## 1. OOO's Right to License (에이전트의 라이선스 권리)

OOO represents that it has the right to license the production and presentation of the Play on the legitimate stage in Korea (the "Territory") in the Korean language (the "Authorized Language").

## 2. Scope of Producer's License (제작자의 라이선스 범위)

OOO hereby licenses to Producer the exclusive right in the Territory to produce and present one first quality production of the Play, "First-quality production"is defined as a production [i] presented on a fixed and repeated schedule; [ii] presented in top ranking theatres; [iii] presented by one first-rate professional company and director; [iv] employing the best available scenery, costumes and properties; [v] presented on the legitimate stage; [vi] performed by living actors in the immediate presence of the audience; and [vii] presented with an orchestra of not less than ** musicians with Author approval. The orchestration provided will be for ** instruments, a list of available instruments.

## 3. Term (기간)

3.1 Producer agrees to commence presentation of the Play to the public in the Territory(the "Commencement Date") no later than December 1, 200*, and unless such public presentation has commenced on or prior to such date, this License shall automatically terminate.

—이하 생략—

상호 합의된 사항을 명확히 하여 분쟁을 예방하기 위해서 계약을 꼭 진행해야 한다. 국제 공연 계약은 국제 거래와 관련해 체결되는 계약이다. 국제 계약은 그 나라마다 법령이 다르다는 가정에서 출발한다. 각기 다른 국가가 계약을 체결할 경우 어느 국가 법 체계로 계약을 체결할 것인지가 쉽게 결정될 것 같았지만 막상 그렇지 않은 경우가 많다. 앞에서도 언급했지만, 정한 계약 내용에서 분쟁이 발생했을 때 소송 및 중재는 어디서 할 것인지를 정하는 것은 매우 중요하다. 이는 국내 공연 계약에서 볼 수 있듯 분쟁이 발생했을 때 관할 법원을 정하는 것과 같다고 보면 된다. 국내 뮤지컬 기획사들이 많이 접하는 것은 '뉴욕 법' 내지는 '캘리포니아 법'이다.

## 일/러/두/기

- 공연 계약 : 극장, 예술단체 또는 예술인의 권리의 발생·변경·소멸을 목적으로 2인 이상의 법률 주체의 의사 표시의 합치에 의하여 성립하는 법률 조건

- 국제 공연 계약 : 둘 이상의 법체계와 관련된 2인 이상의 당사자 사이에 서로 대립하는 의사의 합치

- 계약의 명칭:
  1) 합의(Agreement)와 계약(Contract)
  2) 계약 체결 과정 서류 : 양해 각서(MOU), 의향서(LOI), 확인서(LOC)
  3) 계약서의 일부로써 본문에 부속하는 서류 : 각종 부록(Addendum, Rider)
  4) 계약 체결 후 서류 : 이면 계약(Side Contract)

## 5) 출연자 및 교육 활동 계약

과거에는 공연예술 분야 종사자가 공연기획사 또는 제작사 대표만을 믿고 무계약 또는 구두 계약을 해오던 때가 있었다. 그러다 보니 공연이 성공적이면 출연료를 마음 편하게 받았지만, 수익이 나지 않았을 때는 비용 지급이 무기한 연기되거나 심지어는 받지 못하는 경우가 흔했다.

이런 상황이 많이 발생하자, 2012년 문화체육관광부는 예술인 복지법 제2조에 따라 창작, 실연, 기술 지원 총 3종의 공연예술 분야 표준계약서를 개발, 보급해 예술인의 기본 권익 보호에 청신호가 켜졌다.

그러나 공연예술 분야는 기술 인력을 포함해 워낙 참여자들이 다양하고 많다 보니 일일이 부족한 점을 채우기란 쉽지 않았다. 기술 분야만 보더라도 무대, 소품, 의상, 분장, 조명, 음향, 영상, 특수 효과 등 상당히 세분화되어 있고 임금과 대금 산정을 일관성 있게 책정 및 지급하기란 어려운 실정이었다. 이러한 문제점을 해결하기 위해 정부(문체부)는 기술 지원 분야에 있어 현장의 여건과 특수성에 맞는 표준 근로계약서와 표준용역계약서를 개정했다. 이로 인해 공정한 계약 문화가 공연예술 시장에 정착했는지 결론을 내릴 단계는 아닌 것 같다.

계약서 작성은 단연 예술인 또는 참여자만을 위해 존재하는 것은 절대 아니다. 계약은 당사자가 손해를 보지 않고 약속을 이행하도록 하는 안전 장치다. 계약하고 출연하지 않는 출연자가 없도록, 출연하고 출연료를 받지 못하는 예술인이 없도록 말이다. 요즘은 근로기준법 위반 사항에 근로계약서 미작성 사항이 포함돼 있어 단기간 일하

# 공연예술 출연 계약서

제작자 _____와 실연자 _____은 _____공연(이하 '본 공연'이라
함)과 관련하여 다음과 같이 계약한다.

## ○ 제1조 (계약의 목적)

이 계약은 본 공연과 관련하여 제작자와 실연자 사이의 권리와 의무를 명확히 하는 것을 목적으로 한다.

## ○ 제2조 (공연개요)

① 본 공연의 개요는 다음과 같다

   1. 공연명:

   2. 공연일정: _____년 _____월 _____일부터 _____년 _____월 _____일까지

   3. 공연횟수:

   4. 연습일정: _____년 _____월 _____일부터 _____년 _____월 _____일까지

   5. 극장소:

② 실연자는 본 공연의 _____ 역할로 출연한다.

## ○ 제3조 (계약기간)

본 계약 기간은 _____년 _____월 _____일부터 _____년 _____월 _____일까지로 한다.

## ○ 제4조 (공연료)

① 제작자는 실연자에게 제2조 제1항 제3호 _____회 출연에 대한 출연료와 제 4호 연습기간에 대한
보수로서 금 _____원을 법령상의 세금과 고용보험료를 공제한 후 다음과 같이 지급한
다. 계약금과 잔금의 비율은 양 당사자가 상호 협의하여 아래 표기한 방식으로 정한다.

| (   )회 분할 지급 □ | 공연 회차별 분할 지급 □ |
|---|---|
| | 1. 계약금 _____원 (계약 체결 후 _____일 이내) |
| 1. 계약금 _____원 (계약 체결 후 _____일 이내) | 2. 공연 _____회 _____원 지급 |
| 2. 잔금 _____원 (공연 종료 후 _____일 이내) | (_____회 공연 종료 후 _____일 이내) |
| | 3. 잔금 _____원 (공연 종료 후 _____일 이내) |

② 공연 일정이 위 제1항의 횟수를 초과하거나, 실연자가 제2조 제2항의 역할 이외에 추가 역할을 담
당하는 경우 제작자는 실연자에게 상응하는 보수를 지급하여야 한다.

③ 제1항 및 제2항에 해당하는 금액은 아래 실연자의 계좌로 입금한다.

   1. 은행명:

   2. 계좌번호:

   3. 예금주:

-이하 생략-

❙ <표44> 공연예술 출연 계약서　　　　　　　　　ⓒ문화체육관광부(한국예술인복지재단)

# 교육활동 계약서

  ○○○와 강사 ○○○ 간에 "○○○운영사업"과 관련한 강사의 교육 활동을 지원하기 위하여 다음과 같이 약정을 체결하며 당사자가 각각 1통씩 보관한다.

## 1. 약정기간:

————년 ____월 ____일 부터 ————년 ____월 ____일 까지

## 2. 사업운영기관의 의무

ㅇ 강사비는 시간당 _____원으로 한다.

ㅇ 강사비는 북아현문화체육센터에서 실행한 수업시수에 따라 수행한 교육활동을 기준으로 강사비를 지급하며 월 단위로 강사가 지정한 계좌로 입금한다.

## 3. 강사의 의무

ㅇ 주요담당업무 :

ㅇ 북아현문화체육센터에 대한 수업시수를 준수하여야 하며, 교육일정 및 강의계획 제출, 교수활동과 관련한 평가 등의 업무에 적극 협조한다.

## 4. 약정의 해지

ㅇ 북아현문화체육센터은 강사의 불성실한 교육활동 내지 지시불이행 등을 이유로 사업 수행이 불가능한 경우, 본 약정을 해지한다.

ㅇ 단, 부당한 해지를 감안하여 약정의 해지 전 해당 기관에 사유 전달 및 승인 후 실행해야 한다.

## 5. 기타:

북아현아트홀은 강사의 교육활동 결과물을 공익적 목적의 문화예술교육 사업 범위 내에서 2차적 저작물로 활용할 수 있다.

————년 ____월 ____일

| 기관명 ·주소: | 강사 ·사업명: |
| ·연락처: | ·주 소: |
| ·02) | ·연락처: |
| | ·주민등록번호: |
| 대표자          (인) | 성명          (인) |

ㅣ〈표45〉 교육활동 계약서                                      ⓒ북아현아트홀

는 아르바이트 학생도 계약서를 반드시 작성해야 한다. 하물며 적게는 삼십여 명에서 백여 명 이상이 참여하는 공연 제작 현장에서의 표준계약 체결은 필수다. 예술인과 제작 참여 스태프까지 기본적인 권익을 보호하고 이에 대한 인식을 제고하는 것이 가장 중요하다. 아직 조금 미흡한 점이 있다면 구두 계약 관행과 계약 관련 전문 지식의 부족 등의 문제가 잔존하고 있다는 것이다. 계약서 작성이 불편하게 여겨지고 작성도 제때 이루어지지 않는 것은 인식 부족에서 오는 문제점이다.

공연기획자는 이러한 불편한 현실의 문제점을 풀어줘야 한다. 이는 계약 업무의 책임 공연을 담당하는 기획자의 의무이자 책임이 뒤따르는 것이다. 분쟁 발생 시 법적 판단 근거로 활용될 수 있는 만큼 계약 관계는 하나하나 꼼꼼하게 체결하고 관리해야 한다.

## 일/러/두/기

- 문화예술 분야 표준계약서란? 표준계약서는 특정 분야 또는 직군의 빈번한 계약 관계 수립을 위한 표준 양식이며, 불공정한 계약이 발생하지 않도록 예방하는 일종의 준거로서의 기준을 제시하는 규범적 성격을 갖는다. 무계약 또는 구두 계약 관행, 계약 관련 전문 지식의 부족 등으로 인하여 계약서 작성이 보편화되어 있지 않은 현실 속에서 예술 분야의 표준계약서를 개발하고 보급함으로써 사회구성원이자 직업인으로서 예술인의 권익을 보호하고자 한다. 현재 예술계 총 9개 분야(영화, 대중문화, 만화, 방송, 출판, 공연예술, 저작권, 게임, 미술)의 56종의 표준계약서가 개발·보급된 상태이다.
  출처: 한국예술인복지재단 홈페이지 www.kawf.kr
- 예술인 복지법 제5조 '표준계약서의 보급' 국가는 문화예술용역 관련 계약의 당사자가 대등한 입장에서 공정하게 계약을 체결할 수 있도록 문화예술 분야에 관한 표준계약서를 개발하고 이를 보급하여야 한다.

# 지계법(法)의 적용

공공극장에서는 지계법이라는 계약법을 근거로 계약 업무를 한다. 지계법이란 지방자치단체를 당사자로 하는 계약에 관한 법률을 줄여서 부르는 말이다. 약칭으로 쓴다면 지방계약법이라고 해야 한다. 지계법은 주로 공무원 세계에서 쓰는 줄임말이다. 이 법을 이해하지 않고는 계약 업무를 할 수 없을 만큼 계약의 기본이라고 할 수 있다.

물품의 제조·구매 계약 또는 용역 계약을 할 경우 계약 방법은 계약 금액 범위에 따라 수의 계약과 전자 입찰 방식 계약으로 크게 나눠볼 수 있다. 공연은 용역 계약에 속하는데, 공연 밥을 먹는 기획자에게는 이처럼 답답한 법은 없을 것이다. 왜냐하면 현재 지방계약법에서는 수의 계약을 할 수 있는 경우를 제한적으로 두고 있는데 공연 계약 또한 수의 계약을 통해 할 수밖에 없고 정해진 추정 가격 이하인 경우에만 수의 계약이 가능하기 때문이다. 좀 어렵게 느껴질 수 있겠지만 그만큼 제작이 많다는 이야기다.

다시 말해 공연의 특수성인 예술인만의 가치를 인정받지 못하고 공사, 유지 보수와 함께 싸잡아 용역으로 치부되고 있다는 말이다. 그래서 공공극장의 담당자는 공연할 때마다 애를 먹는다. 지방계약법을 잠시 들여다보면 수의 계약 25조에 '추정 가격이 2천만 원 초과 5천만 원 이하인 계약 중 학술 연구·원가 계산·건설 기술 등과 관련된 계약으로서 특수한 지식·기술 또는 자격을 요구하는 물품의 제조·구매 계약 또는 용역 계약을 할 수 있다'라고 명시되어 있다. 극장의 담당자는 계약을 성사하기 위해 유사 동종 기관의 계약 사례를 찾아보기도 하고 지계법에서 근거가 될 만한 조항을 계약 품의에 나열한다.

주로 쓰는 조항인 지방계약법 25조 4항 '자'목은 특정인의 기술, 품질이나 경험, 자격이 필요한 조사·설계·감리·특수 측량·훈련·시설 관리 교육·행사·정보 이용·의상(의류) 구매 계약을 체결하거나 관련 법령에 따라 디자인 공모에 당선된 자와 설계 용역 계약을 체결하는 경우 등은 수의 계약에 의할 수 있다고 하고 있다.

국가가 시행하는 국·시비 사업을 운영할 때는 예산 쓰임의 투명성과 공정성이 보장되어야 한다. 그런데 수많은 특성에 맞는 계약법을 일일이 만들어 적용할 수도 없다. 그러나 문화예술만큼은 공연·문화예술의 특수성과 예술인의 가치가 인정될 수 있도록 지방계약법 내 문화예술 용역법이 신설되어야 할 것으로 본다.

문화예술 용역은 특정 공연을 무대에 올리기 위하여 예술인 및 공연예술단체가 일정한 대가를 받고 계약 기간 동안 제공하는 출연, 제작, 연출, 기술 지원 등의 노무를 말한다. 예술인의 창작 활동, 공연, 무대 각종 운영 기술 지원은 고용, 도급, 위탁의 경우로 문화예술 용역에 포함된다.

다만 극장에서 운영되는 문화예술교육의 경우는 별도의 용역 계약을 체결하지 않는다. 강사의 개인 역량을 교육 목적으로 제공하는 부분 또한 고용보험 적용 대상인 점을 고려하여 문화예술 용역에 포함하지 않는 예외 사항이다.

문화예술 분야는 예술인, 기술인의 종사 유형이 매우 다양해서 용역 계약의 요구되는 사항을 면밀히 따져보고 형태에 맞는 계약 준비를 하는 것이 필요하다. 일례로 예술기관, 공공극장의 경우 계약 부서가 명확하게 구분되어 있어 수의 계약 과정에서 공연 담당자와 계약 담당자 간의 의견 차이가 좁혀지지 않기도 한다. 원활한 계약 업무를 위해서는 사전에 요청하는 서류 준비가 잘 이루어져야 하고, 계약 준수 사항을 꼼꼼히 챙겨야 한다.

통상적으로는 지방계약법에 근거하여 계약 업무가 진행되는데 모든 계약은 조달청 기술용역 계약 업무 처리 규정에 의거하여 진행된다. 계약은 입찰과 수의 계약으로 구분해 볼 수 있는데 국가종합전자조달시스템(www.g2b.go.kr, 나라장터)을 통해 대부분 실시된다. 계약 절차 및 준비 서류는 〈표46〉을 확인하면 알 수 있다. 참고한다면 도움이 될 것이다.

입찰 집행은 흔히들 알고 있듯이 입찰공고서 상에 지정된 일시, 장소, 입찰 방법(전자 입찰, 직접 입찰)에 따라 입찰을 진행한다. 모든 절차를 거쳐 낙찰자 결정 결과에 따라 계약을 체결하고 용역 착수에 들어간다. 최근에는 수의 계약의 경우에도 계약 체결의 투명성과 안정성을 고려해 전에는 계약 부서 방문으로 진행되었던 대면 계약을 지양하고 조달청 전자계약을 진행하는 경우가 많아졌다. 이때 수행 단체는 조달청 전자계약 참여 신청이 되어 있는지 먼저 체크하고 등록이 되어 있지 않다면 미리 신청해 두면 좋겠다.

| | 공사, 용역 | 물품 |
|---|---|---|
| 계약<br>체결<br>서류 | • 계약보증금지급각서(3천만 원 미만):<br>　[서식 1] (원본)<br>• 청렴계약이행서약서: [서식 2] (원본)<br>• 결격사유각서: [서식 3] (원본)<br>• 부당계약특수조건 점검표 [서식 13]<br>• 사업자등록증 사본(원본대조필 날인) 관련<br>　공사업등록증, 전문면허, 지정서 등(원본<br>　대조필 날인)<br>• 법인등기부 등본(개인x)<br>• 사용인감계: [서식 11]<br>• 지급각서, 청령, 결격각서는 착수 시 또는<br>　우편으로 원본 제출 | • 계약보증금지급각서(3천만 원 미만):<br>　[서식 1] (원본)<br>• 청렴계약이행서약서: [서식 2] (원본)<br>• 결격사유각서: [서식 3] (원본)<br>• 보안각서(필요시)<br>• 사업자등록증 사본(원본대조필 날인)<br>　관련 면허 등(원본대조필 날인)<br>• 법인등기부 등본(개인x)<br>• 사용인감계: [서식 11]<br>• 지급각서, 청령, 결격각서는 착수 시<br>　또는 우편으로 원본 제출 |
| 착수 | • 착공(수) 신고서: [서식 4, 5] 중 택일<br>• 현장대리인 자격서류: 재직증명서, 경력증<br>　명서, 면허증<br>• 산출내역서 제출(계약금액 적용/도장 필)<br>　– 건강, 연금, 노인장기, 산업안전관리비는<br>　　계약 내역서에 조정 없이 반영(단순노무<br>　　용역은 예정가격×낙찰율):해당 시<br>• 근로자권리보호이행서약서: [서식 14]<br>• 기타 과업지서에 요구한 서류<br>• 착공(공사) 추가 서류<br>　– 고용·산재보험가입증명서(현장명으로<br>　　가입/모든 건설공사 해당)<br>　– 4대 사회보험이 반영된 공사는 현장명<br>　　으로 가입증명서 제출(핸디 자료실 게시<br>　　판 참조)<br>　– 직접시공계획서 (4천만 원 이상 공사<br>　　또는 30일 이상 공사 해당)<br>• 착공(용역) 추가 서류/해당 시<br>　– 보안각서(참여자), 보안서약서(대표자),<br>　　과업참여자 명단, 용역수행계획서 제출<br>• 노무비 구분관리 및 지급 확인 서류<br>　– 모든 공사(5천만원 이상 공사는 전자적<br>　　대금지급)<br>　– 단순노무용역(청소,검침, 단순경비, 관리<br>　　용역, 행사보조 등 일력지원용역, 생활<br>　　폐기물 수집·운반 용역) | • 산출내역서 제출(계약금액 적용/<br>　도장 필) |

| | | |
|---|---|---|
| 준공 | • 준공계, 준공검사원: [서식 6~9] 중 택일<br>　(용역, 공사)<br>• 준공 내역서, 준공 사진 등<br>• 준공(공사) 추가 서류<br>　− 고용·산재보험 완납증명서(현장명 확인/<br>　　모든 건설공사 해당)<br>　※ 납부 내역이 없으면 준공금액 감액처리<br>　− 4대 사회보험이 반영된 공사는 납부확<br>　　인서를 제출받아 정산(납부금액 기준으<br>　　로 사후정산/변동 시 감액)<br>• 사후정산<br>　− 환경보전비 사용 내역서(살수차 등은 사<br>　　진 자료 첨부)<br>　− 안전관리비 사용 내역서 및 증빙 서류<br>　　(사진 자료 포함)<br>　− 건설기계(장비) 대금 지급 확인서(모든<br>　　공사 해당)(장비 대금 지급 내역서, 이체<br>　　확인증)<br>• 폐기물 처리 확인서(계약서, 계량표, 폐기<br>　물 관리대장, 인계인수서 등 포함)<br>• 합의각서(계약 금액 변동 시): [서식 12] | • 납품검사원: [서식 13]<br>• 납품내역서 |
| 대가<br>지급 | • 청구서, 세금계산서<br>• 국세, 지방세 완납증명서(2천만 원 미만<br>　제외)<br>• 국민연금, 건강보험 완납증명서<br>• 하자보수보증금(3천만 원 미만 각서:<br>　[서식 10] (계약 성질에 따라 보증이 필요<br>　하다고 판단 시: 증권)<br>• 손해배상증권(설계업체 만 해당) | • 청구서, 세금계산서, 거래명세서,<br>　통장 사본<br>• 설치 사진(전,중,후)<br>• 국세, 지방세 완납증명서(2천만 원 이<br>　하 제외)<br>• 국민연금, 건강보험 완납증명서<br>• 하자보수보증금(3천만 원 미만 각서:<br>　[서식 10] (계약 성질에 따라 보증이<br>　필요하다고 판단 시: 증권) |
| 공통<br>사항 | • 인지매입/인지세<br>▷계약 금액 1천만 원 초과 ~ 3천만 원 이하 : 2만 원<br>　　　　　　3천만 원 초과 ~ 5천만 원 이하 : 4만 원<br>　　　　　　5천만 원 초과 ~ 1억 원 이하 : 7만 원<br>　　　　　　1억 원 초과 ~ 10억 원 이하 : 15만 원<br>　　　　　　10억 원 초과 : 35만 원<br>• 계약서류는 모두 원본 제출<br>　※ 사본 제출서류는 원본대조필 도장 날인 | |

❙ 〈표46〉 공공극장 계약 절차 및 준비 서류

일/러/두/기

- 문화예술 용역 계약 분야
  - 창작 분야: 연극, 뮤지컬, 음악(대중), 무용, 국악, 영화 등 제작 및 기획, 대본 집필, 각색, 번역, 편곡, 연주, 연기, 안무, 감독 등
  - 기술 분야: 무대, 음향, 조명, 소품, 감독, 디자인 제작 기획 촬영, 녹음, 편집, 믹싱, 방송, 의상 프롬포트 등

- 일반 계약에 의거 고용보험 적용 분야
  - 근로 계약: 일반근로자 고용보험 적용(행정·기획 인력), 일용직 근로자
  - 소유권 양도, 저작권 계약 사항

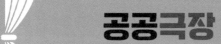

8장

공공극장

# 공공극장의 특성

중이 제 머리를 못 깎는다는 말이 있다. 아무리 전문가라고 해도 어떤 일을 혼자 해내기는 어렵다. 때로는 혼자 할 수 있는 일이어도 효율을 따져 다른 사람의 손을 빌릴 때 좀 더 좋은 결과를 얻을 수 있다. 대부분의 지역 공공극장은 예산을 이유로 인력 부족을 호소하지만 개선 의지가 부족하다. 모름지기 지역 극장에서 공연기획을 하는 담당자이거나 담당을 했던 사람이라면 이 말에 공감할 것이다.

여느 극장의 형편은 비슷할 테다. 그나마 요즘은 지역마다 극장 운영 주체가 공공에서 공익법인(문화재단)으로 전환되어 가면서 형편이 나아지고 있기는 하지만 호박에 줄을 긋는다고 수박이 될 수 없듯이 면면을 들여다보면 사정이 여의치 못한 경우가 많다.

지역 문화예술 진흥을 위해 전문화를 선언하고 다채로운 사업을 펼쳐가고는 있지만 자체 예산이 확보되지 않은 상황에서 외부 공공지원금 의존성이 매우 높은 실정이다. 현실이 이렇다 보니 기획 인력을 늘리는 것은 나중 문제다. 공공성과 수익성의 두 마리 토끼를 잡겠다는 목적으로 설립된 공익법인이 돈을 버는 사업체로 전락하는 건 아닐까? 물론 형편이 다 똑같지는 않겠지만 운영의 효율 측면으로 볼 때 인력 보강은 중요할 수밖에 없다.

2009년을 전후로 광역시도뿐만 아니라 기초 자치단체마다 문화재단 설립에 러시 현상을 일으키기 시작했다. 현재 기초 문화재단은 기존 문예회관 시설을 위탁받아 운영하게 되었는데 가장 먼저 공익법인으로 출범한 곳이 중구의 충무아트홀이다. 해를 거듭하면서 공연 시장성과 특화로 뮤지컬 전용 극장으로 알려지고 있다. 어떻게 보면 지역민의 문화 향유 기회를 높이고 극장의 문턱을 낮추자는 설립 취지와 다르게 문화재단이라는 전문화는 시민의 가격 부담을 높였던 면도 있다. 중요한 건 관객이 문화를 향유할 수 있도록 판을 짜고 기회를 주는 역할을 공공극장이 해야 한다는 것이다.

## 공공극장의 커뮤니케이션

커뮤니케이션의 기본은 소통이다. 소통이 잘되는 회사일수록 직장 내 분위기가 좋다는 평을 받는다. 누구에게? 관객에게! 극장에서는 관객이 클라이언트다. 정확하게 말하면 관객은 공공극장의 주인과 다름없다. 공공극장을 운영할 수 있도록 세금을 내는가 하면 공연 티켓을 구매해 주고 극장의 가치를 높이는 중요한 소비 그룹이다. 경영에는 직접 참여하지 않지만, 고객 경영을 잘하는지 간접적으로 느끼고 평가

한다. 최근 고객 경영을 넘어선 고객 감동 경영도 모자라 심지어는 고객 감격 경영을 최우선 전략 목표로 고객 중심 극장 경영에 힘을 얻는 극장들이 많아지고 있다. 경영이 위태로운 조짐을 보이는 극장은 관객을 단순한 손님으로 보는 경향이 있는데 사실 관객은 극장의 주인이 되어야 한다. 관객은 직원들의 표정과 침체한 분위기를 읽는가 하면 활기찬 분위기 또한 누구보다 빠르게 느끼는 주체이다.

이제 공연만 잘 만든다고 해서 극장 가치가 높아지는 시대는 지났다. 관객에게 좋은 공연을 선보이는 일은 기본 중의 기본이다. 그런데 고객 서비스는 따로 돈을 받고 파는 물건도 아닌데 티켓을 판매하는 일보다 리스크가 크다. 고객 서비스는 공연 상품에 기본 옵션으로 끼워져 판매되는 격이다. 하지만 기획자조차도 연관성이 있는 밀접 관계를 인식하지 못하는 실수를 할 때가 있다. 예컨대 만든 물건의 가치를 높이기 위해 패키지에 사안을 거는 상품이 있듯, 아무리 내용이 좋아도 포장이 제대로 되어 있지 않은 상품을 누가 사겠는가? 이처럼 극장에서 판매되는 것은 공연 티켓뿐만 아니라 관객 편의 서비스가 모두 포함된 패키지 상품이라는 것을 잊지 말자.

공연기획자는 관객의 소비 심리 욕구를 파악하는 일을 무엇보다 중요하게 생각해야 한다. 관객의 성별과 나이 등 사전에 CRM[6]을 기반으로 해 필요한 자료를 추출 및 분석하는 데 시간을 할애할 필요가

---

6) CRM은 Customer Relationship Management의 약자로 '고객관계관리' 고객 데이터의 세분화를 통해 신규 고객 획득, 우수·잠재 고객 개발, 고객 가치 증진 등 고객 특성에 맞게 마케팅 활동을 뜻한다.

있다. 특히 관객 데이터를 활용한다면 기존 고객을 유지해 우수 고객 관리, 평생 고객화를 위한 적극적인 관리를 할 수 있다. 더불어 신규 고객 유치와 잠재 고객 활성화에도 기대 가치가 높다. 관객 욕구를 파악하는 것은 신규 관객 획득과 연관성이 높아 공연의 성패를 좌우하게 된다.

극장은 CRM 고객 정보를 바탕으로 데이터베이스DB를 구축해야 하고, 구축된 DB로 고객의 구매 패턴, 취향을 분석하고 개개인의 행동을 예측해 마케팅에 활용할 수 있어야 한다. 현재 대부분의 극장은 자체적으로 극장 통합 발권 시스템을 구축 운영하고 있는 추세인데 이를 단순히 티켓 예매 기능으로만 사용하지는 않는다. 신규 회원 등록(홈페이지 가입자), 온라인 티켓 예약, 전자 결제 기능을 갖춰 관객의 많은 정보를 통합 관리하게 된다. 이를 통해 확보된 정보는 DM, SMS, 콜센터 운영 등의 마케팅 목적으로 활용하고 이는 지속적 관리의 생명줄이 된다고 해도 과언이 아니다. 지금은 고객 정보가 기업 경영 전반에 영향을 미치고 있기 때문에 기업들은 가입자 확보를 위한 기반 투자를 아끼지 않는다.

## 1) 극장 CRM의 필요성

극장 CRM의 목적은 축적된 관객 정보를 분석하여 마케팅에 활용할 뿐만 아니라 신규 고객을 확보하고 기존 고객을 유지, 관리하는 데 있다. 특히 관객의 이탈 방지를 위한 활동은 물론 고객 가치 극대화를 위한 CSCustomer Service 업무에도 긍정적인 효과를 준다. 이처럼

CRM을 통해 수집되는 관객 정보는 극장 운영에 지대한 영향을 미치고 있다.

### 2) CRM의 활용 가치

CRM을 통해 확보된 고객 DB는 마케팅에 활용되는 비용을 넘어 금액으로 환산할 수 없는 가치를 가진다. 지금까지는 CRM의 목적만 보더라도 마케팅 활동을 계획하고 지원하며 평가하는 과정으로 실행되어왔다. 그러나 지금은 마케팅 측면만을 위해 CRM을 활용하기보다는 고객 가치 증대를 위한 쌍방향 커뮤니케이션으로 활용하는 경향이 크다. 좀 더 구체적인 CRM의 특징을 살펴보면 다음과 같다.

첫째, 고객 중심 경영 방식으로서의 CRM이다. 고객 지향적으로 고객 욕구에 따라 차별화된 관객과의 관계 관리를 형성한다.

둘째, 쌍방향 소통을 위한 CRM이다. 관객과 극장 사이의 상호적인 혜택 제공과 신뢰 확보를 위한 쌍방향의 상호보완적 관계를 형성한다.

셋째, 극장 경영 개선에 역점을 둔 CRM이다. 체계적인 고객 DB 관리를 통한 데이터 분석, 경영 효율의 측정을 위한 가시적인 자체 극장 경영 개선(수익 증대)에 역점을 둔다.

넷째, 고객의 니즈에 부합하도록 다양한 공연프로그램을 개발하기 위한 CRM이다. 예매를 위한 회원가입으로 축적된 고객 정보를 바탕으로 안정적이고 흥행성 있는 공연프로그램 개발에 도움을 준다.

### 3) CRM의 활용

관객 정보 확보를 위한 가장 기본적인 방법은 극장 '회원 제도' 및 '포인트 제도'를 들 수 있다. 유·무료 회원제는 관객 정보를 확보하는 가장 기초적인 방법으로 활용되고 있다. 지금은 회원 관리를 위한 전산화가 보편화되었지만 과거에는 오프라인으로 회원 신청서를 작성해야만 했기에 회원 정보를 자체적으로 활용하는 데 한계가 있었다. 그러나 지금은 많은 극장이 '회원 관리 시스템'을 도입해 보다 효율적으로 관객 관리를 하고 있다.

2000년 초반은 극장마다 '극장 운영 시스템' 내지는 '자체 예매 발권 시스템' 구축에 열을 올렸던 시기다. 이를 통해 회원 관리의 전산화가 시작되었다고 본다. 예매 관객의 회원가입과 포인트 적립을 받기 위해 제공하는 정보가 CRM DB로 축적될 수 있었다. 자체 예매 발권 시스템을 구축하면서 회원 관리 프로그램을 동시에 탑재하게 되는 경우가 많았기 때문에 회원의 등급별 포인트 적립도 가능했다. 자체 예매 발권 시스템 도입이 어려웠던 극장에서는 마케팅의 도구로 판매 대행을 했다. 주로 우리가 잘 알고 있는 인터파크티켓, 옥션티켓, yes24티켓, 티켓링크 등에 판매 대행을 하면서 손쉽게 CRM 정보를 받을 수 있게 되었다. 다만 판매 대행의 경우 가장 중요한 관객 정보는 개인정보보호법에 따라 공유받지 못하지만 티켓 예매 관객의 지역, 연령, 성별 등과 같은 CRM의 주요 기능인 관객 특성을 요청해 활용할 수 있다.

CRM 활용의 장점은 고객 관계 관리에도 중요한 기능을 하지만,

무엇보다 관객 구매 성향을 수집, 가공, 분석할 수 있어 공연 작품 선정과 홍보 마케팅을 하는 데 있어 빅데이터Big Data를 제공한다. 라이선스, 창작, 내한 등과 같은 유형 파악은 물론 공연 개시, 일수, 관람료, 재공연 여부, 제작비 규모 등의 실질적인 정보를 제공받을 수 있어 공연 운영의 주요한 힌트로 작용할 수 있다. 또한 홍보 마케팅 방법, 예산 투입, 홍보 시기, 매체 선정 등을 결정하고 집행하는 데도 활용성이 높으며, 현재 진행되는 홍보 방향을 보완 재설정할 수 있게끔 데이터를 제공한다. 예컨대 티켓 판매 진행 중 SNS를 통해 이벤트를 진행했다고 가정해 보자. 이벤트 진행 전·후 예매 증가율을 주요 변수로 평가해 볼 때 SNS 이벤트 효과성을 파악할 수 있어 SNS 홍보 지속 여부, 집중, 확대 및 축소의 필요성을 전략적으로 집행하고 관리할 수 있게 된다.

일 / 러 / 두 / 기

**CRM(Customer Relationship Marketing)**

- 고객 관계 관리(CRM)라고 일컬어지는, 관객과의 쌍방향 소통을 가능하게 하는 마케팅 방식
- 관객 개발에 있어 관객의 성향 분석, 구매자 정보 관리를 원활하게 함
- 고객의 소비 패턴, 인구통계적인 정보 검색

## 공공극장의 조직 구조

　이러한 측면에서 공연기획자는 극장의 A부터 Z까지 모두 핸들링할 수 있어야 한다. 공연기획의 프로세스에 대해 교과서처럼 정리하고 있지만, 이 책을 읽는 사람과 공연기획, 문화기획자를 지망하는 이들에게 꼭 필요한 마인드 역시 전달하고 싶다. 매번 광역시도뿐만 아니라 지자체에서 운영하는 문화재단 대표가 바뀌고 나면 조직이 개편된다. 이러한 행정과 정책적 구조가 안타깝고, 흔히들 말하는 "물갈이가 과연 문화예술을 하는 이들에게도 필요한가?"라는 생각을 하게 되었다.

　2014년 제정된 '지역문화진흥법'을 토대로 최근 5~6년간 서울시 25개 자치구를 비롯하여 광역시도별로 많은 기초문화재단이 출범되었다. 공공영역의 문화재단이 설립되었다는 것은 그만큼 공공에서 더 많은 전문 인력을 필요로 한다는 것이다. 그렇다면 지역별 기초문화재단이 어떤 사업을 하고 있는지, 조직의 구조와 실질적으로 직원들은 어떤 업무를 분장 받아 공연기획 직무를 수행하고 있는지 알아볼 필요가 있겠다.

　전국의 문화재단은 지역 문화진흥법을 토대로 설립 기반이 마련되었지만 문화예술진흥법에서 분리 제정된 만큼 그 흐름을 담고 있다. 따라서 지역별로 문화적 자산(인구)과 지역 욕구에 따라 사업 유형과 정책이 정해지고 재단 인력, 예산, 사업 범위가 결정된다. 이러한 환경은 서울과 경기, 충청, 경상권 등 각기 다른 역량과 규모로 운영되고 있다.

| 사업유형 | 팀 구성(중점) | 대표 문화재단 |
|---|---|---|
| 공연 | • 공연기획팀, 문화정책팀, 무대기술팀, 홍보 마케팅팀, 시설관리팀 등 | • 성남문화재단, 김해문화재단, 중구 문화재단, 대전문화재단, 세종문화 재단 등 |
| 전시 | • 전시기획팀, 교육기획팀, 미술관운영 팀, 대외협력팀, 전시실운영팀, 시각예 술팀 등 | • 국립박물관문화재단, 충북문화재단 당진문화재단, 경기문화재단 등 |
| 도서 | • 경영지원실(팀), 정책기획팀, 도서관 운 영팀, 독서진흥팀, 복지사업팀 등 | • 성동문화재단, 부평문화재단, 양천 문화재단, 도봉문화재단, 화성문화 재단 등 |
| 축제 | • 축제사업팀, 시민축제팀, 문화사업팀, 축제시설안전팀, 축제육성팀 등 | • 안산문화재단, 의정부문화재단, 창 원문화재단, 원주문화재단, 수원문 화재단, 포항문화재단 등 |
| 관광 | • 관광기획팀, 관광마케팅팀, 문화정책 팀, 관광자원개발팀, 상품개발팀 등 | • 익산문화광광재단, 영동축제관광재 단, 공주문화관광재단, 당진군문화 관광재단, 영주문화관광재단 등 |
| 생활문화 | • 지역문화팀, 생활문화팀, 시민문화팀, 문화공간운영팀, 문화공간 운영팀 등 | • 완주문화재단, 인천문화재단, 천안 문화재단, 대전문화재단, 고양문화 재단, 세종시문화재단 등 |
| 기타 (목적사업) | • 고객서비스팀, 전통진흥팀, 기술지원 팀, 문화사업팀, 시네마팀, 영화사업팀, 마케팅팀, 사업특성별 T/F팀 | • 부산영화의전당, 대전문화재단, 한국소리문화의전당 등 |

❙ 〈표47〉 단위 사업별 유형과 팀 구성

| 업무 | 업무 분장 내역 |
|---|---|
| 무대<br>기술<br>감독 | • 무대기계<br>①공연 무대기계 세팅　②무대기계 유지·보수 계획·예산 집행<br>③무대기계 일일 점검일지 작성　④무대기계 소모품·기자재 운용 관리 |
| | • 무대연출<br>①대관·아웃도어 공연 무대 안전 관리 및 연출(필요시)　②기획공연 무대연출(필요시)<br>③구립공연 무대연출 |
| | • 무대운영<br>①극장 스태프회의 회의록 작성·무대시설 대관 리스트 작성<br>②스태프회의(무대기계 및 무대부문 체크)　③무대인부 운용 계획 수립·집행 |
| | • 행정<br>①극장 안전 관리 점검 계획·실행　②극장 재해 대처 계획 수립·제출<br>③공연 출연자 및 스태프 안전 교육　④기타 극장·무대 관련 행정사항(무대인부기본<br>계획 등)대응　⑤회관·어린이 극장 스태프 배치·조정　⑥무대기계 안전 관리 총괄<br>⑦공연·행사업무내역작성 |
| 감독<br>음향 | • 음향기계<br>①공연 음향장비 세팅　②음향장비 유지·보수 계획·예산 집행<br>③음향장비 일일 점검일지 작성　④음향장비 소모품·기자재 운용 관리 |
| | • 음향연출<br>①기획공연 음향연출(필요시)　②구립공연 음향연출<br>③대관·아웃도어 공연 음향지원·연출(필요시) |
| | • 음향운영<br>①스태프회의(음향부문 대관 리스트 작성)　②음향인부 운용 계획 수립·집행 |
| | • 행정<br>①공연 출연자 및 스태프 안전 교육　②기타 극장 음향 관련 행정사항 대응<br>③음향시설 안전 관리 총괄　④공연·행사업무내역 작성 |
| 감독<br>조명 | • 조명기계<br>①공연 조명장비 세팅　②조명장비 유지·보수 계획·예산 집행<br>③조명장비 일일 점검일지 작성　④조명기계 소모품·기자재 운용 관리 |
| | • 조명연출<br>①기획공연 무대연출(필요시)　②구립공연 무대연출<br>③대관·아웃도어 공연 조명지원·연출(필요시) |
| | • 조명운영<br>①스태프회의(조명부문 대관 리스트 작성)　②조명인부 운용 계획 수립·집행 |
| | • 행정<br>①공연 출연자 및 스태프 안전 교육　②기타 극장 조명 관련 행정사항 대응<br>③공연·행사업무내역 작성 |

Ⅰ〈표48〉무대기술팀 업무 분장(예시)

| 업무 | 업무 분장 내역 |
|------|----------------|
| 기획<br>① | • 문화예술회관 기획공연<br>①기획공연 기획·예산 계획   ②공연고도화·재개관 대비 자문위원회 구성·운영<br>③출연·스태프계약   ④기획공연 현장 운영   ⑤결과 보고   ⑥스태프회의 총괄 |
| | • 찾아가는 오케스트라<br>①각 공연 특성에 따른 유연 업무 분장   ②찾아가는 오케스트라 기획·관리·계약<br>③공연 프로그램 구성·현장 운영 관리 |
| | • 아웃도어·외부협력 기획공연<br>①아웃도어·외부협력(구청 등) 공연 기획·관리   ②출연·스태프 계약<br>③공연 프로그램 구성·현장 운영 관리   ④결과 보고 |
| | • 구립단체 정기기획·합동공연·특이성 기획공연<br>①각 공연 특성에 따른 유연 업무 분장   ②공연 현장 운영 |
| 서무 | • 예산지출관리<br>①부서 소관 사업 집행 실적 집계·관리 |
| | • 서무<br>①부서복무관리   ②문서수·발신   ③보조인력 관리   ④기타 부서 운영지원 |
| 기획<br>② | • 문화예술회관 기획공연<br>①기획공연 자문구성·운영   ②기획공연 현장 운영   ③기획공연 스태프 회의록 작성 |
| | • 찾아가는 오케스트라<br>①각 공연 특성에 따른 유연 업무 분장   ②찾아가는 오케스트라 기획·관리·계약<br>③현장조성기획·운영   ④결과 보고 |
| | • 아웃도어·외부협력 기획공연<br>①아웃도어·외부협력(구청 등) 공연 기획·관리   ②현장조성기획·운영 |
| | • 구립단체 정기기획·합동공연·특이성 기획공연<br>①각 공연 특성에 따른 유연 업무 분장   ②공연 프로그램 구성   ③현장조성기획 · 운영   ④결과 보고 |
| | • 신규·공모사업 기획<br>①공연 기반 신규사업 기획   ②문화예술교육(24년 하반기 교과서예술여행 등) 기획(정) |

I 〈표49〉 공연기획팀 업무 분장(예시)                    출처: 노원문화재단 홈페이지 업무 분장 참조

일 / 러 / 두 / 기

지역문화진흥법
■ 지역 문화진흥에 필요한 사항을 규정. 지역 간의 문화 격차를 해소하고 지역별
로 특색 있는 고유의 문화를 발전시킴으로써 지역주민 삶의 질 향상 및 문화 국
가 실현을 목적으로 하는 법이다.
※ 지역문화진흥법 제21조 『지역문화재단 및 지역 문화예술위원회 설립·운영』

문화예술진흥법
■ 이 법은 문화예술의 진흥을 위한 사업과 활동을 지원함으로써 전통 문화예술을
계승하고 새로운 문화를 창조하여 민속문화 창달에 이바지함을 목적으로 하는
법이다.
※ 문화예술의 진흥을 위한 사업과 활동을 지원하기 위하여 제정한 법률

# 공공극장의 레퍼토리

극장 레퍼토리는 프로그램의 상시성은 물론 극장 운영의 안정성과
지속성을 담보하게 한다. 극장 레퍼토리는 극장 브랜드 가치를 높이
고 공공극장 이미지 형성에 영향을 준다. 또한 지속해서 프로그래밍
의 유연성과 탄력성을 높여 운영 활성화와 경쟁력을 높일 수 있는 핵
심 역할을 하게 된다.

그동안 수백 편의 공연 작품을 기획해 왔지만 그중 유독 애착이 가
는 레퍼토리 작품들이 있다. 그중 하나가 뮤지컬《독도는 우리 땅이
다》이다. 제목부터가 신선하지 못한 것이 사실이다. 제목만 봐도 재미

없는 뻔한 이야기가 연상된다. 그동안 많이 들어봤던 노래 가사, 입가에 맴도는 '울릉도 동남쪽 뱃길 따라 2백 리'가 흥얼거려진다. 처음 시나리오를 받았을 때는 한숨이 절로 나왔다. '이래서 티켓이 팔리겠는가! 이걸 누가 표를 사서 보겠나?' 하는 게 나의 솔직한 심정이었다. 하지만 공공극장의 사명이라 생각하며 걱정스러운 마음을 억지로 눌렀다. 애당초부터 흥행은 생각지 않았던 터라 작품이 담고 갈 의미에 초점을 맞출 수밖에 없었다. 작품은 서대문구의 지역성과 역사성을 담은 극 중 인물의 인생 이야기, 그 연장선상에서 전개된다.

작품에서는 서대문형무소에서 순국한 유관순 열사를 뿌리로 한 후손의 사랑 이야기를 다룬다. 한인 대학생 시우와 일본 여자 유학생 유코의 사랑이 싹튼 대학 동아리 '독사모'(독도 사랑 모임)에서 이야기는 시작된다. 춤과 노래, 음악으로 풀어낸 작품은 독도를 둘러싼 긴장감을 용서와 화합으로 실마리로 찾겠다는 메시지를 담고 있다. 일본 유학생 유코는 독사모를 통해 친구들과 독도 탐방을 떠난다. 탐방 중에 독도를 사랑하는 시우와 친구들을 통해 독도의 역사 등을 알아 가면서 서서히 독도가 대한민국의 영토임을 인정하게 된다는 데 초점을 맞추고 있다.

뮤지컬 《독도는 우리 땅이다》는 한류 열풍에 힘입어 문화예술로써 독도를 지키려는 움직임이 점차 늘어나고 있는 가운데 독도의 의미를 춤과 음악, 노래로 부각해 공연 무대의 예술성은 물론 나라 사랑의 교육적 의미를 작품에 담고자 했다. 단순히 '독도가 한국 땅'이라는 사실만을 담고자 한 건 아니었다. '독도는 역사적으로나 법적으

로 분명히 한국 땅이다'라는 것을 두 남녀의 사랑과 우정에 녹여 흥미
롭게 풀어냈다.

서대문문화회관은 서울 근교 여느 극장과는 사뭇 다른 취약한 접
근성과 노후화된 시설이라는 한계를 가진 지역의 작은 극장이다. 하지
만 이와 같은 태생적인 환경을 탓하며 지역의 한계를 두고만 볼 수는
없었던 터, 2005년부터 새롭게 고민한 것은 공연의 맛을 지역 주민에
게 알리는 방법이었다.

그 고민의 일환으로 이원국 발레단의 《호두까기인형》을 서대문문
화회관 대극장 레퍼토리 공연으로 선정하고 스토리가 있는 작품으로
공연의 재미와 즐거움을 주는 데 역점을 두었다. 흔히들 알고 있듯이
발레 《호두까기인형》은 해마다 겨울이면 전 세계 극장들이 고정 레퍼
토리로 가족 관객들에게 선보였던 크리스마스와 송년 최고의 인기 공

| 프로그램 | 특징 |
|---|---|
| 운영 기간: 2007~2013년<br>송연 발레 《호두까기인형》 | ▪ 7년간 송년 레퍼토리 작품 선정<br>▪ 7년 연속 전석 매진<br>▪ 서대문구민이 사랑한 이원국 발레단 전막 공연 운영 |
| 운영 기간: 2014~2021년<br>송연 공연 《Falling in Love》 | ▪ 8년간 송년 레퍼토리 공연 선정<br>▪ 8년간 연말연시 전석 매진<br>▪ 인순이, 홍진영, 주현미, 김연자 등 클래식 크로스오버,<br>　오케스트라 |
| 운영 기간: 2007~2022년<br>이야기 발레 시즌 공연 | ▪ 8년간 발레 레퍼토리 작품 선정<br>▪ 백조의 호수, 미운 아기 오리, 지젤 등<br>▪ 지속적인 클래식 발레 공연 운영 |

❙ 〈표50〉 서대문문화회관 시즌 레퍼토리

연이다. 지금으로부터 100년 전 초연된 후, 밝고 명랑한 분위기의 음악과 크리스마스를 배경으로 한 동화적 요소가 있어 서대문문화회관의 고정 레퍼토리로 적합했던 작품 선정이었다. 맛의 차이를 아는 일은 요리에만 있는 것이 아니다. '무용' 공연하면 한때 전통 공연 다음으로 고루하고 재미가 없는 장르로 인식됐다. 어쩌면 순수문화예술의 전문적인 영역으로 생각되어 오기도 했다. 그러나 인간의 오감은 이를 용납하지 않았다고 본다. 혀가 느끼는 감각은 누구나 가진 보편적인 것이지만 어떤 맛은 훈련되어야만 알 수 있다.

공연예술은 오감을 즐겁게 하는 양질의 콘텐츠를 가려내고 귀가 좋은 음악을 구분하는 데 도움을 준다. 이처럼 '무용' 또한 재미있고 흥미있는 작품이라는 것을 알리는 일이 중요했다. 이를 위해 공연에 관한 관심을 불러일으킬 수 있는 다양한 이슈를 기획했다. 보도자료 릴리즈, 제작발표회, 프레스콜 및 인터뷰 진행, 방송 촬영 등 일간지, 지역지, 지방지, 무가지는 물론 온·오프라인 매체를 통한 기사 노출에 힘써 공연 이미지를 향상하고 티켓 판매 촉진에 이바지할 수 있었고, 이를 통해 중요한 홍보 마케팅의 비결을 가질 수 있게 되었다. 《호두까기인형》 공연에 대한 언론 노출 현황을 보면 방송 16회, 인터넷 220회, 일간지 30회, 주간지 10회, 월간지 13회 등 매체별 노출 횟수의 성과를 거둘 만큼 무용계 대표 브랜드로 자리매김할 수 있었다.

12월이면 중앙극장들도 《호두까기인형》을 무대에 올리기 일쑤다. 중앙극장이라는 더 나은 시설에서 즐기는 크리스마스 공연은 더할 나위 없이 달콤하고 즐거운 일이 되지 않을까? 그렇다면 지역 공공극장 무대의 《호두까기인형》은 어떻게 하면 사람들로 하여금 생활 속 가까운 극장을 찾을 수 있도록 할까? 이를 위한 확고한 브랜드 인지도 구축 방법은 없을까? 많은 고민을 할 수밖에 없었다.

　이러한 고민 끝에 먼저 진행했던 방안 중 하나는 지역 관객의 성향을 세대별, 계층별, 경제적 특성별로 나누어 조사한 것이다. 조사 결과 특히 평소 공연을 즐겨 찾기보다는 생계에 치중하고 있는 서대문 지역민의 정서와 지역적 특성을 고려해 고루하게 느껴질 수 있는 고전 명작을 현 관객들의 눈높이에 맞춰 재미있게 구성하였고, 유명 발레리노, 발레리나의 캐스팅을 통해 볼거리를 제공했다. 이를 통해 작품성과 대중성을 겸비한 공연을 제작하고 홍보 마케팅하는 전문극장이라는 이미지를 구축하여 발레 공연 마니아뿐 아니라 지역을 옮겨 다니며 공연을 보러 오는 일반 관객들에게 신뢰감을 줄 수 있었다.

　서울시 자치구에서 운영하는 극장의 특성상 어쩔 수 없이 늘 '예산 문제'가 도마 위에 오른다. 공연을 제작하고 유치하는 예산도 부족한 실정에서 이를 홍보하고 마케팅할 수 있는 비용은 고작 홍보물 정도를 제작할 수 있는 비용이 전부다. 이러한 여건 속에서는 홍보 전문가의 노력과 노하우가 절실해진다. 돈 없이 할 수 있는 것이 홍보라지만 현실은 그렇지만은 않은 노릇, 아무리 물건이 좋아도 소비자와 직접 연결하는 방법이 없다면 그 결과는 불 보듯 뻔하다.

　서대문문화회관은 《호두까기인형》 이후 체계적인 마케팅 매뉴얼을 구축해 가며 공연 홍보 및 티켓 매니지먼트를 진행했다. 우수한 온·오프라인 제휴처를 통해 홍보 효과를 극대화하였으며 영상 및 인쇄물을 활용한 저비용의 광고 집행과 관객 참여형 이벤트 기획으로 티켓 판매 촉진을 위해 노력하였다. 또한, 예매처 관리를 통한 개인 예매 촉진과 더불어 기업 및 소그룹 세일즈에도 힘을 쏟아 매출을 증가시키는 전략을 수립 시행해 왔다. 무엇보다《호두까기인형》을 성공적으로 이끌 수 있었던 것은 기업 협찬과 공공재원 유치를 통해 안정적인 재정을 확보할 수 있었기 때문이다. 그리고 홈페이지 티켓 예매 시스템 구축 안정화는 공연 정보 습득부터 티켓 예매까지 one-stop 서비스를 실현해 내는 계기가 되었다.

또 하나의 성공 비결은 배우와 관객이 상호 소통할 수 있는 프로그램이 있었다는 것이다. 공연 후 배우와의 기념 촬영은 물론 사인회를 통해 더욱 가깝게 배우를 볼 수 있도록 하고 배우의 애장품 및 공연 소품, 공연 포스터 등을 소장하길 원하는 관객에게 이를 저렴한 가격으로 판매하여 작품의 이미지를 높이고 수익을 내 연말에 어려운 이웃을 돕는 기부문화 활성화를 통한 사회공헌사업을 실천했다.

공연이 끝나면 홍보 과제와 관련된 여론 조사를 진행하게 되는데 이는 홍보 목표와 타깃 오디언스를 설정하고 홍보 전략 및 계획 수립의 기초 자료들을 수집 분석하는 일이다. 서대문문화회관의 관람객 만족도 측정 방법 또한 눈여겨볼 만하다. 하우스(극장) 관리 담당자들은 고객 동선을 따라 엘리베이터에 탑승해 귀가하는 관객들의 솔직한 공연 평가를 모니터링한다. 그리고 공식 카페를 활용한 온라인 행사를 별도로 열어 전문 리뷰가 아닌 일반 관객에 의해 작성된 관람 후기를 받았는데, 이는 커뮤니티를 찾는 이들에게 좋은 작품을 알릴 기회가 되었으며 관람 포인트 및 방법에 대한 노하우를 공유하는 시간을 마련해 주는 통로가 되기도 했다. 지금은 다음 관객을 잠정적으로 확보해 나가는 방법으로써 해당 전략을 적극적으로 활용하고 있다.

서대문문화회관은 회원제인 '해피파트너'를 무료로 운영하고 있다. 회원들이 직접 참여할 수 있는 소통의 장을 마련하기 위해 회원들만을 위한 개별 공연을 진행하고 '회원 DAY'라는 타이틀로 다양한 참여 이벤트를 기획 운영한다. 상시 받을 수 있는 할인보다 할인율을 높여 티켓 가격에 대한 부담을 덜었으며 개별 공연 콘셉트에 맞는 관객 미션을 부여하여 행사의 재미를 가미加味했다. 또한, 공연 관람 후 배우와의 Q&A 시간을 마련하여 관객들의 궁금증을 해결하는 시간을 제공하는 등 차별화된 회원 서비스로 자리매김하였을 뿐 아니라 티켓 판매에도 도움을 주어 일거양득의 효과를 거두고 있다.

서대문문화회관은 지속적인 노력으로 서울 서부 지역의 공연 문화를 바꿔나가고 있다. 지역적 한계를 극복하고 지역 주민에게 친숙히고 다채로운 공연 운영으로 수도권 서북부 관객이 지나는 길목에서 27만 명에 달하는 관객과 이용객이 다녀갔다. 체육시설 이용객까지 합치면 50만 명에 달해 서울 외곽의 소도시로써 명실상부한 문화예술 중심지로 자리 잡아가고 있다. 이런 결과의 배경에는 지역 주민에게 다가가는 친숙한 공연을 유치·기획하는 전략이 있었다. 고품격 공연과 함께 지역 주민은 물론 다른 지역 관객 '흡수' 마케팅 전략을 편 것이다. 이를 위해 연극, 클래식, 발레, 뮤지컬, 오페라 등의 수준 높은 공연 외에도 마티네 드라마 콘서트, 야외 오픈 무대 등 정형화된 무대를 벗어나 야외 공간을 활용한 다채로운 형식의 공연을 선보임으로써 미래의 잠재 관객 개발을 위한 전략을 실천해 왔다.

문화예술은 우리의 삶 속에 이미 깊숙이 들어와 있고, 삶과 분리해서 생각할 수 없을 만큼 생활의 중요한 부분이 되고 있다. 이는 문화예술 분야의 개발과 투자의 이유인 가치 창출이 중요한 문제로 대두하고 있다는 것의 방증이다. 또한, 점차 문화예술 분야가 발전하고 대중들의 다양한 욕구에 따른 높은 수준의 공연을 제공해야 할 필요성이 있다는 것은 문화예술 시장에 대한 다양한 변화와 시도를 요구하고 있다고 볼 수 있다. 극장을 성공적으로 이끄는 것은 문화산업 발전의 밑거름이 되는 만큼 극장은 문화 가치를 생산하는 공장이라고 할 수 있다. 극장이라는 공장의 생산 라인이 원활하게 잘 돌아가야지만 국민의 문화 감수성 함양과 더불어 예술로 행복한 삶을 누리는 국민의 모습을 그릴 수 있을 것이다.


## 공공극장의 역할과 방향

공공극장은 무대예술의 창작과 유통의 플랫폼 역할을 한다. 따라서 극장에는 공간성 외에 문화, 사회, 경제적 가치뿐만 아니라 미학적 가치도 공존한다. 따라서 공공극장은 장르를 불문하고 다채로운 공연예술 형태를 무대에 구현해 내는 복합문화공간으로서의 역할을 다하고 있다.

관객은 최고의 극장과 최상의 공연을 만났을 때 감동을 받는다. 서대문문화회관은 개관 26주년을 기해 10월 서대문문화회관 앞마당에서 기념 행사를 열었다. 개관 이래로 야외에서 기념 행사를 개최한 것은 처음 있는 일이었는데, 지역의 인사들은 물론 주민이 어우러져 즐기는 마을 축제 분위기를 자아냈다. 사물놀이패의 축하 공연을 시작으로 지역 주민이 직접 무대에 올라 악기 연주뿐만 아니라 다채로운 공연을 선보이는 자리가 이어진 것이다. 주민의 솜씨가 드러나는 공예품 및 회화 작품의 전시, 먹을거리 부스 운영 등으로 주민의 오감을 만족시켰다. 서대문문화회관이 진정 주민과 함께하는 문화 공간임을 확인할 수 있었던 자리였다.

20년 전 공연기획 전문직으로 입사할 당시만 해도 서대문은 문화적으로 어려운 지역이었다. 문화 예산은 고사하고 인력이 부족한 상황이었으며 극장만이 덩그러니 있었다. 전략은 지역 자원을 찾는 길, 해법은 사람에게 있었다. 지역 예술단체를 만나고 예술인을 만나 '문화 고리 원탁 회의'를 가졌다. 그 후 예술인과 예술 관계자들에게 많은 기회가 주어졌고 지역에서 예술을 하기 힘들었던 이들로부터 주목을 받는 계기가 되었다. 이런 과정은 지역 예술이 앞으로 나가야 할 방향을 제시해 줬다.

극장 공연기획자는 매니지먼트를 담당했고 예술단체는 작품을 제작해 상호 예산 소요를 최소화했던 방법이 잘 먹혔다. 계층을 불문한 주크박스 뮤지컬 《바람이 불어오는 곳》 공연은 그동안 단체 중심으로 이루어진 기획공연 방식을 개선하여 작품의 질을 높이고 주민 문화 향유 패턴을 확 바꿔 놓을 수 있었던 대표적인 작품이었다. 이는 중앙 무대에서 활동하는 예술가들을 지역으로 불러 모으기에 충분했다. 어린이 공연부터 가족 단위 공연을 펼쳐내면 유료 객석 점유율 80%에 달하는 성과도 끌어냈고 공연하는 예술단체도 많지는 않지만 시드 머니를 벌어 갈 수 있었다. 다만 수익을 내면 낼수록 예술단체가 가져갈 수 있는 수익의 파이가 커졌기 때문에 극단에서는 배우들이 직접 지역을 돌아다니면서 포스터를 부착하고 전단을 돌리며 홍보했던 기억도 선하다. 지금은 전적으로 극장이 주도해서 홍보 마케팅을 진행하고 있지만, 공동 기획공연 방식은 지금도 이어져 가고 있다.

서대문문화회관은 서울시 자치구 가운데 유일하게 역세권과는 거리가 멀다. 요즘 유행하는 숲세권일는지는 모르겠지만 유일한 교통수단이라고는 마을버스가 고작이다. 더욱이 백련산 중턱에 자리하고 있어 악조건이라는 조건은 다 갖췄기에 지역 주민뿐만 아니라 인근 지역 관객을 모으기에는 쉽지 않았다. 공연을 하는 사람은 "작품이 좋다", "잘될 것이다"라는 말을 쉽게 내뱉기가 어렵다. 알다시피 아무리 좋은 공연이라고 기획자가 떠들어도 그 결과는 객석 문이 열리는 순간 입증이 되기 때문이다. 관객을 모으기 위해서는 '선택과 집중'을 해야만 했다. 공연 운영 예산 부재의 어려움을 극복하고 중앙극장의 양질의 작품을 지역으로 유입할 수 있는 계기를 마련했다. 매월 대·소극장 무대를 뜨겁게 달구었던 《마티네 드라마콘서트》, 가족연극 《어린왕자》, 《체임버오케스트라 가족음악회》, 뮤지컬 《바람이 불어오는 곳》 등을 공연해 저렴하고 부담 없는 가격 정책으로 지역 주민의 문화 욕구를 자극하기 시작했다. 그뿐만 아니라 문화강좌 분야에서는 트렌드를 반영한 신규 강좌를 개설하고 기존에는 없었던 다양한 전시 프로그램 등을 상설로 유치함으로써 극장 발전의 토대를 마련할 수 있었다.

## 공공극장의 변화와 전략

1950년부터 우리나라는 법률을 기반으로 만든 대한민국 최초 공공극장을 일컬어 국립극장이라는 명칭으로 부르기 시작했다. 이어 국립극단, 국립국악원이 이 시기에 조직되었다. 특히 국립국악원은 전쟁 중이었던 1951년 부산에서 개원하여, 이후 종로구 운니동으로 이전하게 되었다. 한국전쟁 이후 1962년 국립창극단, 국립무용단, 국립오페라단 창단으로 공공극장 정책의 기틀이 마련되었다고 볼 수 있다. 이후 1988년 서울 예술의전당이 만들어지면서 공공극장의 새로운 모델을 만들어 냈다. 국립오페라단, 발레단, 합창단은 공익 법인화하여 전문성과 독립성을 부여했고 시설공단, 예술단체, 예술 장르별로 분화되는 흐름을 보였다.

1970년부터는 전국적으로 문예회관 사업이 전개되면서 현재는 전국 광역·기초 문예회관의 수가 256개에 달한다. 하지만 이처럼 획일적으로 설립된 전국 단위의 문화 공간은 설립 목적과 미션이 비슷하다는 문제점을 안고 있다.

최근 인공지능AI이 인간에게 끼칠 영향이 긍정적일지 부정적일지에 대한 논란과 말들이 많다. 전 세계에서 AI 전문가라고 할 수 있는 리더와 석학들이 한자리에 모여 AI의 진화 방향에 대해 논의하는 콘퍼런스가 개최되고 인간이 만든 산물이 인간을 능가할 수 있다는 점을 가볍게만 보고 있지는 않은 것 같다. 특히 "AI는 인간에게 양날의 검과 같다"라며, 인간 중심에서 AI가 구현되어야 한다는 목소리가 나올 정도다. AI는 그동안 일상생활에서 느낀 편리함은 증진시키고 불편함은 없앨 수 있다는 측면에서 인공지능 로봇에 대한 선망과 욕구를 가져왔다. 하지만 지능이 인간보다 높고 로봇이 자의식을 가지고 인간을 지배할 수 있는 가능성이 존재하는 건 아닌지 조심스럽게 생각해 본다.

| 연도 | 설립 수 (개) | 운영 기간 (평균) | 대표 문예회관 |
|---|---|---|---|
| 1970~1979 | 5 | 46년 | • 수원시민회관(1970), 세종문화회관(1978) |
| 1980~1989 | 25 | 33.4년 | • 전북예술회관(1982), 제천시문화회관(1985)<br>• 경남문화예술회관(1988), 부산문화회관(1988) |
| 1990~1999 | 68 | 25.5년 | • 대구문화예술회관(1990), 경기아트센터(1991)<br>• 춘천문화예술회관(1993), 울산문화회관(1995) |
| 2000~2009 | 94 | 15.8년 | • 대전예술의전당(2003), 안산예술의전당(2004)<br>• 성남아트센터(2005), 김해문화의전당(2005) |
| 2010년 이후 | 64 | 6.9년 | • 강동아트센터(2011), 아트센터 인천(2018) |

❙〈표51〉 전국 문예회관 설립 현황                    출처: 2020 전국문화기반시설 총람

영화 터미네이터 제네시스에는 스스로 의사 결정을 하며 인간을 공격하는 인공지능 로봇 'T-800'이 등장한다. 인간이 만든 인공지능 로봇은 인류로 하여금 두려움을 느끼게 하고 있다. 하지만 AI는 인간을 대체하는 것이 아니라 인간을 보조할 수 있는 도구로 활용되어야 한다.

현재 AI의 발전은 급속도로 빠르게 진행되고 있다. 오늘날 AI는 음악 작곡, 음악 생성을 비롯하여 다양한 편집에 사용되고 있다. 사용자의 음악 취향을 분석하여 개인 맞춤형 플레이리스트를 제공할 뿐만 아니라 AI를 활용하여 실시간 음악 성능을 향상시킬 수도 있다. 특히 무대예술에서도 홀로그램 기술을 통해 AI가 실제 배우나 가수와 상호 작용하거나 가상 배경을 만들어 내는 연출 기법을 활용하고 있다. 이 밖에도 AI는 예술가들이 창작하는 과정을 지원하는 도구로 사용되고 있다. 그림 그리기나 조각 같은 시각적 예술에서는 AI가 창작 프로세스를 보조하거나 아이디어를 제안하고 있는 현실이다.

최근 미국, 유럽, 중국 등의 다양한 축제, 행사에서는 불꽃 쇼 대신 드론 쇼가 점차 확대되고 있다. 공연예술에서도 드론을 활용해서 얻을 수 있는 기술적 이점이 상당하다. 때때로 특수 효과 활용의 한계점을 극복하고 4차원적 표현이 어려웠던 기술적 측면과 아울러 다양한 연출을 구사하는 데 드론을 활용한다면 무대예술의 재미와 감동을 높일 수 있을 것으로 보인다. 최근 드론은 하늘이 아닌 영화와 무대에서도 활용되고 있다. 대표적인 예로 《태양의 서커스CIRQUE DU SOLEIL》와 스위스 취리히연방공대ETH Zerich 라파엘로 단드레아 교수팀의 프로젝트인 《스파크드Sparked》를 들 수 있는데, 8개의 전등 갓이 공중에서 춤을 추는 공연기법을 선보였다. 마치 영화에서 등불이 살아 움직이는 촬영 기법을 보여주듯이 날아다니는 전등 갓 안에는 드론이 숨겨져 있다. 단드레아 교수는 "적용할 수 있는 알고리즘만 개발하면 자유자재로 드론을 조종할 수 있다"고 한다. 이는 앞으로 공연 무대를 비롯하여 문화예술시장의 센세이션을 불러일으킬 소재들로 개발되고 있다.

최근 드론의 정교한 움직임이 가능해지면서 유쾌한 실험들이 많이 진행되고 있다. 그중 하나가 드론을 이용한 연주다. '플라잉 로봇 록스타Flying Robot Rockstars'라는 영상에서는 드론이 여러 악기를 연주한다. 스탠리 큐브릭의 기념비적인 SF영화 〈2001 : 스페이스 오디세이〉에 흐르던 리하르트 슈트라우스Richard Strauss의 교향시인 '차라투스트라는 이렇게 말했다'를 드론으로 연주한다. 드론을 통해 악기 연주를 하기 위해서는 연주자가 직접 연주를 하는 것 같은 정교함이 매우 중요하다. 박자와 음을 연결하는 타이밍에 정확히 맞춰 악보와 드론을 자유자재로 컨트롤하는 건 아직 시간이 좀 더 필요해 보인다.

이처럼 각계 분야에서 선보이고 있는 AI(인공지능)의 충격은 사실 AI 혁명의 신호탄일 뿐이다. AI의 진화는 예상보다 훨씬 빠르게 가속화되고 있다. 문화예술 시장에서도 후발주자가 되기를 기다릴 것만 아니라 이에 대한 선제적인 연구가 필요하다.

9장

공연기획자

## 공연기획자의 가치 인식

2020년부터 팬데믹으로 인한 사회적 거리 두기가 시작되면서 사상 초유의 무관객, 비대면, 온라인 공연 스트리밍, 홈트, 홈 뷰티, 알파룸, 홈 인테리어, 재택근무, 재택교육의 시대가 펼쳐졌다. 지난 바이러스가 전 세계적으로 변화의 속도를 앞당겼다. 팬데믹 선언이 인간에게 그동안 겪어보지 못한 경험과 사례를 남기면서 짧은 시간에 많은 에너지를 소모하게 한 결과, 기술 개발, 경영 환경, 생활 패턴 등에 경쟁력을 높이는 데 많은 영향을 끼쳤다. 특히 공연 시장에는 기존의 생태계를 뒤집을 만큼 강력한 피해를 주기도 했지만 공연 시장의 새로운 변화와 시도를 불러온 것도 사실이다. 한때 극장이 문을 닫고 계획되었던 문화 사업은 중단되기도 했는데, 그때 많은 대응책이 나왔고 그동안 시도되지 않았던 방법이 공연에 사용되었다. 2021년에 새롭게 입학한 학생들은 등교 대신 온라인으로 교육을 받는 등 그동안의 일상과 전혀 다른 방식으로 세상과 소통해야 했다. 스마트 기기는 현대인의 외로움을 달래는 유일한 도구가 되었고 교류와 소통의 수단으로써 유튜브, 인스타그램, 넷플릭스 콘텐츠의 가치가 높아졌다.

극장은 비대면, 무관객, 온라인 스트리밍 방식의 새로운 제작 환경이라는 변화를 겪게 되었고 다양한 발상과 실험을 통해 성공 사례를 남겼다. 그동안은 '공연예술' 하면 여러 분야의 제작진이 한자리에 모여 협업해야만 공연할 수 있다는 고정 관념이 있었는데, '온라인과 비대면 작업이 가능하다'라는 사회적 합의가 이루어지면서 기존의 통념이 깨진 것이다. 공연 성과로 여겨왔던 모객, 직접 관람 원칙도 그러하다. 극장에 관객이 없어도 공연을 할 수 있고 온라인으로도 공연이 가능하다는 것을 보여줬다. 이처럼 시도조차 할 수 없었던 공연계 변화의 가치는 매우 크다. 지금은 창작 활동이 재개되었지만 분명한 것은 많은 시간과 공을 들여 실험적 경험을 거쳐 검증까지 마친 공연 방식을 체계화하는 작업이 필요하다는 것이다.

현재 극장은 긴 수면에서 깨어나는 중이다. 극장이 예전처럼 관객 친화 공간으로 그 자리를 되찾아 가고 있다. 이러한 시점에서 '지금 우리에게 가장 중요한 것은 무엇일까?'라는 질문에 대한 해답을 찾아내는 것 또한 중요할 것이다. 그동안 우리가 노력해 왔던 과정과 학습을 통해 얻을 수 있었던 온라인 콘텐츠 스트리밍, 줌ZOOM을 활용한 소통 기능을 상호보완 관계로 인식하고 올곧은 방향으로 발전시켜야 하겠다. 현재까지 우리가 활용해 온 공연기획 방식은 많은 변화를 거듭하며 현대 공연예술의 새로운 가치를 창출했다.

실제 극장들은 새로운 변화를 거듭 시도해 왔다. 팬데믹 이전부터 공연예술계의 부정적인 시선에도 불구하고 공연 영상 제작 사업이 몇몇 극장에서 진행되었던 적도 있다. 그러다 4차 산업혁명의 주된 분야로 떠오르면서 정보통신기술ICT의 융합으로 '언택트Untact' 방식이 온라인 공연, 교육, 진료, 시험, 채용, 여행, 영화, 배달, 종교까지 전 세계 모든 분야를 집어삼키듯 혁명을 일으켰다고 해도 과언이 아니다. 예컨대 예술의전당에서 시도해 왔던 '싹 온 스크린SAC On Screen'은 공연 시장에서 큰 관심을 받지 못했던 예술영화 제작 상영 프로젝트다. 하지만 시대가 바뀌면서 이제는 그 쓰임새의 가치를 인정받을 수 있게 되었다. '온라인 공연', '랜선 공연'이 더욱 활기를 띠기 시작하면서 무대 공연을 온라인 스트리밍Streaming으로 전환했던 변화와 가치는 가히 자랑할 만하다.

팬데믹이 공연 산업에 큰 타격을 준 건 분명하다. 그러나 이를 통해 우리는 새로운 시장과 기회를 발견하고 대응하는 방법을 얻게 되었다. 그동안 무대예술 본연의 맛과 실현을 통한 생동감만 추구했던 것과 달리 비대면 공연과 온라인 공연이 대중적으로 받아들여졌다. 이전에는 온라인 공연이 공연의 본질을 잃어버리게 한다는 의견도 있었지만, 이제는 새로운 수요와 시장을 창출하는 중요한 수단으로 자리매김했음을 그 누구도 부인할 수 없을 것이다. 이처럼 공연 산업은 변화 속에서 손실이라는 값비싼 수업료를 톡톡히 치른 후 새로운 공연 형태와 도구 활용의 가능성을 찾을 수 있게 되었다. 어려움을 겪고 얻은 지혜이기에 그 가치는 더욱 크다.

낯선 변화를 극복하고 새로운 국면을 맞이한 극장가는 현재 활기를 되찾아 가고 있다. 공연기획자는 공연 온라인 스트리밍이 한때 번진 유행 수준에 머무르지 않고 진정성 있는 서비스로 자리매김할 수 있도록 사회적 역할을 다해야 하겠다.

## 공연기획자의 마인드

경영 마인드는 기획자가 갖추어야 할 필수적 요소 중 하나이다. 예전에는 예술을 경영한다는 말이 어색하게 느껴졌다. 예술을 돈벌이 수단으로 생각하는 것을 예술 모독으로 여겼던 시기도 있었지만 현대에는 예술 경영을 통해 모든 예술이 완성된다.

'연극의 메카'로 불리는 대학로, 소극장이 연극의 중심지로 호황을 누리던 시절도 있었다. 1980~1990년 당시 만남의 명소였던 동숭동 대학로에는 정말 가슴 따뜻한 공연들이 즐비했고 한 편의 연극은 연인, 친구, 가족이 행복한 추억을 담아가기에 충분했다. 그러다 대학로는 관객 유인책으로 과도한 가격 할인 경쟁을 벌이게 되었는데 심지어는 '티켓 덤핑'이라는 단어까지 등장하게 된다. 흥행성, 재미 위주의 작품들이 판을 치는 현상도 이제는 대학로 상업연극의 새롭지 않은 풍경이 되었다. 그동안 침체된 대학로 연극계에 활기를 불어넣었던 2000년대의 '연극열전' 프로젝트도 얼마 가지 않아 운영 부채로 경영이 어려워질 정도로 불황을 맞게 되었다. 배우 섭외는 뚝 끊겼고 IMF 사태가 뒤늦게 연극계에 밀어닥쳤다. 많은 배우와 극단 대표들이 스스로 목숨을 끊은 사건도 그리 오래된 일은 아니다.

그 어느 곳보다도 흥망성쇠의 역사가 뚜렷한 대학로. 그곳에서 봤던 공연 중 아직까지 기억에 남는 공연 두 편이 있다. 그중 하나는 당시 대학로에서 3년 6개월 동안 장기 흥행하면서 20만 명이 넘는 최다 관객을 동원해 대학로의 역사가 된 작품, 《불 좀 꺼주세요》다. 1993년

대학로에서 첫 공연을 시작으로 롱런에 성공한 작품이다. 꾸준한 연극 팬들의 입소문으로 점차 관객 수가 늘었고 대학로 연극 역사상 성공적인 작품 기록을 세웠다. 일반 가정의 일상을 통해 현대 사회에서의 인간관계와 삶의 의미를 다뤘던 작품으로, 당시 대학로 연극계의 실험적 시도라는 평을 받기도 했다. 무대 위의 상상력과 연출력, 비주얼 요소 등을 결합하여 관객들에게 강한 인상을 남기며 대학로 연극의 새로운 지평을 열었던 작품이었다.

또 다른 한 편의 연극은 사다리움직임연구소(임도완 소장)의 총 3가지 옴니버스 형식으로 만들어진 《휴먼코메디》(1999년 초연)이다. 그 가운데 《추적》은 6명의 배우가 쫓고 쫓기는 절묘한 타이밍과 움직임에서 짜릿함과 코믹함이 돋보였다. 총 6명의 배우가 14번의 감쪽같은 배역 전환을 선보였고, 배우들이 아슬아슬한 장면 전환에도 안정감 있는 연기를 펼쳐 인상 깊었다. 뿐만 아니라 지루할 틈이 없도록 능청스러운 연기를 펼쳐 장면 곳곳에서 웃음을 끌어냈다. 공연이 끝나갈 무렵 마지막으로 극의 비밀이 공개되면서 탄성을 지르게 했다.

그래도 두 작품은 1993년부터 짧게는 3년, 길게는 15년이 넘는 세월 동안 대학로를 중심으로 여러 극장에서 롱런했던 작품으로 잘 알려져 있다. 당시 비극보다 희극이 시대와 유행에 훨씬 민감했다는 점을 고려한다면 두 작품의 장기 흥행 기록은 놀라운 기록으로 여겨진다.

이처럼 두 작품이 오랜 사랑을 받은 데는 그만한 비결이 숨겨져 있다. 공연 작품의 기본은 예술성과 작품성이다. 이 두 가지가 담보된 공연은 관객에게 외면당하지 않는다.

성공 예감에 대한 촉이 있는 공연기획자라면 단순히 보도자료를 뿌리고 티켓이 팔릴 때를 기다리고만 있지 않는다. 이럴 때 공연기획자는 공연 시장 상황, 관객 요구 분석에 많은 시간을 할애해도 아까워하지 않는다. 공연 시장 상황에 따라 경쟁 공연 현황이 파악되면 그때부터 기획은 시작된다.

먼저, 추진 목표와 방향을 잡아 차별화 포인트를 잡아야 한다. 그러나 속전속결로 돌아가는 공연 현장에서 일하는 기획자는 이 첫 단계를 무시하는 경향이 있다. 기업은 물건을 만들기 전에 '왜 만들 것인가?'와 '만들어서 어떻게 팔 것인가?'를 고민한다. 기획도 마찬가지다. '왜 공연을 해야 하는지?'를 생각한 다음에는 '어떻게 관객과 소통해 나갈 것인지?'를 결정하는 과정이 꼭 필요하다. 성공적인 공연을 위해 먼저 공연 시장의 상황을 파악하고 분석해 보는 일머리를 갖자.

예컨대 해마다 송년과 신년 공연이 여기저기서 열린다. 경쟁 공연 특징과 차별화 포인트가 없다면 대충하는 일이 된다. '적당히'는 없다. 집요할 만큼 탈탈 털어 경쟁력을 확보해야 한다.

경쟁 작품이 음악회라면 주제, 프로그램, 연주자, 작곡가, 작사가, 편곡, 지휘자, 출연자, 무대 연출, 무대 구성, 객석 규모, 티켓 가격, 공연 기간, 티켓 판매처 등을 도출해 차별화를 위한 시도를 해보자. 인기 있는 공연에는 뭔가 있기 마련이다. 누군가는 문화예술의 극치를 말할 때 오감을 사로잡는다는 추상적인 언어를 쓴다. 이처럼 감각을 자극하는 데는 그만한 촉진제가 있을 것이다. 연극과 뮤지컬의 경우라면 이야기의 구조가 탄탄해야 할 것이다. 이야기가 부실하면 극 요

| 경쟁 공연 | 경쟁 공연 특징 |
|---|---|
| 〈빈국립폭스오퍼심포니 신년음악회〉<br>예술의전당 콘서트홀  2024.1.16<br>R_25만원   S_20만원<br>A_12만원   B_8만원 C_4만원 | • 2024년 첫 내한 신년 음악회 매진 기록, 15년 연이은 내한 신년 공연을 통해서도 높은 인지도를 확보한 비엔나 대표 오케스트라<br>• 풀 편성 오케스트라 관현악, 경쾌한 왈츠에 맞춘 환상적인 발레, 인기 오페레타 아리아 등 다양한 볼거리 선사 |
| 〈서울시립교향악단 신년 정기연주〉<br>세종문화회관 대극장  2024.1.17<br>R_15만원   S_12만원<br>A_10만원   B_7만원 | • 국내 대표 오케스트라로 높은 티켓 파워 확보<br>• 최정상급 협연자 섭외 가능성, 연초 신년 음악회 관객 중 다수의 클래식 마니아 관객층 흡수 예상 |

| 차별화 포인트 |
|---|
| • 한국을 대표하는 젊은 국악인 이자람, 세계의 전통음악을 아우르는 음악가 하림, 재일교포 3세 작곡가이자 세계적인 장구 연주가 민영치의 만남<br>• 국내 대표 오케스트라의 특색 있고 다채로운 무대<br>• 경쟁력 있는 가격 정책, 동일 시기 경쟁작들에 비해 저렴한 티켓 가격, 다양한 시민 관객 대상의 할인 정책 추진 |

❙ 〈표52〉 경쟁 공연 현황 및 차별화 전략 수립 예시


소의 매력을 잃게 된다. 다시 말해 작품성이 우선 담보되어야 한다는 말이다. 콘텐츠의 기초는 희곡, 즉 시나리오에 성패가 달려 있다고 해도 과언이 아니다. 이게 부실하면 다른 게 아무리 좋아도 관객의 마음을 사로잡을 수 없다. 음악 공연의 경우라면 연주자들이 뽑어내는 연주 기량일 것이다. 편성에 따라 소리와 울림의 크기는 달라도 음악을 통해 느끼는 감동은 같다. 오페라, 무용, 전통예술 각각의 장르가 내뿜는 매력과 품격이 있다.

공연예술은 종합 선물 세트와 같다. 한 작품을 완성하기 위해서는 많은 분야의 재원과 인력이 있어야 하는 것처럼 공연예술은 시나리오를 써내는 작가, 음악, 미술, 영상, 드라마, 모든 요소를 자연스럽게 연결해 극 전체의 흐름을 잇는 연출, 작품의 맛을 돋보이게 하는 무대 기술이 한데 어우러져 무대라는 박스에 담아내는 것이다. 소중한 사람을 위해 정성스러운 저녁밥을 짓는 마음처럼 기획자는 관객의 고른 영양 섭취를 신경 써야 한다. 정말 어느 것 하나 빼놓을 수 없는 요소들을 모아 담아둔 저녁 식탁과도 같은 공연이 될 때 관객은 "잘 먹었다"라고 할 것이다. 기획자에게는 열정이 필요하지만, 무엇보다 철학이 있어야 한다.

## 공연기획자의 DNA

인간이 한 사람의 줄기에서 시작해 인종이 나뉘고 인류를 이루고 산다는 성경학적 관점에서 본다면 분명 아리스토텔레스도 우리의 조상이 아니겠는가. 그렇다면 우리 또한 그의 DNA를 타고났고 성정을 물려받았을 것이라 생각해 본다.

아리스토텔레스의 '시학'을 들여다볼 기회가 있어 잠깐 그에게 빠져 있었던 적이 있다. 예술 본연의 삶과 인문학적 성찰이 소담하게 담겨 있고 소프트 파워가 살아 움직이는 듯했다. 그것들을 통해 우리는 과학, 예술, 인문학, 그리고 공학 기술까지 놀라운 연관성이 있음을 알 수 있다. 아리스토텔레스의 '시학'은 그때가 아니었으면 평생 볼 일 조차 없었을 것이고 어쩌면 그 책의 가치조차 모르고 살았을 것이다.

그간 극장에서 실무를 하면서도 현장과 이론의 괴리감을 타박하며 늘 아쉬움이 많았다. 전공이 아니었던 공연기획의 일은 현장에서 모든 걸 깨닫고 배웠다. 이러한 이유로 공연기획을 배우고 공부하는 일에 끝없이 갈증을 느낀다. 주변에서는 "정년이 보장된 직업을 가지고 있는데 무엇 때문에 돈을 들여 공부하느냐"며 욕심이라 생각하는 이들도 있었다.

아리스토텔레스가 살았던 고대 그리스 역사와 공연기획자의 삶을 연관 지어 생각해 봤다. 서구 역사상 가장 위대한 지성인 중 한 사람으로 알려진 아리스토텔레스는 서양 철학사에 가장 중요한 역할을 했던 인물이다. 14세기 옥스퍼드 대학에서는 인문학, 철학 등의 모든 학문을 연구하는 인문학사와 석사가 아리스토텔레스의 철학에서 벗어날 때마다 5실링의 벌금을 내야 했다는 말이 전해진다. 그만큼 그의 철학과 사상은 모든 학문에 있어 지대한 역할을 해왔다. 소크라테스에서 플라톤, 플라톤에서 아리스토텔레스로 이어지는 사제 관계 속에서 학문의 기초가 만들어졌고 모든 학문은 아리스토텔레스가 그들의 시조라고 주장했다. 이와 같은 관점에서 본다면 아리스토텔레스는 동시대 공연기획자의 시조라고 주장해도 이상할 것이 없어 보인다.

아리스토텔레스는 말년을 제외하고는 굉장히 성공한 인생을 살았다. 요즘으로 보면 유명 의원 병원장급의 아버지를 둔 부유한 집안 출신에 명문대를 수석으로 졸업하고, 명문가이자 왕가의 딸과 결혼했다. 인생 후반에 들어서는 자신이 졸업한 명문대에 버금가는 대학을 건립했다. 문학사에서는 아리스토텔레스 '시학'이 체계적인 문학 비평의 효시가 되었던 점과 시학을 통해 비극의 작동 원리를 카타르시스라고 규정한 것이 잘 알려져 있다. 따라서 문화의 가치를 발굴하고 기획이라는 단계를 거쳐 무대예술을 향유예술로 만들어 내는 공연기획자에게도 아리스토텔레스의 DNA가 흐르고 있다고 본다.

언제부터인지는 몰라도 기획서를 작성하거나 사람을 만날 때 정서情緒라는 표현을 많이 쓰는 편이다. 정서는 일반적으로 오랜 세월에 거쳐 나타나는 그 사람만의 내면의 세계, 마음가짐이 아닐까 생각한다. 우리는 예부터 악·가·무에 능하고 흥이 많은 민족으로 얘기되어 왔다. 특히 음악은 말이 필요 없는 세계인의 공통 언어라고 해도 과언은 아니다. 차이콥스키의 곡을 연주하는 나탄 밀스타인Nathan Milstein의 바이올린 연주는 언제 들어도 담백하고 따뜻한 느낌이 든다. 약 38분의 차이콥스키 바이올린 협주곡은 한 편의 영화를 귀로 듣는 듯하다. 선율이 손으로 만져질 듯하고 깊은 전율과 희열이 느껴질 때도 있으며, 마음속에 온기가 느껴지거나 바이올린 선율에 마음이 요동칠 때도 있다.

이처럼 문화예술은 행위자 중심보다는 향유자 중심이어야 한다. 따라서 듣고 보고 즐길 줄 아는 사람은 문화 DNA를 타고났다고 생각한다. 동시대를 살아가면서 점차 증폭되고 있는 문화적 정서, 문화 향유 정신을 우리 아이들에게 잘 물려줄 수 있어야 하겠다. 대표적인 예로 전 세계의 문화, 예술, 정치, 경제, 금융, 사회, 언론 쪽에 영향력을 행사하고 있고 미국 전 분야를 쥐락펴락하는 유대인에게서 유전학적 DNA 근성을 엿볼 수 있다. 아인슈타인, 프로이트, 빌 게이츠, 스티븐 스필버그, 레오나르도 다빈치, 엘비스 프레슬리 등 우리가 알 만한 인물 모두가 이스라엘 민족, 즉 유대인이다. 한편 유대인 교육법이 유명하기는 하지만, 유대인의 세계적 성장 뒤에는 아이들 교육 이전에 선조의 DNA가 배어 있다고 본다.

우리는 속된 말로 "피는 못 속인다"라는 말을 간혹 한다. 어느 정도 이 말을 인정하며 살아간다. 2019년 3월 25일 대한민국 임시정부 수립 100주년 특집으로 '백 년만의 귀향 집으로' 제작발표회가 상암동 DMC에서 열렸다. 이날의 이슈는 단연 '윤봉길 의사의 후손'인 윤주빈 배우였다. 많은 사람이 공감할 만큼 윤봉길 의사와 정말 닮아서 모두를 깜짝 놀라게 했다.

문화 DNA는 누구나 타고났다고 생각한다. 아이들은 부모, 선생님, 주변인에게 관심을 받는 시기가 되면 뚜렷한 재능을 보일 때가 있다. 아이에 따라 여러 영역에서 특별하게 보이는 아이도 있다. 이러한 DNA는 잘 키워줄 필요가 있고 때론 그렇지 않다고 해도 우리는 아이들에게 문화 DNA를 물려줘야 한다.

우리는 겨우 60년 만에 세계 대국의 수준으로까지 경제를 일으킨 저력을 가지고 있는 민족이다. 그러나 문화, 예술은 다른 관점에서 재조명되어야 한다. 문화는 곧 그 나라 국민의 정서이자 정신이다. 사람의 정신을 지배할 수 없듯이 문화는 주입을 통해 얻어질 수 없다. 열심히 하면 된다는 농업적 근면성만으로는 문화적 성장을 기대하기 어렵다. 21세기 지식기반 사회는 각국의 국민에게 지속적인 예술교육을 통해 인간 정신과 상상력 개발을 할 수 있도록 지원하는 것만이 성공의 핵심이며 이는 새로운 사회 가치로 자연스럽게 받아들여져야 한다.

문화 DNA의 잠재적 발현을 위해서는 문화예술교육의 시장이 확대되어야 한다. 지금까지 아이들이 경험한 예술교육은 문화체험 위주의 간헐적 체험 교육에 불과했다. 아이들의 상상력을 끌어내고 아이 스스로 문제를 해결할 수 있도록 하는 예술교육으로 교육의 질을 높여야 한다. 문화예술교육도 공교육과 같아서 국가 예산 확대는 물론 정규 교과 편성이 필요하다.

문명의 초기 단계부터 문화예술은 인간의 상상력과 창의성에서 가장 수준 높은 결과물을 '창조'라는 개념에서 바라본다. 창의성과 문화예술과의 관계 확장에서 문화예술은 우리 자신과 타인을 연결하고 소통시키는 가교로 새롭게 인식되어야 하겠다. 문화예술은 사회 구성원에게 정체성을 부여하고 문화 산업화를 통해 국민 삶의 질을 높이고 고용 창출과 이익을 가져다주는 새로운 구조로 변화되어야 한다. 지식기반 사회에서는 문화와 예술의 경제적 역할이 무엇인가를 고민했고 점차 그 가치를 드높였다. 세계 6위로 자리매김한 한국 영화 시장의 눈부신 발전에는 비결이 있다. 저렴한 관람료, 멀티플렉스의 등장, 해외 배급사의 한국 진출 등 다양한 가시적 전략을 담고 있다.

아리스토텔레스는 "교육이 가장 훌륭한 노후 대책이다"라고 했다. 아이들에게 문화 DNA를 나눠주는 일은 미래의 100년을 물려주는 것과 같다. 교육은 백년지대계百年之大計라고 할 만큼 개인과 사회에 큰 영향을 준다. 문화예술은 우리 삶 깊숙이 들어와 있기 때문에 삶과 분리해서 생각할 수 없다.

문화 DNA의 촉진자는 단연 공연기획자다. 공연기획자는 사람들이 자연스럽게 문화예술을 즐기며 살아갈 수 있도록 공연을 기획하고 실행할 수 있어야 한다. 누군가는 문화란 어린 시절 체험을 통해 누적된 경험에서 비롯되는 것이기 때문에 공부를 통해 문화를 아는 것에는 한계가 있다고 말한다. 물론 문화 소비, 문화 향유 방법을 알게 하는 것은 어린 시절부터 이루어져야 한다. 그렇기 때문에 공연기획자의 역할이 중요하다. 공연기획자가 되기 위해 가장 중요하게 생각해야 하는 것은 '문화를 대하는 마인드'를 키우는 것이다. 공연기획자는 자격증이 있거나 특별한 테스트 과정이 따로 있는 게 아니다. 입문 때부터 현장 경험을 쌓다 보면 자연스럽게 감각이 생기고, 이론은 차후에 학습을 통해 깨칠 수 있다. 공연기획자는 인간의 메마른 삶과 정서에 따뜻한 감성을 불어넣는 아주 전문적이면서도 체계를 갖춘 직업이다. 공연기획자가 되기 위해서는 이론과 실무를 고루 갖추는 것 역시 중요하겠지만, 공연기획자로서 지녀야 할 자질과 마인드가 무엇보다 중요하게 평가되는 시대다. 점차 공연예술 시장이 성장하고 있는 가운데 올곧은 기획 역량을 키워간다면 공공극장 입직에 한발 앞설 수 있을 것이다.

부록

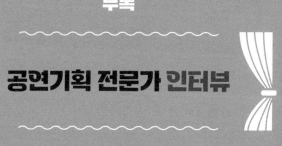

공연기획 전문가 인터뷰

## Q1. 공연기획자는 어떤 직업인가요?

A. 공연기획자는 사람과 사람을 잇는 일을 합니다. 이를테면 예술가와 관객, 때로는 무대예술 전문가와 관객을 잇는 중매자와 같은 역할이라고 할까요. 그러므로 예술을 좋아하고, 새로운 도전에 몸과 마음이 열려 있는 마인드를 갖는 것이 매우 중요합니다.

서정대 (재)성북문화재단 성북꿈빛극장 기획총괄

## Q2. 공연기획자에게 꼭 필요한 자질과 역량은 무엇일까요?

A. 공연은 '어디서? 누구와? 왜?'라는 질문에 명쾌한 답을 가지고 있어야 합니다. 작품을 선택하는 것도 해야 할 일이지만, 왜 그 작품을 선택하는지에 대한 신념을 갖는 일이 더욱 중요합니다. 그 신념을 확신으로 실현하기 위해서 작품을 이상적으로 구현해 줄 수 있는 공간, 작품을 무대에서 가장 잘 표현해 줄 수 있는 배우와 연출, 그리고 무대의 하모니를 이뤄줄 여러 분야의 스태프까지. 무대를 이루는 모든 일의 예술적 완성도를 최상으로 끌어내는 일이 공연기획자의 기본적인 사명이라고 생각합니다.

이종원 (재)인천서구문화재단 대표이사

## Q3. 그렇다면 공연기획자가 갖춰야 할 기본 소양이 있다면 무엇일까요?

A. 모든 기획에는 글의 쓰임이 가장 큽니다. 따라서 글쓰기는 기획의 기본이라고 생각합니다. 글의 논리와 창의성을 가지고 있는 것이 생각보다 꽤나 중요합니다.

이선광 Asian Classical Players Orchestra 대표

## Q4. 공연에도 성공과 실패가 있을까요?

A. 대부분 티켓 매진 여부로 공연의 성공과 실패를 쉽게 나눌 수 있습니다. 티켓 판매율이 관객의 선택을 받았느냐 그렇지 못하냐를 보여주는 척도가 될 수 있고, 이는 공연기획의 성공 여부로 읽힐 수 있다고 생각합니다. 그러나 극장의 역할과 지향점에 따라 상황이 다르기에, 수익률만으로 공연의 성공 여부를 판단하기에는 어렵습니다. 또 고가의 유료 공연임에도 전석 매진되기도 하고, 오히려 무료 공연임에도 관객을 절반도 채우지 못하기도 합니다. 공연은 과정의 예술이기도 하기에, 이분법적으로 성공과 실패를 나누기에는 어려움이 있습니다.

김미화 (재)부천아트센터 공연사업팀 차장

## Q5. 기획자가 갖추어야 하는 마인드는 무엇일까요?

A. 기획자는 '그래서', '때문에'라는 말보다 '그럼에도'라는 말을 더 많이 해야 합니다. 실패에 대한 회피와 합리화를 위한 단어 구사보다는, 역경과 난관이 있겠지만 (그럼에도) 난 꼭 이루어낼 방법을 찾아보겠다는 마인드가 중요합니다.

한필웅 inCoda Musuc CEO


## Q6. 추천할 만한 지침서는 무엇일까요?

A. 『공연기획자가 되는 법』은 저자의 오랜 경험과 에피소드가 담겨 있습니다. 실무에 도움이 될 수 있도록 열의를 다해 하나부터 열까지 전하고 있습니다. 이 책 한 권으로 이론을 끝내고, 속히 현장으로 진출하여 많은 경험을 쌓으시길 바랍니다. 그것이 곧 당신만의 지침서가 될 것입니다.

박선기 문화기획 썬앤아트, 배리어프리운동본부 대표

**Q7. 향후 또다시 팬데믹으로 공연시장이 어려움을 겪게 된다면, 그때 공연기획자가 해야 할 역할은 무엇일까요?**

A. 공연기획자는 새로운 장르를 개발하고 실험하는 사람이 아닙니다. 관객이 가장 먼저가 되어야 하는데 관객은 실험의 대상이 아니기 때문입니다. 코로나로 무수히 잃어버린 상실의 시대에 관객에게 필요한 것은 새로운 것이 아닌, 거꾸로 우리의 손으로 코로나 이전의 상황으로 다시 되돌리는 '회복의 역할'입니다. 지금은 옛것을 찾고 그 옛것을 통해 관객들에게 감동을 제공하는 것이 중요한 때라고 봅니다.

김영욱 (재)부천문화재단 상임이사

**Q8. '공연기획자'라는 직업에 대한 향후 전망은 어떨까요?**

A. 디지털혁명으로 초연결시대, 증강현실이 현실과 뒤엉키는 미래가 와도 공연기획은 AI가 대신할 수 없습니다. 공연기획의 분야마다 사람과 사람이 소통해야 하고 유기적으로 연결되며 만들어지기 때문입니다. 공연기획자는 '감동'을 파는 직업이고 '감동'은 아날로그의 감성입니다. 이

감성을 어찌 이진법의 논리로만 판단하는 AI가 다룰 수 있을까요. 미래에도 꾸준히, 그리고 여전히 매력적인 직업이 될 것이라고 생각합니다.

한필웅 inCoda Musuc CEO

## Q9. '공연기획자'를 꿈꾸는 후배들에게 해주고 싶은 말이 있다면?

A. 공연기획자는 창작의 영역을 넓게 설정해야 하며, 예술적, 심미적, 대중적 감각이 탁월해야 하고, 트레이닝과 경험을 통해 본인의 감각을 극대화시켜 나가야 합니다. 그리고 무엇보다 다음의 세 가지를 전해주고 싶습니다.

① 사고는 타인과 다르게 하지만 타인의 의견을 긍정적으로 수용할 줄 아는 기획자

② 다양한 지식과 경험을 쌓고, 사회의 변화 및 트렌드에 민감한 기획자

③ 몽상가이기보다는 전략적 구상을 할 줄 아는 기획자

김영훈 (재)세종문화회관 예술단 기획총괄

## Q10. 마지막으로, 한국의 공연 시장의 미래는 어떨까요?

A. 한국의 공연 시장은 아직 작고 영향력도 약하지만 공연기획자들이 전 세계 공연 시장을 바라보고 꿈을 꾼다면, 언젠가는 세계 공연 시장의 중심이 되지 않을까요? 분명히 그러한 미래가 있으리라 생각하고, 꿈을 가지고 계속해서 움직이자고 말하고 싶습니다. 머지않아, 전 세계 사람들이 우리의 공연을 보기 위해 한국으로 올 거라고 생각합니다.

권순철 (재)노원문화재단 노원어린이극장 기획총괄

# 극장 용어

## ㄱ

- **각색** Dramatization
  공연을 재해석하여 새로운 버전으로 제작하는 것.

- **객석 점유율** Seat share
  극장 전체 객석 수 대비 실제 입장 인원을 백분율로 계산한 비율.

- **감독** Director
  공연을 담당하는 감독.

- **갠트리** Gantry
  무대 상부에 위치하여 작업, 점검을 할 수 있도록 설치되어 있는 상부 통로 구조물.

- **고보** Gobo
  ERS 조명기에 삽입해서 사용할 수 있는 알루미늄, 금속성 재질의 투각 문양의 틀.

- **공연 경연** Performance contest
  다수의 참가자가 경쟁하는 공연.

- **공연 계획서** Performance plan
  공연 제작 시 필요한 일정과 예산 등을 기록한 문서.

- **공연 관리** Performance management
  공연 준비와 운영에 필요한 일련의 관리 업무.

- **공연 마케팅** Performance marketing
  공연을 홍보하고 광고하는 것.

- **공조실** Ventilation room
  극장 전체 공기조화 설비 공간.

- **관객 입장** Auditorium open
  공연 시작 30분 전 관객 입장을 위한 객석 문 개방.

- **그랜드 피아노** Grand piano
  스타인웨이(Steinway), 뵈젠도르퍼(Bs-sendorfer) 등 풀사이즈 연주용 피아노.

- **그리드** Grid
  무대 천정부 위치 무대 기계, 조명, 구동 장치 등을 설치 작업을 할 수 있도록 설계된 무대 상부 격자형 바닥.

- **극장** Theater
  공연을 하는 장소.

- **기어** Gear
  음향 기술에서 사용되는 기계로, 소리 신호를 조절하는 역할을 함.

## ㄷ

- **다리막** House Curtain
무대 정면 양 옆에 세로로 높게 걸려 수평 시각선을 가려주는 막.

- **다목적 극장** Multi-purpose theater
다양한 장르를 수용할 수 있도록 설계된 극장.

- **다이내믹 마이크** Dynamic Mic
온도, 습기, 충격, 높은 음압에 강하며, 흔히 사용하는 마이크.

- **대극장** Large theater
객석 규모 1,200~1,600석 정도의 관객 수용 규모 극장.

- **대기실** Green room
공연 전후 출연자, 스태프 휴식 및 대기 공간.

- **댄스 플로어** Dance floor
발레, 무용 공연 시 무대 바닥에 설치하여 무용수의 신체 보호 및 안전을 위한 고무 매트.

- **대여** Rental
공연을 하기 위해 필요한 물품이나 장비를 대여하는 것.

- **덧마루** Platform
무대 장치의 하부 조직의 구조물, 무대의 높낮이나 계단을 연출할 때 사용되는 마루.

- **데뷔** Debut
공연을 처음으로 하는 것.

- **드라이 테크** Dry tach
등/퇴장 또는 장면 전환을 위한 무대 기술 리허설.

- **뒤 무대** Up Stage
객석에서 먼 안쪽 무대.

- **드라마투르기** Dramaturge
연출가와 작품 해석, 각색 작업을 하며, 공연단체의 문학적 조언과 레퍼토리를 선택 점검의 관여하는 작업.

- **드레스 어 세트** Dress a set
무대 소품, 대도구, 장식을 설치하는 작업.

- **디머** Dimmer
조명기의 조명 강도를 조절하는 장치, 조광기로 번역함.

- **디지털 믹서** Digital mixer
음향 기술에서 사용되는 디지털 기기로, 여러 개의 소스를 혼합하는 역할을 함.

## ㄹ

- **라이선스** License
해외 원작자에게 저작료를 지급하고 판권을 산 뒤 우리말로 공연하는 공연.

- **램프** Lamp
조명기 전구.

- **러닝 타임** Running Time
공연의 총 진행 시간.

- **레스터** Rester
2층석, 발코니석 앞 관객의 안전을 위해 설치된 난간 윗부분.

- **레이저** Laser
무대에서 사용되는 광원으로, 다양한 색상과 패턴을 만들어 냄.

- **레퍼토리** Repertory
2주 이상 또는 지속적으로 작품을 돌아가면서 무대에 올리는 편성 방식.

- **로비** Lobby
극장 입구에서 관객들이 공연 시작 전이나 인터미션 때 휴식하고 대화하는 공간.

- **로킹 링크** Locking link
C자형 금속 고리의 열린 부분이 너트 방식으로 되어 있는 안전 고리.

- **로프 락** Rope lock
조명기, 기기를 고정시키는 장치, 로프에 걸리는 하중을 안전하게 고정시키는 장치.

- **로프트** Loft
극장 천정과 그리드 사의 공간, 무대 상부 공간.

- **리버브** Reverb
에코(Echo) 현상을 느낄 수 있도록 공간의 잔향감을 효과로 내는 장치, 또는 기능.

- **리테일** Retail
극장 기념품, 공연 관련 물품을 판매하는 코너.

- **리허설** Rehearsal
공연을 하기 전에 배우들이 대사와 움직임을 연습하는 것.

■

- **마케팅** Marketing
공연을 홍보하고 광고하는 것.

- **막공** Last performance
공연의 마지막 공연.

- **매니저** Manager
아티스트가 예술 활동에만 전념할 수 있도록 일정, 활동 이력, 이미지 관리, 홍보 등 1인 예술인을 전담하는 사람.

- **매니지먼트** Management
극장의 운영과 관리를 담당하는 직원이나 조직.

- **머리 막** border
객석에서 보이는 장치가 매달린 부분을 숨기기 위해 사용하는 가로 방향으로 긴 천 조각.

- **무대 매듭** Stage Knot
무대 위에 설치된 트러스, 램프 등을 고정하는 장치.

- **메인 스피커** Public Address
무대 앞 메인 음향 스피커 지칭(라인 어레이 스피커)

- **조명 콘솔** Lighting Console
디머를 제어하고 조작할 수 있는 입력 시스템.

• 무대 기호 Stage Symbol
무대 위에서 사용되는 군수품, 소품, 소리, 조명 등의 위치를 나타내는 표기.

• 무대 깊이 Stage Depth
무대 앞에서 뒤쪽까지의 거리.

• 무대 높이 Stage Height
무대 바닥에서 천장까지의 높이.

• 무대 뒤 공간 Back Stage
본 무대 외 뒤 공간(보통 대기실, 분장실, 무대 소품실 등 위치).

• 무대 리프트 Stage Lift
무대 바닥을 올리거나 내리는 장치.

• 무대 막 Stage curtain
무대와 객석을 분리하는 천 조각.

• 무대 미술 Scenography
무대의 미적 요소를 담당하는 것.

• 무대 배치 Stage Arrangement
공연에 맞게 무대를 배치하는 것.

• 무대 소품 Stage props
공연 중에 사용되는 소품이나 물건들.

• 무대 앞 끝선 Front Stage Edge
무대 앞 라인의 끝선.

• 무대 작화 Stage painting
작품과 관련된 배경 장식, 평면 그림, 풍경 등을 그림으로 표현.

• 무대 전환수 Stagehands
공연 전후 무대 뒤쪽에서 무대감독의 지시를 수행하는 인력.

• 무대 중앙 Stage Center
관객 시각 동선의 중앙으로 공연이 펼쳐지는 중앙 무대.

• 무대 차례 Stage Turn
무대 위에서 공연자들이 서는 순서.

• 무대 폭 Stage Width
무대의 좌우 길이.

• 무빙 라이트 Moving Light
전자동 조명기 또는 인텔리전트 라이트라고 불리며, 빛의 움직임, 크기, 밝기, 포커스, 다양한 색 줌을 컴퓨터로 자유롭게 조절할 수 있는 조명기.

• 무용 Dance
춤을 중심으로 구성된 공연.

• 뮤지컬 Musical
노래, 춤, 연기 등을 결합한 공연.

• 믹싱 콘솔 Mixing Console
믹서(Mixer)라고도 하며, 음향 장비와 음향 신호를 연결하여 통제하는 장비.

ㅂ

• 바닥재 Flooring
무대 위에 깔리는 재료로, 무대의 미적 요소를 담당함.

• 바닥 재질 Floor Material
무대 바닥에 사용되는 재질.

• 바리케이드 Barricade
무대와 관객석을 분리하는 장치.

- **박스 오피스** Box office
극장 내에서 표를 판매하는 창구.

- **박스석** Box Seat, B석
보통 발코니석으로 객석 사이드에 위치하는 좌석.

- **반도어** Barn Door
퍼넬이나 대파(PAR)와 같은 조명기에 장착하여 빌의 방향을 통하는 빛 가리개.

- **발매** Ticket sales
공연 티켓을 판매하는 것.

- **발코니석** Balcony seats
2층 이상 극장에서 객석 측면 등에 위치한 튀어나온 좌석.

- **방염**
소방, 화재 대비 불에 타지 않게 약제 처리된 물질이나 물체의 표면 상태.

- **배튼** Batten
무대 조명기, 막 등을 매다는 장치봉.

- **백스테이지** Backstage
무대 뒤쪽.

- **브로드웨이** Broadway
뉴욕의 한 거리 이름으로, 뮤지컬과 연극의 중심지.

- **블라인드** blind
무대에서 물건이나 사람을 가리는 물건.

- **블랙 박스** Black box
무대와 관객석의 크기, 형태, 높이 등이 변화할 수 있는 유연한 공간.

- **블로킹** blocking
출연자 무대 움직인 동선 연습 객석 통로.

**ㅅ**

- **세외 수입**
지방 재정의 수입 중 지방세, 지방 교부세, 보조금 등을 제외한 일체의 수입.

- **소극장** Little theater
객석 규모 300석 미만의 소극장.

- **쇼케이스** Showcase
예술가들이 자신의 작품을 소개하고 홍보하는 공연.

- **슬로프** Slope
시각선 확보를 위한 객석 통로 경사 정도.

- **쇼케이스** Showcase
예술가나 예술단체가 자신들의 작품을 홍보하는 공연.

- **수표원** Ticket Tracker
티켓을 커팅하고 티켓을 확인하는 담당자.

- **스케일링** Scaling
무대 물건의 크기나 비율을 맞추는 것.

- **스태프** Staff
출연자를 제외한 공연 준비와 운영에 참여하는 모든 사람.

- **스탠드** Stand
무대에 설치되는 마이크 스탠드, 악기 스탠드 등.

• 스탠딩 오베이션 Standing Ovation
공연이 끝난 후 관객들이 서서 박수 치며
인사를 하는 것.

• 스테이지 Stage
극장에서 출연자들이 공연을 하는 무대.

• 스펙터클 Spectacular
눈에 띄는 효과와 시각적인 경험을 제공
하는 공연.

• 스트라이크 Strike
공연이 끝난 후 무대와 관련된 모든 기구
와 장비를 철거하는 것.

• 스트립 라이트 Striplight
긴 사장 모양의 조명기에 같은 종류의 램
프가 한칸에 나란히 들어 있는 라이트.

• 슬로우 크리스 Slow Chris
스테이지에서 시간을 느리게 흐르게 하
는 기술.

• 시간 앵콜 Time encore
시간이 지났음에도 불구하고 추가 공연을
요청하는 것.

• 실링 Celling
조명기를 달기 위하여 천정으로부터 전선
을 끌어내어 반자에 다는 하얀 사기로 만
든 반구형 기구.

○ ▬▬▬▬▬▬▬▬

• 아티스트 Artist
음악, 무용, 발레, 연극, 오페라 등을 전

공한 자로 아마추어와 반대되는 성향이
있으며 예술인을 칭하는 말.

• 암전환 Dark change
공연 중 암전 상태에서 장면이나 장치 전
환 상태.

• 앞 무대 Down Stage
객석에서 가까운 쪽 무대.

• 앵콜 Encore
공연 후에 무대에 돌아와 추가적인 공연
을 하는 것.

• 야외 무대 Outdoor Stage
실외에서 공연할 때 사용되는 무대.

• 언더스터디 Understudy
공연을 준비하는 단계에서 보조 역할을
맡은 사람들이 공연을 학습하는 것.

• 업라이트 피아노 Upright piano
보급형, 고급형으로 구분되며 피아노 줄
을 수직으로 하여 크기를 작게 만든 피
아노.

• 엔드로쓰 End-Rose
공연이 끝나고 나서 오랜 시간을 아끼지
않고 인사를 하는 것.

• 엔딩 Ending
공연의 마지막 부분.

• 엘립소이다 리플렉터 소프트아이트
 Ellipsoidal Reflector Spotlight, ERS
타원 반사경 스포트 조명기, 렌즈가 장착
되어 있는 조명기의 대표적인 형태.

- **연극** Theater
배우들이 대사와 동작을 통해 이야기를 전달하는 공연.

- **열람실** Reading room
극작가나 각본가, 연출가 등이 자신의 작품을 연구하고 분석할 수 있는 공간.

- **예매** Reservation
극장에서 공연에 참석하기 위해 예약하는 것.

- **예산** Budget
공연을 준비하면서 필요한 자금을 산출하고 관리하는 것.

- **오리지널** Original
오리지널 공연은 해외 원작팀, 또는 초연 당시 작품, 출연한 배우, 무대세트 등 그대로 적용된 공연.

- **오케스트라** Orchestra
교향악단.

- **오케스트라 피트** Orchestra Pit, OP석
오케스트라 연주석.

- **오프닝** Opening
공연이 시작되기 전에 관객을 기다리게 하는 시간.

- **와일드 카드** Wild card
예상치 못한 요소를 의미함. 공연 중에 벌어지는 일로, 일반적으로 스크립트에는 없는 것.

- **우측 무대** Stage Right
객석에서 볼 때 무대의 오른쪽(상수).

- **웨이브** Wave
무대 상단에서 스포트라이트를 통해 만들어지는 파도 모양의 효과.

- **음향** Sound
극장 내에서 소리를 조절하고 전달하는 기술.

- **음향 오퍼레이터** Sound operator
공연 중 음향 콘솔을 조작하는 무대 전문인.

- **이용료** Usage fee
극장 사용에 대한 비용.

- **인사** Stage greeting
공연이 끝난 후 관객에게 인사를 하는 것.

- **인터미션** Intermission
연극이나 음악회 등 공연 중간에 10~20분 정도 휴식하는 시간.

- **인터콤** Intercom
리허설과 공연 시 무대감독과 기술 스태프 또는 기획자와 연락을 주고받기 위한 동시 통화식 통신 설비.

**ㅈ**

- **작화막** Stage Painting
공연에 따라 무대 장치로 제작된 목적 막.

- **조명** Lighting
무대를 밝히거나 어둡게 만드는 등 공연의 분위기를 조절하는 장치.

- **조명** Lights
앞무대 위에 열을 지어 설치된 영사기.

- **조명 트러스트** Lighting Trust
조명 장치를 고정하는 기둥으로, 무대 안정성을 높이는 역할을 함.

- **조정실** Front of House
1층 객석 중앙 위치에 의하여 무대를 직관할 수 있는 조정 공간.

- **좌측 무대** Stage Left
객석에서 볼 때 무대의 왼쪽(하수).

- **중극장** Medium theater
객석 규모 800석 미만의 극장.

- **중앙 무대** Center Stage
무대 중앙에 위치한 무대.

- **진행팀** Running Crew
무대, 객석, 준비 요원 또는 안내원.

ㅊ

- **창작** Creative
새로운 공연 작품을 만드는 것.

- **출연진** Cast
공연에 출연하는 배우, 가수, 뮤지션 등.

ㅋ

- **카메오** Cameo
특별 출연자가 짧게 등장하는 것.

- **캐스팅** Casting
공연에 출연할 배우, 가수, 뮤지션 등을 선택하는 것.

- **캔들** Candle
공연 장소를 차곡차곡 채우는 손님들의 모습.

- **캣워크** Catwalk
무대와 관중석 사이에 있는 통로.

- **커튼콜** Curtain Call
모든 공연 종료 후 모든 배우를 박수와 함께 무대 위로 다시 부르는 시간.

- **컬러 필터** Color Filter
조명 디자인상에서 조명기 앞부분에 컬러 필터를 끼워 사용하는 방법.

- **콘덴서 마이크** Condenser Mic
소형화 가능하고 특성이 다양하지만 온도, 습기, 충격에 약하고, 팬텀 파워라 부르는 48V의 직류 전압을 공급받아 사용하는 마이크.

- **콘서트** Concert
음악 공연.

- **콘솔** Console
연출 효과를 컨트롤하는 무대, 음향, 조명 장비 조정 시스템.

- **콜라보레이션** Collaboration
서로 다른 예술 분야나 예술가들이 함께 작업하여 작품을 만드는 것.

- **큐** Cue
공연 중 특정한 타이밍에 작업이나 행동이 이루어져야 할 때, 해당 시점을 알리는 신호.

- **큐 사인 램프** Cue Sign Lamp
포시능의 점등 및 소등으로 무대 진행 큐를 줄 수 있는 장치.

- **크로스 무대** Cross Stage
무대를 가로질러 설치되는 무대.

- **클라이맥스** Climax
공연의 전개 과정에서 가장 긴장이 되고 드라마틱한 부분.

## ㅌ

- **테크니컬 라이더** Technical Rider
공연, 이벤트 운영에 필요한 기술적인 요구사항을 담고 있는 문서.

- **트러스** Truss
무대 위에 설치되는 강철 또는 알루미늄 재질의 구조물.

- **트러스트** Trust
무대 위에 설치되는 높은 기둥으로, 무대의 안정성을 높이는 역할을 함.

- **티켓** Ticket
공연 입장을 위해 발행되는 티켓.

## ㅍ

- **파노라마 라이트** Panorama light column
무대 양측 갤러리에 설치된 조명으로 측광 연출.

- **파 라이트** PAR Can Light
실내 극장에서 강한 광선을 만들어 Wash용으로 주로 사용하는 조명기.

- **파워드 스피커** Powered speaker
음향 기술에서 사용되는 큰 크기의 스피커.

- **파이널** Final
극장 공연의 마지막 공연.

- **파일럿 라이트** Pilot light
무대 총괄자 또는 스태프가 공연 중 활용하는 조명기.

- **팔로우 스포트라이트** Follow Spotlight
핀(Pin Spot)이라고도 부르며, 작은 각의 매우 강한 빛으로 25M 이상의 장거리에서 조명할 수 있는 조명기.

- **퍼넬 스포트라이트** Fresnel Spotlight
퍼넬 렌즈가 장착되어 있는 조명기. 주로 텅스텐 할로겐램프를 관원으로 사용.

- **퍼포먼스** Performance
예술적 퍼포먼스 또는 예술 표현.

- **페이드아웃** Fade out
무대 상단에서 등장인물이나 물건이 서서히 사라지는 효과.

- 페일세이프 Fail-safe
장치 고장 발생 시 부가적으로 기기 기능을 안전하게 수행할 수 있도록 하는 기능, 보조 서브 기능.

- 포이어 Foyer
공연 전후 또는 인터미션 중 관객 휴게 공간.

- 포켓 Wing
무대 양 옆 준비 무대로 정식 무대 용어는 아니나 무대 소통 용어.

- 프레스콜 Press call
공연 홍보 목적으로 시사회 및 기자 초청 공연, 하이라이트 장면 구성.

- 프로그램 Program
공연을 구성하는 프로그램.

- 프로덕션 Production
공연, 뮤지컬, 영화 등 제작 단계부터 상영까지 모든 과정.

- 프로듀서 Producer
공연 제작을 총체적으로 지휘하고 그 과정을 책임지는 전문가.

- 프로모터 Promotor
공연 작품이 극장과 연결될 수 있도록 소개하여 경제적 조건을 받고 주선시켜 주는 전문가.

- 프로젝터 Projector
무대에 영상을 투사하는 기술.

- 프론트 무대 Front stage
무대 앞쪽.

- 프롬프터 Prompter
공연 중 관객이 볼 수 없는 곳에서 출연자에게 대사나 동작을 모니터를 통해 실시간 전송하는 사람 또는 모니터.

- 프리뷰 Preview
공연이나 전시 등에서 미리 보기를 위해 관람객이 들어오는 일정 기간.

- 프리젠터 Presenter
공연을 기획, 유치해서 무대에 올리는 사람.

- 플라노 컨벡스 스포트라이트
Plano Convex Spotlight, PC
PC 렌즈가 장착되어 있으며, 원의 중앙은 매우 밝고, 테두리는 퍼넬에 비해 뚜렷한 경향의 조명기.

- 플라잉 Flying
무대 위에서 물건이나 사람을 끌어올리는 장치.

- 플레이빌 Playville
극장에 표시된 좌석의 배치도.

## ㅎ

- 하모나이저 Harmonizer
원음의 피치를 조절하거나 그 변화된 소리를 원음에 더하거나 빼서 남성의 목소리를 여성의 소리처럼 만들어 코러스 효과를 내는 데 사용하는 기기.

- 하우스 House
극장 내부. 일반적으로 관객석이 위치하는 곳.

- 하우스 매니저 House Manager
극장 관리의 총책임 담당자.

- 하우스 어셔 House Usher
극장에서 관객을 안내하고 질서 유지와 관객 안전 관리 담당자.

- 현수막 바튼 Back Drop
백스테이지 상단 걸개로 무대막(실사), 현수막 설치 봉.

- 협상 Negotiations
공연 준비와 운영에 필요한 계약과 협약 등.

- 홍보 Public relations
공연을 알리고 홍보하기 위한 기획과 전략.

- 화이트 박스 White box
배경이 흰색인 무대로, 예술가나 창작자가 자유롭게 창작할 수 있는 공간.

## ㄸ

- 끌막 Draw Curtain
중앙으로부터 양옆으로 열리는 막, 다리막과 겸하기도 함.

## A-Z

- BEP Break-Even Point
손익분기점 이익을 창출하기 위해 렌즈가 장착되어 있는 조명기의 대표적인 형태 = 고정비용÷(판매 가격−가변 비용).

- CRM Customer Relationship Management
고객 관계 관리를 위해 고객 특성에 맞게 마케팅 활동을 계획·지원·평가하는 과정.

- FOH Front of House
극장의 관객석 영역 앞쪽에 위치한 영역으로 음향, 조명, 등을 담당하는 스태프 작업 수행 공간.

- LED
무대에서 사용되는 전자 기기로, 색상과 밝기를 조절하여 다양한 효과를 만들어 냄.

- MD Merchandising
공연 관련 기념 상품, 상품 판매 공간(샵).

- MD MerchanDiser
상품 기획 업무 담당.

- PM Project Manager, Product Manager
기획의 권한과 책임 총괄 담당자.

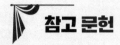
## 참고 문헌

---

### 단행본 및 자료 문헌

◆ 김영신,《문화예술기관 고객서비스 실무서》, 도서출판인, 2007.

◆ 김주호·용호성,《예술경영》, 김영사, 2002.

◆ 문화체육관광부,《품격 있는 문화국가 대한민국》정책자료집, 2013.

◆ 문화체육관광부, 초보자를 위한《공연제작현장 작업안전 핸드북》, KTL극장안전지
원센터, 2019.

◆ 박광무,《한국 문화정책론》, 김영사, 2010.

◆ 박준형,《크로스컬처》, 바이북스, 2010.

◆ 서울연구원,《포스트코로나 시대 비대면 공연예술의 전망과 과제》정책리포트,
2020.

◆ 예술경영지원센터,《홍보실무》, 예술경영아카데미 교육자료, 2016.

◆ 예술경영지원센터,《공연기획 제작 역량 강화 교육》교육자료, 2015.

◆ 오상진,《아웃 오브 박스》, 다연, 2014.

◆ 이동형,《문화예술분야 언론홍보 가이드북》, 예술경영지원센터, 2016.

◆ 이승엽,《극장경영과 공연제작》, 역사넷, 2001.

◆ 이인권,《공연예술의 무대기획》, 도설출판 한솜, 2003.

◆ 최현주,《20세기 문화지형도》, 안그라픽스, 2006.

---

◆ 하타케야마 요시오, 《한명의 중간관리자가 십만명을 먹여 살린다1》, 이코노믹북스, 2007.

◆ 한국메세나협회, 《2013 기업문화예술지원 현황조사》, 한국갤럽, 2013.

◆ 한국문화예술위원회, 《기초예술과 문화산업의 연계방안 연구》, 2008.

◆ 한국문화예술회관연합회, 《문예회관 안전&서비스 매뉴얼》, 나무와숲, 2016.

◆ 한국PR협회, 《30대 뉴스에서 PR을 읽다》, 한울아카데미, 2019.

◆ 후쿠이 겐사쿠·소레고코·오바라 뉴네유키·시게타 다스오, 김원중 옮김, 《엔터테인먼트 계약의 함정》, 새빛컬처, 2004.

◆ 앤드루 램, 정영목 옮김, 김석만 감수, 《150년 뮤지컬의 역사》, 풀빛, 2004.

◆ DMC미디어, 《2020 소셜 미디어 현황 및 전망》, 2020.

◆ 리처드 스완슨, 양종철·공민희 옮김, 《회사를 살리는 성과경영》, 도서출판 길벗, 2011.

◆ 스튜어트 크레이너, 박희란 옮김, 《경영의 세기》, 더난출판, 2001.

## 논문 및 학술지

◆ 김충언, 「공연예술 활성화를 위한 CRM의 전략적 활용방안」, 경희대학교 공연예술학과 , 2012.

◆ 서대문구, 「서대문문화재단 설립 타당성 검토 용역 보고서」, 도시경영연구원, 2019.

◆ 서울문화재단, 「서울시 자치구문화재단 현황 기초연구」, 2020.

◆ 이재현, 「문화복지 서비스 전달체계의 효율성 제고를 위한 통합운영 방안 연구」, 석사학위논문, 세종대학교 공연예술대학원, 2014.

◆ 이재현, 「지역 연극축제의 현황분석 및 발전방안」, 2013 상반기 학술세미나, 세종대학교 공연예술대학원, 2013.

◆ 예술경영지원센터, 「코로나19 전후 공연시장 변화 비교 분석」, 한국문화관광연구소, 2022.

◆ 한국문화예술위원회, 「기초예술과 문화산업의 연계방안 연구」, 2008.

## 신문 및 미디어 기사

◆ 마니아타임즈, '현대카드 슈퍼매치, 세계 최고 스타의 '일대일 승부의 자취는', 2020.5.22.

◆ 서울경제, '제과업에도 문화·예술경영 중요… 한여름 밤 눈꽃축제?', 2017.8.7.

◆ 아시아경제, '현대오일뱅크, 문화예술후원 우수기관 인증', 2020.12.23.

◆ 연합뉴스, '프로야구 LG, 19일 어린이 사생 대회', 2018.5.6.

◆ NewDaily, '베를린필과 협연, 꿈 이룬 조성진… 뿌듯하다', 2017.11.19.

◆ ZD Net Korea, 'LG전자, 인도서, LG 케이팝 경연대회' 열어', 2019.7.29.

## 웹사이트

◆ 문화체육관광부 www.mcst.go.kr/kor

◆ 한국PR협회 www.koreapr.org

◆ 한미약품 www.hanmi.co.kr

◆ 한국예술인복지재단 www.kawf.kr

# 공연기획자가 되는 법

**초판 1쇄 발행** 2024년 9월 30일

**지은이** 이재현
**펴낸이** 서재필

**펴낸곳** 마인드빌딩
**출판신고** 2018년 1월 11일 제395-2018-000009호
**이메일** mindbuilders@naver.com

ISBN 979-11-92886-55-8 (03680)

마인드빌딩에서는 여러분의 투고 원고를 기다리고 있습니다. 출판하고 싶은 원고가 있는 분은
mindbuilders@naver.com으로 기획 의도와 간단한 개요를 연락처와 함께 보내주시기 바랍니다.